KB036830

나만의 진로를 찾는 것,

나의 미래를 선택하는 것이다.

나의 미래를 펼쳐 줄 나만의 진로,

그것은 바로,

"내가 가장 좋아하고 잘 할 수 있는 일"이어야 한다.

내가 가장 좋아하고 잘 할 수 있는 것은

과연 무엇인가?

진로활동, 입학사정관제 포트폴리오
나만의 북극성을 찾아라 ❷진로설계 편

초판1쇄 인쇄_ 2012년 1월 12일
2쇄 발행_ 2012년 6월 13일

지은이_ 홍기운, 김승
펴낸이_ 김영선
기획 · 교정 · 교열_ 이교숙
펴낸곳_ (주)다빈치하우스
디자인_ 손소정(총괄), 손수영, 백선화
일러스트_ 손도영

주소_ 서울시 마포구 합정동 362-5 조현빌딩 2층(우 121-884)
대표전화_ 02)323-7234
팩시밀리_ 02)323-0253
홈페이지_ www.mfbook.co.kr
이메일_ urimodus@naver.com
출판등록번호_ 제 2-2767호

값 18,000원
ISBN 978-89-91907-40-9 (44370)

* 미디어숲은 (주) 다빈치하우스의 출판브랜드입니다.
* 잘못된 책은 바꾸어 드립니다.

이 도서의 국립중앙도서관 출판시도서목록(CIP)은 e-CIP 홈페이지(http://www.nl.go.kr/ecip)와
국가자료공동목록시스템(http://www.nl.go.kr/kolisnet)에서
이용하실 수 있습니다.(CIP제어번호: CIP2011005743)

❷ 진로설계 편

나만의 북극성을 찾아라

진로활동, 입학사정관제 포트폴리오

홍기운 · 김승 공저

아름다운 '다리' 하나 세워지다!

아름다운 다리 하나가 세워졌다. 체계적인 이론과 땀내 나는 현장의 공백에 다리가 놓인 것이다. '진로 이론'이 현장의 따뜻한 멘토링의 언어로 바뀔 수 있는 언어의 다리이다. 그 만큼 이 책의 언어들은 현장 중심적이다. 많은 사람들이 그토록 꿈꾸던 다리가 이제 하나 세워진 것에 박수를 보낸다.

이 다리의 색깔은 무지개처럼 일곱 빛깔을 발하고 있다.
첫 번째 빛깔은 빨강이다. 강의자료 준비에 사력을 다해, 하버드생들의 기립박수를 받는 대니얼 길버트 교수의 '붉은 빛 열정'이 바로 책의 주인공 진로교사를 통해 보인다. 일 년에 걸쳐 진행되는 모든 수업의 내용 속에는 실제로 수많은 교구와 자료가 등장한다. 어쩌면 현장의 교사들이 책을 읽은 후, 책 속에 나오는 자료를 실제 교구로 제작해도 될 것 같다.
두 번째 빛깔은 주황이다. 주황은 우리 대한민국 사람들의 피부색이다. 이야기를 이끌어가는 좌충우돌 일곱 주인공들의 얼굴빛이 너무나 생생하게 살아있다. 어쩌면 이 주인공들은 우리 대한민국 청소년들의 대표급 얼굴이 아닐까 싶다. 이 땅의 청소년 그 누가 읽어도 아마 일곱 명 안에 그 누군가로 자신을 투사하고 몰입할 수 있을 것이다.
세 번째 빛깔은 노랑이다. 노랑은 그 자체로 빛을 발하기보다는 배경이 되어 주거나 테두리가 되어 줄 때 다른 색을 더 돋보이게 하는 색이다. 책을 구성하는 탄탄한 스토리 구조야말로 일천 페이지를 단숨에 읽게 만드는 밑거름이다. 매우 많은 정보와 수업모형이 인위적으로 배열된 느낌이 들지 않는 것은 바로 전체를 하나로 묶어가는 스토리의 구성 덕분이다. 진로는 그 자체가 한 인생의 스토리라는 사실을 이 책은 말하고 있다.
네 번째 빛깔은 초록이다. 이는 따뜻한 봄의 새싹을 연상케 한다. 추운 겨울을 딛고 다시 움트는 질긴 생명력이다. 책에는 매우 다양하고 결정적인 갈등과 문제가 등장한다. 진로의 과정에서 겪을 수 있는 개인의 자존감 결여, 비교의식, 부모의 기대감, 공부하는 이유 부재, 성공만 부추기는 왜곡된 직업관, 직업정보의 부재 등 수많은 악재들이 등장하고 이러한 갈등이 학생과 학생, 학생과 교사, 자녀와 부모, 그리고 개인과 시대 사이에 수많은 충돌양상으로 등장한다. 그 모든 아픔을 이 책은 그대로 직시하고 내용에 포함하였다. 그리고 질긴 생명력처럼 끝까지 그 갈등을 물고 늘어져 결과를 만들어 낸다. 불편하지만 포기할 수 없는 이슈를 기꺼이 다룬 집필의 열정에도 박수를 보낸다.
다섯 번째 빛깔은 파랑이다. 하늘이기도 하고, 바다이기도 한 파랑을 통해 나는 깔끔한 냉정을 떠올린다. 이 책에서 내가 만난 냉정함은 객관적인 정보를 전달하려는 의지이다. 스토리에 매몰되지 않고, 또한 스토리를 방해하지 않으면서 자연스럽게 약간의 거리를 두고 핵심 진로 정보들을 전달하는 세련됨을 끝까지 유지하는 것도 책의 매력이다.
여섯 번째 빛깔은 남색이다. 남색은 파랑색을 더 깊게 만들어 준다. 파랑색으로 묻어나는 다양한 진로의 정보를 더욱 탄탄하고 깊게 만드는 것은 바로 진로의 이론들이다. 진로와 관련하여 요인이론, 성격이론, 진로발달이론, 그리고 타협이론과 직업적응이론 등을 스토리 곳곳에 연결 지으며 읽는 것은 내게 큰 즐거움이었다.

내가 이 책을 통해 상상한 무지개다리의 마지막 일곱 번째 빛깔은 보라이다. 보라는 신비롭다. 아련한 상상을 자극한다. 보랏빛은 앞으로 독자들이 만날 다양한 아름다움을 상상하는 것이다. 누구에게도 열려 있다. 그래서 그 상상이 즐겁다. 먼저 진로교사와 진로전문가들의 책상 앞에 실전 매뉴얼로 꽂혀 있는 그림이 떠오른다. 여기저기 연구소를 기웃거리며 자신의 진로문제를 타인에게만 의존하던 청소년들이 자기 책상 앞에 이 책을 꽂아 스스로 내면을 살찌우는 상상도 흥미롭다. 그리고 무엇보다도 나의 가슴을 따뜻하게 하는 보랏빛 상상이 있다. 그간 정보의 격차, 경제력의 격차로 고급 진로 상담을 받지 못했던 이 땅의 청소년들에게 책이라는 개인화 도구를 통해, 그야말로 '동등한 기회' 를 줄 수 있다는 기대감이다. 생각만 해도 입가에 미소가 살며시 머금어진다.

21세기 네버랜드라는 섬, 성장하지 못하고 어린 시절의 막연한 꿈으로 갇혀 있던 이 땅의 청소년들에게 이제 '다리 하나' 가 세워졌으니, 감사할 일이다. 다리를 건너는 동안, 아이들은 새로운 눈뜸으로 진정한 진로의 세계를 경험할 것이다. 책을 다 읽고 덮으면 이미 다리를 건너서 새로운 세상에 도착해 있을 것이다. 그리고 훌쩍 성장해 있는 자신을 보며 놀랄 것이다. 이 다리를 시작으로 이후 더 좋은 다리들이 계속 놓이기를 간절히 소망해 본다.

커리어 멘토 조우성
법무법인 태평양 파트너 변호사

여는 글 1

진로를 위한 첫걸음이 내 인생의 베이스캠프를 만든다

"목표가 없어요. 그러나 아무 상관없어요.", "목표를 갖고 싶어요. 그런데 방법을 모르겠어요.", "목표가 있어요. 그런데 희미해요", "지금 목표가 있어요. 하지만 바뀔 거예요. 계속 그래 왔어요.", "인생 목표는 있어요. 그런데 당장은 무엇을 해야 할지 모르겠어요."

우리 주변 학생들에게서 흔하게 들을 수 있는 말입니다.
개정된 교육과정이 '교과 활동' 중심에서 '진로' 중심으로 변하면서 창의적 체험 활동이 도입되고 입학사정관제의 확대라는 입시제도의 커다란 변화가 진행되고 있어서 교육 패러다임이 '진로 교육' 중심으로 변하고 있지만, 효과적인 진로 교육이나 성공적인 진로개발 활동을 찾아보고 활용하는 것은 여전히 막연하고 어려운 것 또한 사실입니다.
자녀교육을 위해서라면 모든 열정과 돈, 시간을 쏟아 붓는 부모들이나, 왜 공부해야 하는지도 모른 채 빼곡한 사교육 일정을 쉴 틈 없이 소화해 내고 있는 자녀들 모두 끙끙 앓고 있는 것이 지금 우리 사회의 진솔한 모습입니다. 비록 지금은 이렇게 앓고 있지만, 아이들 스스로 진로와 학습의 의미를 깨달아 알게 만들어 주는 노력이 지속된다면 희망의 불씨가 여전히 남아 있다고 생각합니다. 이렇게 '앓음'에서 '앎'으로 변화하는 과정에서 우리 아이들이 '아름'다운 사람으로 나아가 '아름'드리 인재로 성장할 것이라 믿습니다.
그래서 진로에 대해 고민하고 있는 우리 아이들의 이야기를 통해 보다 쉽고 친근하게 '진로'에 대해 접하고 또 성장하게 되는 과정을 담아 보았습니다. 진로동아리 '하이라이트 클럽'에 모인 등장인물들을 통해 내 또래 학생들의 '진로'에 대한 고민을 함께 느껴 보고 여러 학생들의 좌충우돌 도전을 통해 다양한 시도와 체험을 공유하고 그 해답을 스스로 찾아가는 과정이 바로 그것입니다.
"나는 도대체 어떤 사람일까?", "내가 정말로 하고 싶은 것은 뭘까?", "내 꿈을 위해서 무엇을 준비해야 할까?", "지금 이 순간, 내가 해야 할 일은 무엇일까?"라는 질문을 통해 자아를 이해하고 직업세계를 탐색하며 희망 직업을 선택하는 과정과 진로 설계를 통해 나만의 진로 로드맵을 설계해 보고 그 계획을 꿋꿋이 실천해 나가는 우리 아이들의 진로 대장정이 펼쳐지게 됩니다.

진로에 대한 이야기 속 아이들의 고민과 노력들은 성공적인 인생을 위한 베이스캠프를 만드는 과정이라 할 수 있습니다. 이러한 견고한 베이스캠프가 만들어진 이후에야 자신의 로드맵에 따라 꿈과 비전이라는 봉우리에 등정할 수 있는 것입니다.
한편으로 아이들의 '진로' 여정은 허들 경기와도 같습니다. 그저 앞으로 가장 빠르게 내달리기만 하는 경기가 아니라 1m가 넘는 허들을 쉴 새 없이 몇 번이고 뛰어 넘으며 전진해야 하기 때문입니다. 다만 우리가 살아가는 인생은 허들의 높이가 매번 다르고 허들 간의 간격도 일정하지 않으며 훨씬 오래 달려야 하지만 말입니다.
메달의 목표를 위해 혼신을 다해 땀 흘려 연습했던 수준급 선수들도 경기를 하다 보면 허들을 쓰러뜨릴 때가 있는데 하물며 우리 아이들이 진로의 여러 장애물을 만나 고전하는 것은 전혀 새삼스러운 일이 아니라고 생각합니다.
누구든지 크고 작은 성공을 하기 위해서는 반드시 크고 작은 장애물을 넘어야 하며, 자신 앞에 놓인 허들이 높으면 높을수록 자신의 역량을 발휘해서 더 높이 뛰어야 하는데…….
수많은 실패 중에도 멈추지 않고 끊임없이 시도했던 그 경험들을 통해 어느새 뛰어 오를 만한 능력이 이미 만들어졌다는 사실을 아이들 스스로 알게 될 것입니다.

우리가 살아가는 인생의 바다에서 순풍이란 결코 없을지도 모릅니다.
같은 곳에서 불어오는 바람이라도 각기 다른 곳을 향하는 사람들에게, 어떤 이에게는 순풍으로 다른 이에게는 역풍으로 느껴지니 말입니다.
그렇다면 거대한 풍랑 앞에 서 있는 오늘 내 삶의 돛과 키는 누가 붙들고 있습니까?
우리 아이들이 자기주도적으로 진로를 설계하고 한 걸음 한 걸음 나아가도록 도와주는 것이야말로 그 무엇보다 중요하다고 하겠습니다.
시인 롱펠로우는 "위대한 사람들이 얻고 지킨 고지들은 단 한 번의 비행으로 얻어지는 것이 아니리. 그들은 다른 사람들이 잠든 사이에, 긴 밤을 애써서 기어 올라 갔다네."라고 했습니다.
오늘도 자신의 꿈을 찾으려 애쓰고 스스로 발걸음을 내딛어 보려 노력하는 모든 학생들에게 아낌없는 격려와 박수를 보냅니다.

2012 새해 홍기운

여는 글 2

21, 66, 그리고 365

지나친 메모광인 나는 적어야 산다. 기록해야 잊을 수 있다. 그렇게 적당히 잊어 주어야 다른 생각을 빈 곳에 채울 수 있다. 이전에 『습관』이라는 책을 쓰면서 자기주도학습에 대한 콘텐츠를 머릿속에서 덜어냈었다. 이후, 몇 년 동안 '진로' 라는 주제로만 달려왔다. 그 결과, 진로로 고민하는 학생들을 위한 방대한 진로 콘텐츠가 차곡차곡 쌓일 수 있었다.
이 책은 그간 만난 수많은 학생들과의 교감과 흔적들을 고스란히 다 꺼내어 담은 책이다. 이젠 빚진 마음을 갚았다는 생각에 무척 시원하고 머릿속이 맑아지는 느낌이다. 무엇이 내 마음을 그토록 무겁게 눌렀던가. 이 땅, 수많은 청소년들이 정보의 격차 때문에 인생의 격차로 치닫는 모습에, 참을 수 없는 아픔과 부담을 갖고 살았었다. 기회는 동등하게 주어져야 한다. 그래서 더 악착같이 매달렸다. 작가로서 창작의 수고를 다하였으나, 그렇다고 세상에 없는 무엇인가를 창조했다고 생각하지는 않는다. 많은 선배들의 고민, 빛나는 저서들, 온 세상을 가득 매운 정보들을 재해석하고, 재구성하여 가치의 숨결을 넣어 스토리 안에 녹였을 뿐이다.

조선일보와 함께 청소년의 공부습관을 들이기 위해 '21일 트레이닝' 을 진행한 적이 있다. 1년 뒤에는 KBS와 함께 '66일 습관 멘토링' 을 진행하였다. 그리고 이번에는 DBK에듀케이션과 함께 '365일 진로캠프' 를 완성하였다. 21일 동안은 다소 강력한 '트레이닝' 을 했고, 66일 동안은 매우 따뜻한 '멘토링' 을 시도하였다. 그리고 이번 365일은 그야말로 모든 것을 다 쏟아 부은 '50주 동안의 온라인 캠프' 였다. 함께 호흡하고 의견을 교환하며 때로는 치열하게 토론하는 활동의 장을 연출해 보았다.

이 책은 온라인에서 진행된 365일의 진로 캠프를 책으로 펴낸 것이다. 치밀한 커리큘럼으로 진로를 '트레이닝' 하였고, 모든 과정을 친밀하게 '멘토링' 하였으며, 때에 따라서는 학생들의 깊은 아픔까지 공감하며 상처를 만져주는 '힐링' 의 열정을 더하였다. 그리고 온라인 캠프의 과정에 참여하고, 이 책의 모든 내용을 성실하게 따라간 학생들이 그 존재 자체만으로도 다른 친구들과 후배들을 도울 수 있도록 곳곳에 '코칭' 의 기법도 충분히 포함하였다.

영감을 불어넣어 주고, 함께 집필을 진행하여 주신 홍기운 대표님에게 먼저 감사를 드린다. 그 모든 과정에 작가로서의 창조정신을 존중해 주며 끝없이 기다리고 지지해 준 문보국 팀장에게 존경을 표한다. 일천 페이지가 넘는 글을 한 호흡으로 읽고 내용의 맥을 따뜻하고 정교하게 짚어주신 이교숙 실장님, 그리고 책이 세상에 나오기까지 보기 드문 열정으로 이끌어주신 김영선 대표님께 진심어린 박수를 드린다.
그리고 오랜 시간 강의를 하면서 만난 수많은 학생들…… 그 친구들을 생각하며 이야기 속에서 살아난 이 땅의 모든 승헌, 하영, 수희, 교빈, 찬형, 민샘에게 이 책을 바친다.

2012년 1월 김 승

일러두기

나만의 캐릭터 따라가기

등장하는 캐릭터는 가장 대표적인 진로의 문제 유형에 따라 설정된 인물들이다. 따라서 이 책을 읽는 사람은 내용에 몰입하는 과정에서 특별히 한 인물에 더 마음이 가게 될 것이다. 10대 청소년은 더할 나위 없이 자신과 비슷한 인물을 만날 것이 틀림없다. 부모가 읽는다면 역시 자신의 자녀와 비슷한 유형에 마음이 닿을 것이며, 교육 전문가들이 읽는다면 자신의 클래스에 가장 마음이 가는 아이들을 그대로 옮겨 놓은 듯한 생각이 들 것이다. 그렇게 인물 중심으로 읽는다면 이 책의 내용이 더 쉽게 다가올 것이다. 특히 이 시대에 가장 큰 사명감을 가지고 아이들을 이끌어가는 교사들이 읽는다면, '민샘'이라는 캐릭터는 더욱 살아서 울림을 만들어 줄 것이라 생각한다. 어떤 계층, 어떤 연령, 어떤 직업……. 그 어떤 사람이 읽더라도 이 책이 읽는 사람의 마음속에 작은 희망 한 자락을 깊게 새겨 줄 것을 확신한다.

다섯 가지 효과 체험하기

- **컨설팅을 접목한 효과**
  진로 문제를 정확하게 진단해 해결방법 제시
- **트레이닝을 돕는 효과**
  진로의 모든 원리를 충분히 이해시킨 후, 반복적인 훈련
- **멘토링을 기대한 효과**
  진로 코치 민샘의 직접적이고 구체적인 진로 멘토링
- **캠핑에 참가하는 효과**
  온라인 진로 캠프와 연계되어 캠프의 임팩트 체험
- **힐링을 경험하는 효과**
  자기 발견을 넘어, 존재 발견을 위한 인격적인 치유단계 경험

다양한 맛 느끼기

주말에 이 책을 읽기 시작하면 3권을 한 번에 읽을 수 있다. 성인이 읽으면 마치 자신이 학생들을 데리고 수업을 진행하는 느낌이 들고, 학생이 읽으면 수업에 참여하는 캐릭터가 된다. 한 권씩 3일을 나눠서 읽어도 재미있을 것이다. 그렇게 읽어도 가능한 책이다. 그런데 혹시라도 자신의 꿈을 돕는 단 한 사람의 멘토조차 없는 학생이 이 책을 접하게 된다면, 책상 가까운 곳에 꽂아 두고 일주일에 한 꼭지씩 일년을 읽는 것도 좋으리라. 오디세우스의 아들 텔레마코스를 왕처럼 키워낸 바로 그 멘토와 같은 역할을 해 줄 것이다.

책의 다양한 쓰임 알아보기

- **개인**
  진로 온라인 캠프와 함께 각 꼭지마다 포트폴리오를 축적해 작품집으로 사용
- **가족**
  가족 단위로 부모와 자녀가 함께 일주일에 한 번 대화하며 소통하는 도구로 사용
- **학급**
  학교의 반 전체가 1년 동안 한 꼭지씩 함께 진행하는 공동의 진로 교재로 사용
- **그룹**
  학교의 진로 동아리, 교회의 소그룹, 공부방 또는 학원 등의 멘토링 교재로 사용

주요인물 소개

이민구(민샘)

교육계에 새롭게 등장한 진로 전문교사를 대표하는 상징적 인물이다. 다양한 교육 경력의 소유자이며, 매우 창의적인 방식으로 수업의 주도권을 학생들에게 넘기는 인물이다.

진로 동아리의 1년을 흔들림 없이 체계적인 커리큘럼으로 이끌어간다. 자료중심의 수업을 준비하고, 학생 개인의 특성을 살리기도 하지만 전체의 콘텐츠 흐름을 전략적으로 세팅한다.

찬형

비판적인 방관자를 대표한다. 자신의 진로에 대해서도 비판적이다. 이러한 특성은 이야기 속에서 불편한 분위기와 긴장감을 만들어 내는 역할을 한다. 매우 논리적이어서 수업의 진행 과정에서 흐름이 산만해질 무렵이면, 가차 없이 끊어 주는 역할도 한다.

하지만 이러한 비판자 역시 인생의 멘토와 좋은 콘텐츠를 만나면서 변화되는 과정이 고스란히 이야기에 담긴다. 비협력자로서 결정적일 때마다 공분을 사지만, 후반 이야기의 클라이맥스에서 반전을 이루며 최종 감동을 일구어 내는 힘을 발휘한다.

하영

공부를 매우 잘하는 학생이다. 단기적인 성적은 나오지만, 장기적으로는 꿈이 없는 학생들을 대표한다. 자존심이 강하며, 자신보다 공부를 못하지만 진로 동아리의 멘토 역할을 하는 수희에게 경쟁심을 느낀다.

수업이 진행되는 과정에서 이민구 교사를 정확하게 이해하고 수업의 주도적인 역할을 한다. 초반에 자신의 약점이 드러나고 해소되는 과정에서 다른 학생들과 가까워진다. 하지만 진로 페스티벌과 진로 박람회를 준비하는 과정에서는 더욱 복잡한 갈등과 만나게 되고, 고비를 넘기면서 자신을 더욱 선명하게 발견해 간다.

승헌

리더십을 갖춘 훈남을 대표한다. 진로 활동을 통해 가족, 꿈, 사랑의 퍼즐을 맞춰가게 된다.
내용 속에서는 항상 조력자의 역할로 나온다. 주도적으로 수업을 이끌어가는 역할이 아니라, 다른 친구나 교사의 주도권에 협력자로 나선다. 긍정적인 협력을 보이는 역할이다. 동아리 활동을 통해 커리큘럼을 충분히 소화하면서 점차 자신의 꿈을 세워간다.

교빈

친구 틈에 묻어서 대세를 따라가는 청소년을 대표한다. 진로 동아리에도 승헌이를 따라온 것이다. 매우 가볍고 말이 많은 특징이 있다. 바로 그런 특성이 이야기 전반에 약방의 감초처럼 들이대면서 촉매역할을 한다. 내용의 매끄러운 연결에 핵심적인 역할이다.
창의적인 발상이 자주 나오며, 때로는 엉뚱하기도 하다. 그런 특성이 이민구 교사의 수업 진행에서는 매우 중요하며 중반 이후 큰 행사를 진행하는 과정에서도 도움이 된다.

수희

진로에 대한 성숙도가 높은 학생을 대표한다. 하지만 하영이와는 반대되는 고민을 안고 있다. 꿈과 목표가 선명하고 성숙하지만 현재의 공부 성과가 잘 나오지는 않는다. 학생의 입장과 수업의 도우미 역할을 동시에 수행한다. 본이 아니게 하영이와 경쟁구도에 놓이게 되며, 약간의 미묘한 삼각관계 속에서 갈등을 느낀다. 진로 활동 과정에서 가족의 아픔이 조금씩 드러나며 꿈을 통해 그 아픔을 희망으로 바꿔간다.

철만

축구를 좋아하지만 직업 비전으로 확신할 수는 없는 소심한 학생이다. 말을 더듬지만, 수업의 결정적인 상황에서 핵심을 짚는 통찰로 막힌 곳을 뚫는다.
진로 성숙도가 낮은 학생들을 대표한다. 이야기의 처음에 등장하는 인물로서 이야기의 마지막도 장식할 것이다. 자존감, 자신감, 효능감이 낮은 학생들을 대표하여 꿈에 다가가는 희망 주인공이다.

CONTENTS

3 진로 검증

4 비전 선언

1

01 바라보는 힘, 직업의 관점

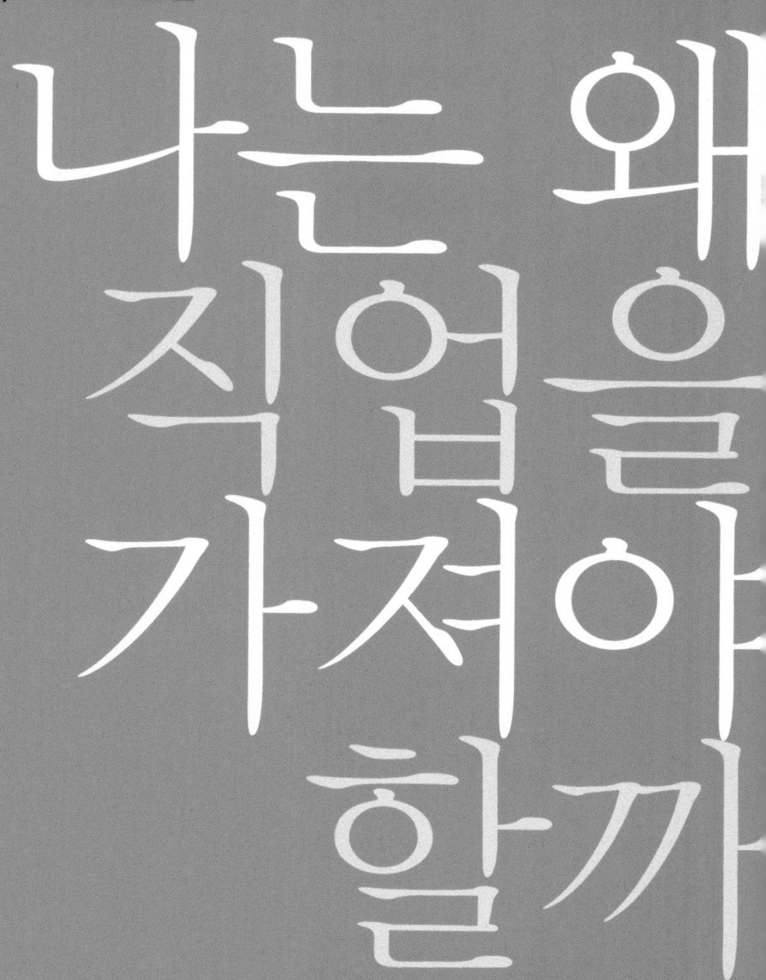

우리들의 고민 편지

꿈 많은 P군은 중학생이 된 이후에 부쩍 자신의 직업과 진로에 대해 생각이 많다. 하지만 직업에 대한 그의 고민은 늘 밝다. 정말 행복하게 자신의 능력을 펼치는 사람들을 TV에서 많이 보았기 때문이다. 그런 그에게 충격적인 일이 벌어졌다. 어느 날 엄마와 아빠가 대화하는 중에 푸념 섞인 아빠의 목소리가 들렸다. "어휴, 직장 생활 정말 지긋지긋해. 먹고 살기 위해서 하는 거지. 정말 그만두고 싶어." 자신이 그토록 꿈꾸는 직장 생활이 단지 '먹고 살기 위해서' 하는 것인가. 직업에 대한 자신의 생각이 잘못된 것인지 혼란스럽다.

– 온라인 캠프에 올라온 진로 고민 편지

민샘은 한 장의 그림을 보여 주었다. 학생들에게 어떤 모습이 보이는지 물어보았다. 학생들은 그림을 보자마자 자유롭게 의견을 꺼냈다.

"뽀뽀하는 장면이요."

"할머니 할아버지가 눈싸움하고 있어요."

"사이가 좋아 보이지는 않아요."

"좋다. 그럼 같은 화가가 그린 다른 그림을 한번 보자. 왼쪽은 기타를 치는 멕시코의 연주가이다. 오른쪽은 물동이를 이고 앉아 있는 여인이다. 이 2개의 그림을 최대한 자세히 봐 주렴. 정말 자세히 봐야 한다."

민샘은 처음 보여 주었던 두 노인의 그림을 다시 보여 주었다. 학생들은 갑자기 으악! 소리를 지르며 크게 놀라워했다. 특히 희성이가 무척 놀랐다.

"앗! 노인이 아니라 연주가와 여인이다!"

"아니야, 희성아! 노인 두 분이 맞아."

"무슨 소리야, 박진구. 가만, 할아버지의 귀 부분이 문이고, 거기에 한 여자도 서 있네."

희성이와 진구는 서로 자기가 보는 눈이 정확하다고 우겨댔다. 싸우고 있는 모습을 보던 민샘은 아무 말 없이 화면에 또 다른 이미지 하나를 띄웠다. 할아버지와 할머니 사이, 그러니까 멕시코 남자와 여인 사이의 공간에 또 다른 물체가 보였다.

새로운 그림을 보니 더 헷갈렸다. 희성이와 진구는 번갈아가며 민샘에게 의견을 꺼냈다.

"샘, 시원하게 정답을 말씀해 주세요. 너무 헷갈려요."

"노인의 모습이 맞는데, 다르게 보이는 거죠?"

"샘, 아니죠. 연주가와 물동이 여인의 그림인데 노인처럼 착각해서 보이는 거죠?"

"그렇게 싸울 듯이 우길 필요 없어. 정답은 없다. 착시 현상을 일으키는 그림의 예를 든 것뿐이야. 중요한 것은 처음에 한 가지 생각으로 그림을 본 친구는 좀처럼 그 생각을 바꾸기 어렵다는 것이야. 그래서 계속 우기기도 하지."

앞서 보았던 장면이 지나가고 화면에는 '관점' 이라는 단어가 크게 보였다. 관점은 말 그대로 바라보는 포인트이다. 사람과 세상을 바라보는 방향이 사람 속에 숨겨져 있다. 직업을 바라볼 때도 바로 그러한 관점이 우리의 생각을 결정하기도 한다. 이때 수희가 질문을 던졌다.

"직업을 바라볼 때도 이러한 착각이 일어날 수 있나요?"

"정확히 말하면 착각이 아니라 한 가지 방향으로만 계속 보게 된다는 거야. 그게 무서운 거지."

"샘, 우리가 이전에 자신의 직업을 탐색하는 과정에서, 자신도 모르게 이렇게 치우친 관점으로 직업을 보았을지도 모르겠네요."

"걱정 마라, 수희야. 다양하게 자신을 탐색하거나 검사하는 과정에서는 그런 관점이 영향을 주지 못했을 거야. 하지만 각각의 탐색 결과로 직업 목록이 나올 때, 그 중에서 호감 가는 직업을 결정할 때, 어쩌면 자신도 모르게 관점이 작용했을 수도 있다."
"그럼 자신의 결정을 믿을 수 없다는 것인가요?"
"그럴 필요는 없어. 충분히 신뢰해도 된다. 우리가 지나온 탐색의 과정은 일반적인 방법보다 훨씬 더 다양한 방식으로 검증을 했기 때문에 충분히 신뢰할 만하다. 다만……."
"다만, 뭐죠?"
"지금부터는 그 관점이 매우 중요해. 관점은 미래를 결정하는 힘을 가졌기 때문이다."
"관점은 생각일 뿐인데, 관점이 어떻게 미래를 바꿔요? 겁주지 마세요, 샘."
"겁먹을 일은 아니다. 세상을 바라보고 사람을 바라보는 눈이 굳어지고 딱딱해지면 그것이 자신의 선택에 지속적으로 영향을 주고, 심지어는 그것을 다른 사람에게 강요하게 된단다. 이것을 알아야 해."

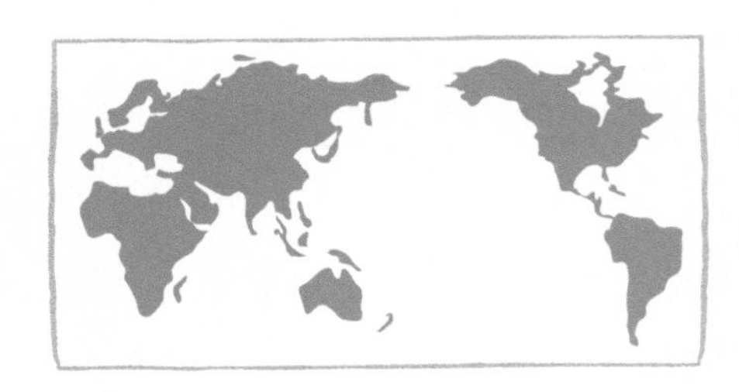

민샘은 조별로 전지 사이즈의 세계 지도를 나눠 주었다. 그리고 '전쟁'에 관련된 참고 도서들을 조별로 나눠 주었다. 몇몇 사진이 많이 들어 있는 책은 여러 권 준비했다. 다소 어려울 수 있지만 민샘은 욕심을 내어서 '관점' 에 관한 활동을 준비했다.
"진로 동아리 역사상 가장 강력한 미션을 준다! 참고 자료는 충분히 준비되어 있다. 그리고 인터넷 검색을 최대한 활용해라. 그리고 모든 조원이 최대한 협력해서 진행해야 해. 역사 속의 굵직굵직한 세계적인 전쟁을 세계 지도에 표시하는 것이다. 필요한 모든 도구도 준비되어 있다. 네트워크 프린터기를 사용하고, 풀과 가위로 이미지를 찾아서 붙여도 된다.

그리고 목표 분량은 정해져 있지 않으니 조별로 힘닿는 데까지 작업을 하기 바란다. 이번 활동에서는 조가 또 바뀔 거다.”

“와우! 교빈아, 이번에 정말 강력한 미션이 떴네.”

“최고야! ‘관점’이 진짜 중요한가 봐. 이렇게 엄청난 미션을 주시다니. 승헌아, 이번에 우리 조가 한번 멋지게 만들어 볼까. 오랜만에 우리 둘이 드림 팀이 되었잖니.”

“일단 내가 책의 정보를 찾아서 포스트잇에 메모를 하면, 교빈이 너는 친구들과 그걸 지도 위에 붙여. 그러면 다른 친구들이 그 내용을 보고 인터넷을 검색해서 이미지나 정보를 찾고.”

하얀 세계 지도 위에 다양한 포스트잇과 전쟁의 이미지가 붙기 시작했다. 인종 때문에, 석유 때문에, 영토 때문에, 노예 해방 때문에, 자유 때문에, 그리고 권력 때문에……. 정말 다양한 전쟁의 이유들이 붙었다. 혼자 하려고 했다면 도저히 할 수 없는 작업을 서로 협력하여 진행하니 그리 어려운 일도 아니었다. 전지 크기의 종이가 점차 채워지는 것을 보는 즐거움도 상당했다. 수많은 전쟁, 그것은 어쩌면 가치에 대한 다양한 관점의 충돌로 발생한 것이다. 관점의 중요성, 무시무시한 힘에 대해서 살필 때 전쟁만큼 큰 이슈는 없을 듯하다. 그래서 민샘은 학생들에게 단 한 번에 관점의 힘을 심어 주기 위해 이 활동을 기획한 것이다.

“어떤 전쟁의 원인들이 있었을까? 다른 조 친구들이 질문을 하면, 전쟁의 이름과 일어나게 된 원인을 간단히 설명하는 거야. 만약 내용이 막히면 기회는 다른 조에게로 넘어간다. 먼저 1조가 발표를 하고, 3조가 질문을 하도록. 발표자는 상민이고, 질문은

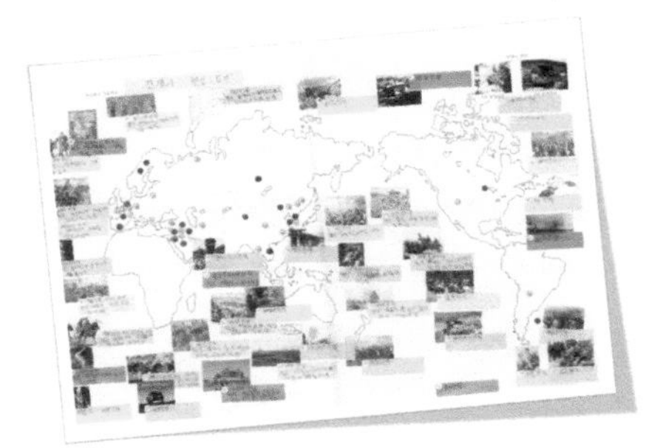

소민이가 해 볼까?"
"이쪽 지중해 오른쪽에 표시되어 있는 이 전쟁은 뭐죠?"
"발표자, 한상민입니다. 이 전쟁은 이스라엘과 팔레스타인 간의 전쟁이에요. 종교적인 이유에서 출발하여 영토 문제로 싸우는 것입니다."
"그럼, 미국에서 일어난 이 전쟁은 뭐죠?"
"남북전쟁이에요. 노예 해방에 대한 링컨 대통령의 강력한 의지에서 시작되었죠."
"이 부분에서는 샘도 상민이에게 질문을 하나 할까. 만약 당시 노예 해방을 주도한 사람이 링컨이 아니라 마틴 루터 킹이나 간디 같은 사람이었다면 어땠을까? 과연 남북전쟁이 일어났을까?"
"아니요. 둘 다 비폭력을 주장한 사람들이에요. 전쟁은 일어나지 않았을 거예요."
"그렇다면 링컨은 폭력을 주장한 사람이었니?"
"그건 아니죠."
"어떻게 설명할 수 있지, 하영이가 한번 도와줄래?"
"음, 링컨이 생각하는 '인간의 평등'에 대한 신념은 너무나 컸습니다. 심지어 '평화'를 포기하고 '전쟁'을 택해서라도 이루고 싶은 것이었겠죠. 우리가 이전에 배운 '가치'와도 연결되는 것 같아요."
"고맙구나, 상기시켜 주어서. 하영이의 설명이 탁월했다. 관점은 가치와도 연결되어 있다. 어쩌면 모든 종류의 관점은 '가치관'이라는 단어로 묶을 수도 있다."

화면에 보이는 빙산은 수면 아랫부분과 윗부분으로 되어 있다. 보이지 않는 90퍼센트가 보이는 10퍼센트를 움직이게 한다. 우리의 생각 속에 있는 가치관이 우리의 관점을 만든다. 관점을 통해 세상을 이해하고, 사람을 이해하고, 그리고 판단한다. 또한 그 관점의 종류는 매우 다양하다.

현실관	행동하는 삶	수면위
목표관	숫자중심 목표	
직업관	자기 발견, 세계 발견	
소명관	비전사명의 바탕	
가정관	관계형성의 기초	수면아래
성공관	목표이상의 가치	
행복관	목표의식의 바탕	
사회관	사회해석의 관점	
역사관	건강한 역사이해	
국가관	조국에 대한 사랑	
인간관	인간존엄의 가치	
우주관	세계관의 출발	

그 중에 우리가 오늘 배울 부분이 들어 있다. 민샘은 가치관과 관점의 내용에 대해 하영이와 좀 더 의견을 나누었다.

"하영아, 전쟁은 다양한 종류의 관점이 집결된 가치관의 차이에서 시작되는 경우가 많다."

"맞아요. 히틀러는 자신의 민족에 대한 우월 의식, 그런 국가관, 역사관으로 전쟁을 주도했어요."

"이제 관점이 얼마나 중요한지 알겠지. 그럼 이제 본론으로 들어가자. 우리가 새롭게 달려갈 '직업 발견' 의 첫 시간은 바로 '직업관' 에 관한 것이다."

"그렇군요. '직업관' 도 관점이군요."

"하영이는 직업관에 대해 생각해 본 적이 있니?"

"아뇨. 오늘 처음 들었어요."

"어쩌면 여기서 다룰 직업관이 앞으로의 평생 직업 세계를 결정할 수도 있어. 그래서 샘이 오늘 이렇게 비장하게 시작했다."

"직업을 바라보는 태도가 그만큼 중요하다는 것으로 이해할게요. 아직 내용은 자세히 모르지만 은근히 기대가 돼요."

"다른 친구들도 하영이와 같은 생각이지?"

"당연합니다!"

한편, 민샘의 이야기를 조용히 듣고 있던 수희는 고개를 끄덕였다. 민샘의 말이 충분히 이해가 되었다는 것이다. 수희의 머릿속에 오래전 장면이 하나 떠올랐다.

"수희야, 공부 열심히 해야 돼."

"왜, 열심히 해야 돼요?"

"그래야 좋은 직업을 얻지."

"왜, 좋은 직업을 얻어야 해요?"

"음, 그건 말이야. 먹고 살려면 좋은 직업이 필요하지."

"어떤 게 좋은 직업인데요?"

"어휴, 그만해! 쓸데없는 얘기 그만하고 공부나 해!"

오랜만에 아빠와 대화를 나눴던 날이었다. 중학교 1학년, 그때의 대화 이후 수희는 아빠와 한 번도 진로에 대해 깊은 이야기를 나눠 본 적이 없었다. 아빠와 단둘이 사는 수희는 자신의 꿈에 대한 따뜻하고 진지한 대화가 그리웠다. 그래서일까. 수희는 다른 친구들의 이야기를 들어주는 삶을 살고 싶었다. 특히 소외된 계층과 아픈 상처가 있는 학생들을 돕는 삶을 살고 싶었다. 학기 초에 학생 멘토를 공모한다는 광고를 보고 가장 먼저 신청한 학생이 바로 수희였다.

민샘은 생각에 잠긴 수희를 잠깐 지켜보다 갑자기 생각난 듯 교빈이에게 물어보았다

"그런데 참 교빈아, 지난번 수업 결과로 너의 희망 직업군을 보여 드린 후 부모님의 반응은 어땠니?"

"방송국 PD 아무나 하냐고 하시던데요."

"서운했겠구나."

"예상했어요, 괜찮아요. 제가 열심히 노력해서 증명해 보일 거예요."

"하영인 어땠니?"

"아시잖아요. 우리 부모님은 제가 판사가 되기를 바라세요. 우리 친가는 물론이고 외가 쪽 친척에 유난히 판사, 변호사가 많아요. 그래서 엄마 아빠가 기를 못 펴신다면서, 저에게 압력을 넣으시는 거죠."

다른 친구들의 의견도 들었지만, 민샘은 일부러 수희에게는 물어보지 않았다. 수희의 가정환경을 훤히 알고 있기 때문이었다. 화제를 바꿀 겸 2개의 도표를 보여 주었다.

미국 대공황 시 대책회의 1923년		25년 후 1948년
철강왕 찰스 스왑	→	파산 후 죽음
공익 회사의 사장 사무엘 인숄	→	무일푼 범죄자로 사망
최대 가스회사 사장 하워드 홉슨	→	정신이상자
최고의 곡물 투기업자 아더 고튼	→	지불 불능의 파산자가 된 후 사망
뉴욕 증권사장 리차드 휘트니	→	형무소 복역
미정부 내각인 아더 휠	→	수감 후 사면, 집에서 사망
금융계의 본부인 월가의 리버모어	→	자살
전매업계의 최고자 아이반 크루키	→	자살
국제 개척은행의 총재 레온 프레저	→	자살

2010년 포브스

세계의 부자 순위(2010년 현재)		세계의 기부 순위(2010년까지 누적액수)	
1위. 카를로스 슬림	740억 달러	1위. 빌 게이츠	280억 달러
2위. 빌 게이츠	560억 달러	2위. 조지 소로스	72억 달러
3위. 워렌 버핏	500억 달러	3위. 고든 무어	68억 달러
4위. 베르나르 아르노	410억 달러	4위. 워렌 버핏	67억 달러

세계 최고의 부자이면서 세계 최고의 기부자

"노블리스 오블리제를 실천하는 사람들 중에 빌 게이츠와 워렌 버핏이 있다. 이 두 사람은 미국 정부의 '부자들에 대한 상속세 폐지'를 반대한다. 자녀들에게 거액의 유산을 물려줄 때 거두는 세금을 계속 유지해야 한다는 것이다. 그리고 워렌 버핏은 공개적으로 '부자들에게 세금을 더 내게 해 달라' 라고 외치지. 이른바 '버핏세'라고 불리는 것이다. 이들이 이렇게 사는 것은 자신의 '비전'을 넘어 '사명'과 '소명'을 알고 있기 때문이야. 자신의 재능과 노력으로 꿈을 이루는 '탁월함'을 넘어, 세상을 위해 살겠다는 '위대함'을 갖고 있는 사람들의 특징인 것이지. 2개의 도표를 보고 공통점과 차이점을 찾아볼까? 승헌이가 선생님을 도와주렴."

"모두 부자예요."

"차이점은?"

"과거의 사람들과 현재 살아 있는 사람들이요."

"또 다른 것을 없을까?"

"똑같은 부자인데, 앞의 사람들은 결과가 비참하고요. 뒤의 사람들은 존경받을 만한 일을 했네요. 행복하겠어요. 불행과 행복의 차이점 아닐까요?"

"거의 접근했다. 비슷하게 부유한데 왜 한쪽은 불행하게 되었고, 다른 한쪽은 행복하게 되었을까?"

"글쎄요. 샘은 뭐라고 생각하세요?"

"그걸 다시 나에게 물으면 어떡해, 네가 생각해 봐야지."

"그러네요, 쩝."

"이럴 때 우리는 철만이의 생각을 묻곤 하지. 철만아, 네 생각은?"

"돈을 어떻게 사용할 것인지 생각이 다르지 않을까요. 자신을 위해 부자가 된 사람과 다른 사람을 위해 부자가 된 사람의 차이죠."

철만이의 말처럼 부자가 된 뒤에, 자신의 부유함을 어떻게 써야 할지 알고 행복하게 그 부를 사용하는 사람들은 존경을 받지. 부자가 되는 과정, 즉 각각의 직업이 달랐기에 부유함과 직업의 종류는 관련성이 높지 않다. 다만, 자신이 직업을 통해 돈을 벌면, 어떻게 그 돈을 쓸 것인지 미리 생각하는 차이가 존재한다.

"이것이 바로 '직업관'의 차이에서 생겨난 결과이다."

"그렇군요. 직업을 바라보는 관점의 차이가 느껴져요."

"승헌이 뿐만 아니라, 여기 있는 너희들의 부모님도 직업을 바라보는 관점에 조금씩 차이가 있다. 중요한 것은 너희들 자신이 품고 있는 자신의 직업관이야."

직업관이란?

직업관은 직업에 대한 생각, 보는 눈, 태도 등을 말한다. 앞에서 살펴본 직업의 의미 구분을 참고하여 크게 다섯 가지 정도의 직업관을 정리해 보면 다음과 같다.

① 생계형: 오직 먹고 살기 위한 수단으로 직업을 생각한다.
② 성공 수단형: 출세의 수단으로 직업을 생각한다.
③ 자기 계발형: 저마다의 타고난 소질을 계발하려는 장인 정신을 갖고 있다.
④ 소명형: 직업을 신에게 위임받은 것으로 생각하며 헌신적으로 참여한다.
⑤ 물질 추구형: 직업의 대가로 돈을 벌고, 이를 통해 편리함과 편안함을 추구한다.

직업관의 차이를 설명한 후 민샘은 5개의 문장과 5개의 카드를 조별로 나눠 주었다. 조별로 각각의 단어와 내용을 연결시켜 보라는 것이다. 활동이 끝나자마자 민샘은 또 다른 미션을 주었다. 각각의 내용에 어울리는 직업인들을 표현해 보라고 했다.

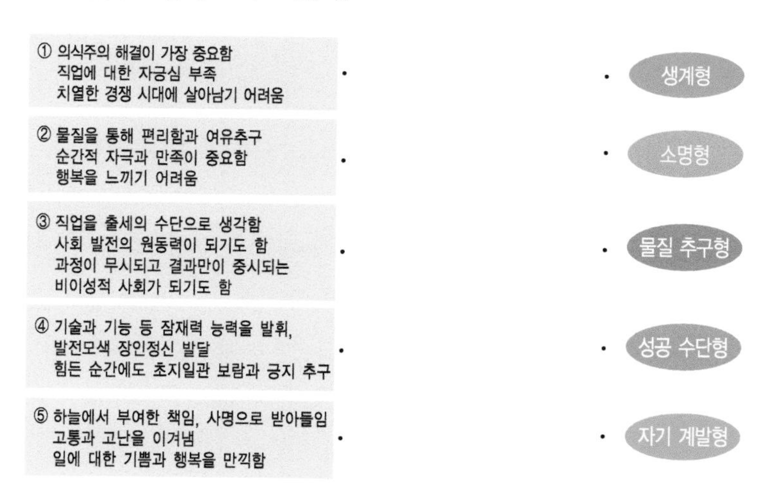

직업관 유형

"앞에서 보았던 두 가지 유형의 부자들은 어떤 직업관일까? 이번에도 승헌이가 도와주렴."

"먼저 보았던 불행한 부자들은 제가 보기에 '성공 수단형' 인 것 같아요."

"또 다른 부자들을 예로 들어 볼까."

"슈바이처 박사는 '소명형' 이 아닐까요?"

"박지성은 자기 계발형 같아요. 자기의 소질을 잘 살려서 성공했잖아요."
"박지성은 앞에 나온 기부자들처럼 직업을 통해 세상에 도움을 주려는 생각도 강해요. 재단을 만들어서 번 돈을 아름답게 사용하고 있잖아요."
"또 어떤 사람들이 있을까?"
"……."
"우리 아빠요!"
수희의 갑작스런 말에 모두 눈이 휘둥그레졌다. 수희는 굳이 발표하지 않아도 되었지만 친구들에게 명확한 개념 설명을 하는 데 도움이 될 것 같아 일부러 의견을 꺼낸 것이다. 친구들이 갑자기 자신을 주목하니 부담이 됐지만 수희는 특유의 차분한 어투로 이야기했다.
"우리 아빠는 '생계 수단형'이에요. 먹고 사는 것 이상의 꿈을 한 번도 품어 본 적이 없는 분이에요."
"저희 아빠도요."
몇몇 친구들이 수희의 말에 동조했다. 찬형이가 이번에는 민샘에게 물었다.
"그런데 샘은 어떠세요?"
"샘은 처음엔 '자기 계발형'이었어. 그런데 지금은 거의 '소명형' 수준으로 살고 있단다. 특히 너희들을 만나면서 그런 생각이 더욱 커졌어."
"샘, 그러면 직업관이 바뀌기도 하나요?"
"그럼, 샘도 바뀌었잖니. 하지만 처음부터 알고 시작하는 것이 훨씬 유리해. 그렇지 않으면……."
"그렇지 않으면요?"
"너무나 큰 대가를 치르게 된단다. 때로는 그 대가가 자녀들과 후손들에게까지 영향을 미칠 수 있어."
"정말요?"
오버하는 것을 싫어하는 찬형이가 살짝 소리를 지를 정도로 깜짝 놀랄 만한 내용이 화면에 떴다.

목사 및 선교사 116명, 대학 총장 3명,
대학 학장 66명, 문학가 75명,
상원하원의원 4명, 부통령 1명, 기업가 73명,
발명가 21명, 존경받는 각계 인사 286명

프린스톤 대학 설립자.
요나단 에드워즈의 5대 후손 896명

VS

교도소 5년 이상 복역자 96명
정신병자와 알콜중독자 58명
성매매자 65명, 극빈자 286명
교육을 못 받은 문맹자 460명

뉴욕 최고의 술집사장
마크 슐츠의 5대 후손 1062명

"소름 끼쳐요! 직업의 영향 때문인가요?"

"자신의 직업을 어떻게 바라보느냐 하는 것은 인생을 바꾸는 것일 수도 있다. 찬형아, 물론 오해하지 마라. '교육자'와 '술집 경영인'이라는 직업 자체의 차이를 말한 것은 아니란다. 그 사람이 가진 생각, 가치관, 직업관을 말하는 것이다."

"여하튼 정신 바짝 차려야겠어요. 샘, 이 직업관 내용도 진로 페스티벌 때 사용할 수 있죠? 꼭 얘기해 주고 싶어요. 특히 1학년 후배들에게요."

"그래. 이번엔 베스트 5문제! 자, 직업관이 없는 사람들의 특징은?"

"순위 맞히는 거예요?"

"교빈아, 순위까지 맞히는 것은 너무 어렵지. 그냥 5개 안에 들어 있는 것만 맞혀도 돼."

"그럼, 제가 먼저 할게요. 자신의 직업에 대해 확신을 갖지 못한다."

"물론 맞는 내용이지만 5개 안에 들어갈 정도는 아니네."

"무조건 돈을 많이 버는 직업을 좇는다!"

"딩동댕! 2위입니다. 찬형이가 하나 맞혔다. 어때, 찬형아. 직업관이 왜 중요한지 알겠지? 그런데 말이야. 그러한 직업관을 가지는 데에 한 가지 꼭 조심해야 할 게 있어. 특히 요즘에는 이것의 중요성이 더욱 커졌지."

"그게 뭔데요?"

"직업의 구체적인 의미 구분이야."

"직업의 의미 구분이요?"

직업관이 없는 직업인의 특징

① 자신의 특성과는 무관하게 일반적인 대세(공직, 관리직, 사무직)를 좇는다.

② 연봉 랭킹이 높은 직업을 선호한다.

③ 미디어를 통해 형성된 인기군(스포츠 스타, 방송인, 예능인)을 추구한다.

④ 20개 정도의 인기 직업군에 너도나도 몰려 반복되는 취업 실패감을 경험한다.

⑤ 취업 이후 끊임없이 이직을 꿈꾸거나 행동하지만 크게 개선되지 않는다.

민샘은 뜬금없이 영어 단어 카드를 나눠 주었다. '직업'에 대한 다양한 영어 표현들이었다. 각각의 의미를 영어 사전에서 찾아서, 직업과 관련된 어떤 차이점이 있는지 확인해 보는 활동이라고 했다.

"샘, 모두 다 같은 뜻이잖아요."

"그렇지 않아. 찬형아, 자세히 보면 약간의 차이가 분명히 있어. 그걸 토론해 보는 거야. 이 부분을 이해하면 직업관을 가지는 데 큰 도움이 될 거야."

"민샘, 꼭 이렇게까지 복잡한 내용을 알아야 하나요?"

"복잡하지 않다. 자기 발견 때 기억나지? 정리가 되지 않았을 때는 복잡해 보이지만, 종합적으로 정리하고 하나의 표로 만들고 나면 매우 명쾌해졌잖니. 이번에도 마찬가지야."

조별로 토론이 이루어졌다. 몇몇 발표가 매우 설득력이 있었지만, 가장 의미 구분이 명확한 곳은 수희네 조였다. 활동을 위한 조가 또 바뀌었다. 민샘은 가급적 자주 조를 바꾸어서 다양한 친구들이 의사소통을 할 수 있도록 만들었다.

이번에 수희네 조에는 승헌이가 새롭게 들어갔다. 승헌이와 하영이는 몇 번 같은 조로 만났지만, MT 이후로는 같은 조에서 만난 적이 없었다.

사실 MT 때 승헌이와 하영이는 천당과 지옥을 오갔다. 강변 데이트에서는 성향을 통해 서로 조금씩 알아 가는 설렘이 있었는데, 다음 날 가치 탐색 과정에서 두 사람은 격렬하게 충돌했다.

서로의 가치 차이를 인정하게 되었지만, 예전처럼 승헌이의 눈에 하영이가 이제 좋은 감정으로 들어오지는 않는다. 충격이 너무 컸던 것이다. 이후 여러 분위기를 살펴 민샘은 방학 이후의 조를 편성했다. 특히 방학 조 편성은 진로 페스티벌의 부스 멤버 성격이 강했다. 학생들도 이 부분을 받아들였다.

새로운 조 편성에서 수희와 승헌이는 비슷한 점이 많았고 서로 토론도 잘 이루어졌다.

"Work는 땀을 흘려 일을 하는 의미가 강합니다. Job은 정기적으로 급여를 받는 일이고요. Career는 직업 이력, 즉 경력의 뜻이 있습니다. Vocation은 천직이나 소명과 같은 뜻이 있더라고요. 끝으로 Occupation은 원래 위치라는 뜻입니다.

그래서 저희는 이것을 보수를 받기 위해 시간 · 공간을 정해서 정기적으로 하는 일로 해석했어요."

"수희야, 승헌이와 같은 조가 되니 토론이 잘 되지? 실력향상이 눈에 확 띄는구나. 사전에 나온 뜻과 나름의 의견을 잘 섞어서 발표했어."

직업을 나타내는 영어 단어의 구분

① Work: 일하다,(생계나 벌이를 위해 육체적 · 정신적) 노동을 하다 [행위 의미]

② Job: 정기적으로 보수를 받고 하는 일 [보수 의미]

③ Career: 경력 또는 사회생활 [생애 의미]

④ Vocation: 천직이나 소명 [종교 의미]

⑤ Occupation: 보수를 받기 위해 시간 · 공간을 정해서 하는 일 [직장 의미]

"여기서 샘이 강조하고 싶은 한 가지는 바로 '커리어' 이다. 커리어는 '경력' 을 뜻하지. 경력은 어떤 업무, 어떤 직업을 거친 과정을 말한다. 여기에는 아주 중요한 점이 들어 있지. 과거에는 거의 쓰이지 않던 이 단어가 왜 오늘날에는 자주 쓰이게 된 것일까?"

"직장을 많이 바꾸기 때문이죠."

"그래, 맞다. 수희의 꿈에는 상담사가 있는데 직업 상담사를 해도 잘할 것 같다. 진로동아리의 멘토 역할도 잘하니 말이야."

"제가 잘 알 수 있는 것은 우리 아버지 때문이에요. 직업을 너무 많이 바꾸셨거든요. 그래서 이제는 불안하기까지 해요."

"아버지의 힘겨운 삶이 수희에게 고스란히 교육이 되고 있구나. 직장을 자주 바꾸는 것은 이 시대 우리 아버지들의 공통적인 고민이다. 예전 같으면 평생직장의 개념이 있었지만, 이제는 그게 힘들어졌다. 그렇기 때문에 우리가 지금 하고 있는 수업은 모두 중요해. 자신의 강점을 정확히 알아야 자신에게 맞는 일을 계속 찾아갈 수 있고, 또한 직업관이 선명해야지 이에 따라 직업을 찾을 수 있기 때문이지."

내 직업에 담긴 신념

> 나에게,
> 직업은 ________다.

민샘은 화면에 한 문장을 띄웠다. 빈칸에 자신의 직업관을 담아서 표현해 보는 간단한 활동이었다.

"빈 곳에 내용을 넣는 거예요?"

"그래, 수업의 내용을 잘 기억하여 넣어 보렴. 먼저 승헌이가 발표하고, 자기 발표 끝나면 다른 사람 지목하기."

“나에게 직업은 ‘가치 추구의 수단’ 이다. 다음 발표자는 음~ 수희요.”
“나에게 직업은 ‘생계를 넘어 행복을 추구하는 과정’ 이다. 다음은 교빈이.”
“나에게 직업은 ‘내가 존재하는 목적을 이루는 소명’ 이다. 다음은 찬형이요.”
“나에게 직업은 ‘평생의 경력을 만들어 가는 커리어’ 이다.”

직업의 성공을 바라보는 관점 이해하기

직업을 바라보는 관점에 따라 결과는 커다란 차이가 나기도 합니다. 다음의 두 가지 사례는 직업을 통해 부유함을 얻었지만 그 결과는 다릅니다. 위의 사례는 세상을 위해 부를 사용하는 법을 몰랐던 사람들이고, 아래의 사례는 그 반대의 경우입니다. 이 사례의 내용을 사용하여 당신이 직업을 통해 얻고 싶거나 이루고 싶은 진정한 목적이 무엇인지 생각하고 간단하게 기술해 보세요.

미국 대공황 시 대책회의 1923년		25년 후 1948년
철강왕 찰스 스왑	→	파산 후 죽음
공익 회사의 사장 사무엘 인술	→	무일푼 범죄자로 사망
최대 가스회사 사장 하워드 홉슨	→	정신이상자
최고의 곡물 투기업자 아더 고튼	→	지불 불능의 파산자가 된 후 사망
뉴욕 증권사장 리차드 휘트니	→	형무소 복역
미정부 내각인 아더 휠	→	수감 후 사면, 집에서 사망
금융계의 본부인 월가의 리버모어	→	자살
전매업계의 최고자 아이반 크루키	→	자살
국제 개척은행의 총재 레온 프레저	→	자살

2010년 포브스

세계의 부자 순위(2010년 현재)		세계의 기부 순위(2010년까지 누적액수)	
1위. 카를로스 슬림	740억 달러	1위. 빌게이츠	280억달러
2위. 빌 게이츠	560억 달러	2위. 조지 소로스	72억 달러
3위. 워렌 버핏	500억 달러	3위. 고든 무어	68억 달러
4위. 베르나르 아르노	410억 달러	4위. 워렌 버핏	67억 달러

세계 최고의 부자이면서 세계 최고의 기부자

내친구 포트폴리오 살짝 엿보기

직업의 성공을 바라보는 관점 이해하기

직업을 바라보는 관점에 따라 결과는 커다란 차이가 나기도 합니다. 다음의 두 가지 사례는 직업을 통해 부유함을 얻었지만 그 결과는 다릅니다. 위의 사례는 세상을 위해 부를 사용하는 법을 몰랐던 사람들이고, 아래의 사례는 그 반대의 경우입니다. 이 사례의 내용을 사용하여 당신이 직업을 통해 얻고 싶거나 이루고 싶은 진정한 목적이 무엇인지 생각하고 간단하게 기술해 보세요.

미국 대공황 시 대책회의 1923년		25년 후 1948년
철강왕 찰스 스왑	→	파산 후 죽음
공익 회사의 사장 사무엘 인슐	→	무일푼 범죄자로 사망
최대 가스회사 사장 하워드 홉슨	→	정신이상자
최고의 곡물 투기업자 아더 고튼	→	지불 불능의 파산자가 된 후 사망
뉴욕 증권사장 리차드 휘트니	→	형무소 복역
미정부 내각인 아더 휠	→	수감 후 사면, 집에서 사망
금융계의 본부인 월가의 리버모어	→	자살
전매업계의 최고자 아이반 크루키	→	자살
국제 개척은행의 총재 레온 프레저	→	자살

미국 대공황 시 대책회의 1923년 / 25년 후 1948년

2010년 포브스

세계의 부자 순위(2010년 현재)		세계의 기부 순위(2010년까지 누적액수)	
1위. 카를로스 슬림	740억 달러	1위. 빌게이츠	280억달러
2위. 빌 게이츠	560억 달러	2위. 조지 소로스	72억 달러
3위. 워렌 버핏	500억 달러	3위. 고든 무어	68억 달러
4위. 베르나르 아르노	410억 달러	4위. 워렌 버핏	67억 달러

세계 최고의 부자이면서 세계 최고의 기부자

자신의 직업으로 부를 이루었지만, 그 부를 세상을 위해 사용하는 방법을 몰랐던 사람과 그렇지 않은 사람의 차이가 얼마나 다른지 알게 되었다. 다행이다. 나는 어린 나이에 알게 되었으니 말이다. 나의 직업은 나 자신이 배부르기 위함이 아니라, 타인과 세상을 위해 필요한 것이다. 직업의 성공과 행복을 타인과 함께 꼭 나누고 싶다.

직업관의 의미 구분과 나의 직업관 찾기

직업관은 크게 다섯 가지로 구분됩니다. 즉 생계형, 소명형, 물질 추구형, 성공 수단형, 자기 계발형입니다. 다음 카드의 내용을 읽고 다섯 가지 직업관과 뜻이 맞는 것을 선으로 연결해 보세요. 그런 다음, 그 다섯 가지 중에 자신의 직업관이 무엇인지 밝히고, 왜 그런 직업관을 가지게 되었는지 경험을 근거로 정리해 주세요.

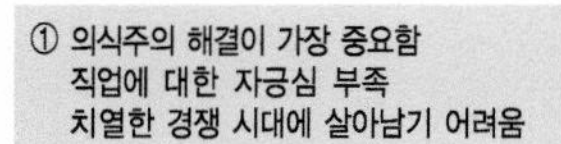
① 의식주의 해결이 가장 중요함
직업에 대한 자긍심 부족
치열한 경쟁 시대에 살아남기 어려움

② 물질을 통해 편리함과 여유추구
순간적 자극과 만족이 중요함
행복을 느끼기 어려움

③ 직업을 출세의 수단으로 생각함
사회 발전의 원동력이 되기도 함
과정이 무시되고 결과만이 중시되는
비이성적 사회가 되기도 함

④ 기술과 기능 등 잠재력 능력을 발휘,
발전모색 장인정신 발달
힘든 순간에도 초지일관 보람과 긍지 추구

⑤ 하늘에서 부여한 책임, 사명으로 받아들임
고통과 고난을 이겨냄
일에 대한 기쁨과 행복을 만끽함

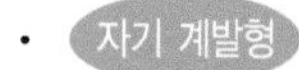

직업관의 의미 구분과 나의 직업관 찾기

직업관은 크게 다섯 가지로 구분됩니다. 즉 생계형, 소명형, 물질 추구형, 성공 수단형, 자기 계발형입니다. 다음 카드의 내용을 읽고 다섯 가지 직업관과 뜻이 맞는 것을 선으로 연결해 보세요. 그런 다음, 그 다섯 가지 중에 자신의 직업관이 무엇인지 밝히고, 왜 그런 직업관을 가지게 되었는지 경험을 근거로 정리해 주세요.

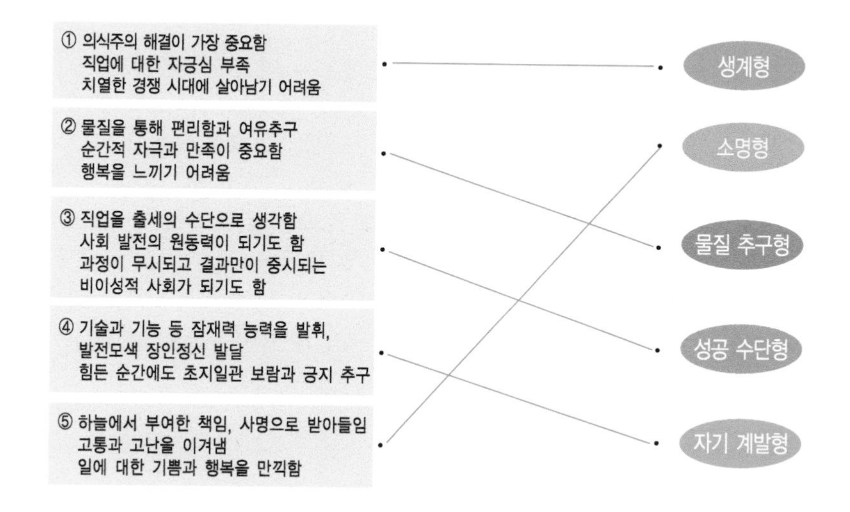

나의 직업관은 자기 계발형이다. 내가 가진 잠재력을 직업을 통해 끄집어내고 싶다. 그리고 끊임없이 그 능력을 발전시키고 싶다. 이러한 자기 계발의 기쁨을 이미 경험해 본 적이 있다. 어릴 적 나는 수영을 배웠다. 처음에는 너무 힘들었지만 꾸준히 연습한 끝에 내 몸이 물에 뜨던 그 순간을 잊을 수 없다. 자유형, 배형, 접형 등을 하나씩 배워 나가는 기쁨은 말로표현하기 힘들 정도였다. 자신의 잠재력이 드러나고 더 발전될 때 느낄 수 있는 행복을 직업에서도 꼭 느끼고 싶다. 그래서 나는 자기 계발형의 직업관을 선택했다 .

생생! 직업인 이야기

국가와 국민을 연결하는 다리

세무사

저는 세무사입니다. 까다로운 세무 관련 업무를 대신해 주지요. 그렇다고 그런 일을 하는 사람이 까다로운 것은 아니랍니다. 세무사는 세금을 걷는 국가와 세금을 내야 하는 국민 사이에서 다리 역할을 하는 존재입니다. 솔직히 말씀드리면 국가의 입장보다는 국민의 입장에서 억울한 일이 없도록 돕는 것에 더 비중을 두고 있습니다.

이 과정에서 한 가지 안타까운 점이 있답니다. 세금에 대해 국민들이 가지는 불편한 마음이에요. 사실 세금은 국가에서 도로를 만들거나 학교를 짓고, 또 공무원과 교사들에게 월급을 주는 데 사용합니다. 정직하고 성실하게 세금을 내는 것이 우리 자신과 우리의 자녀들을 위한 것임을 생각한다면 그 필요에는 동의할 거예요. 빼앗긴다는 생각으로 내면 더 화가 납니다. 기왕 내는 거 정말 필요한 것이고, 잘 쓰이기를 기도하는 마음으로 세금을 낸다면 지금처럼 마음이 불편하지는 않을 것입니다.

세무사는 이처럼 국가와 국민 사이에서 다리 역할을 하여 오해를 풀고 서로 존중하는 문화를 만드는 중재자랍니다. 평생 보람을 느낄 수 있는 세무사의 삶으로 초대합니다.

02 더 깊이 들여다보기

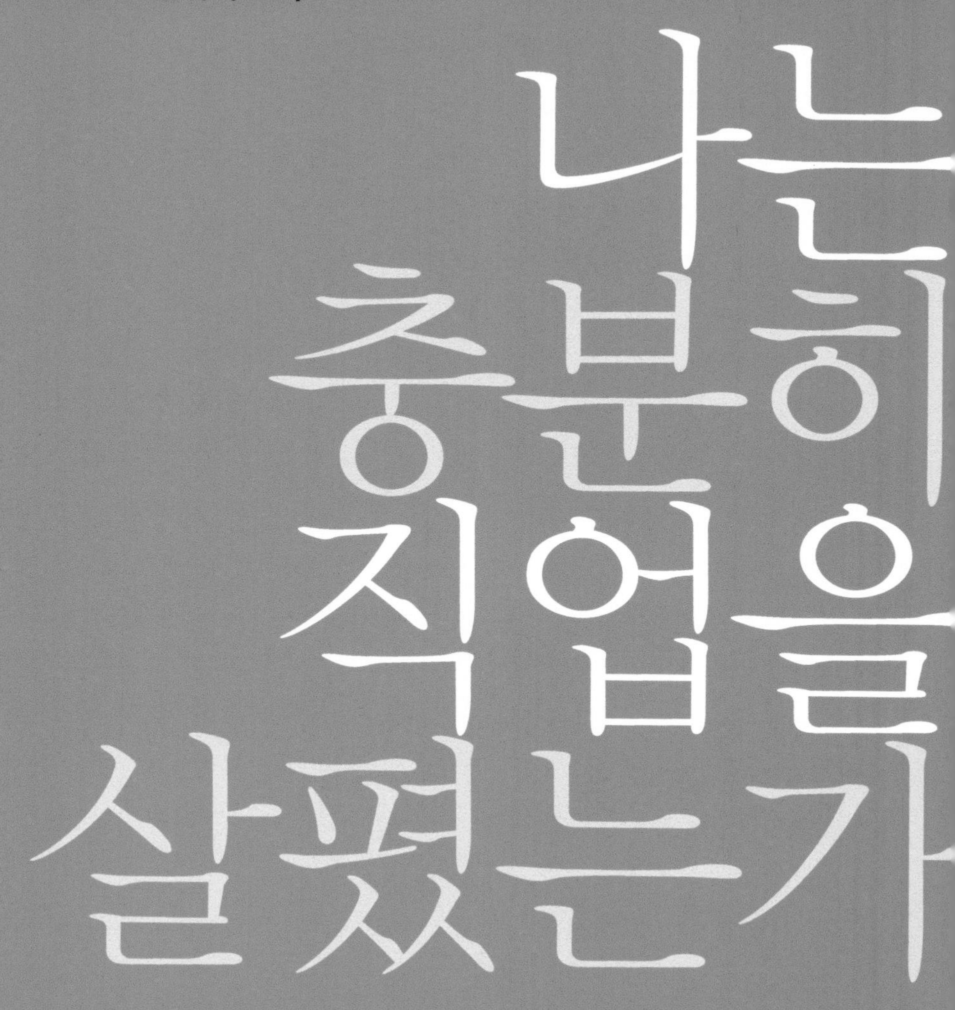

우리들의 고민 편지

창원에서 중학교에 다니는 Y군은 한창 꿈을 위해 달려가고 있었다. 남들보다 다소 빠른 초등학교 5학년 때 이미 꿈을 정해서 열심히 노력해 왔다. 현재 중학교 2학년인 Y군은 학교에서 진행하는 진로 활동을 하면서 오히려 새로운 고민에 빠졌다. 전혀 몰랐던 새로운 직업이 너무나 많고, 자신의 마음을 설레게 하는 직업도 많다. '왜 예전에는 미처 몰랐을까?' Y군은 이제 두려움이 생긴다. 지금까지 지녔던 꿈을 접어야 하나? 그냥 눈 감고 귀 막고 가야 하나? 아니면 계속 직업 정보를 새롭게 접해야 할까?

– 온라인 캠프에 올라온 진로 고민 편지

진로 페스티벌, 앞당겨지다

“방학 중에 학교 운영 위원회를 통해 정식으로 요청이 들어왔다.”

“무슨 요청이요?”

“진로 동아리에 대한 소문은 이미 학교 전체에 다 나 있는 거 알고 있지?”

“네, 저희들이 좀 유명해졌죠. 헤헤헤!”

“특히 1학년 어머니들이 학교 게시판과 교장 선생님을 통해 적극적으로 요청을 했다는구나.”

“샘, 뜸들이지 말고 말씀해 주세요. 그러니까 무슨 요청이요?”

“하영이도 가끔은 이렇게 급할 때가 있구나. 1학년 학생들이 최대한 빨리 진로 페스티벌을 경험했으면 좋겠다는 요청이란다. 2학기가 지나가는 가을에 하는 것이 아깝다는 것이지. 승헌이 생각은 어떠니?”

“이해가 돼요. 제가 부모라도 그렇게 요청할 것 같아요. 우리들의 1학년이 그렇게 지나가 버렸잖아요. 물론 2학년이 되어서 이렇게 방향을 잡았지만, 우리 후배들까지 똑같은 시행착오를 겪게 하는 것은 안타까워요.”

“승헌이 말이 맞아요. 우리가 발견한 방법들을 후배들에게 적용해서 그들이 자신의 목표를 가지고 2학기 공부를 시작한다면 우리도 보람이 될 것 같아요.”

“샘, 하영이와 승헌이 얘기를 충분히 이해했지만, 여기서 한 가지 문제가 있어요.”

“찬형아, 어떤 문제?”

“우리가 아직 전체 내용을 다 배우지 않았다는 거예요. 방학 중에 많이 진도가 나가긴 했지만 아직 12개 중에 6개의 모듈은 배우지 못했어요.”

“찬형아, 걱정 마. 그 부분은 진로 페스티벌에 포함하지 않아도 괜찮아. 자신의 진로를 찾는 것에만 집중하자. 그것만 제대로 할 수 있어도 충분히 큰일을 하는 거다.”

12개의 모듈

진로 동아리의 전체 모듈은 12개이다.
진로 인식, 존재 발견, 강점 발견, 적성 발견, 직업 발견, 세계 발견, 진로 검증, 비전 선언, 결과 상상, 전략 수립, 진로 관리, 진로 표현이다.

방학 전까지 배운 것은 초반 4개 모듈이며, 방학 중에 직업 발견, 세계 발견의 2개 모듈을 배웠다. 현재까지 배운 모듈은 모두 6개이다. 나머지 6개는 2학기에 배울 내용이다.

방학이 지날 무렵 깜짝 놀랄 만한 소식이 전해졌다. 가을에 체육 대회 및 축제와 함께 진행하기로 했던 진로 페스티벌이 여름방학 직후로 앞당겨진다는 것이었다.
이 소식을 들은 학생들은 다들 너무 즐거워했다. 그리고 은근히 자신감이 묻어나는 표정들을 지었다. 어차피 방학 시작과 함께 배우는 과정에서는 진로 페스티벌을 대비하는 각오로 참여했기 때문이었다. 벌써 진도는 직업 발견과 세계 발견을 마무리했다. 진로 페스티벌의 부스별 조로 재편성된 상태에서 내용을 배움과 동시에 어떻게 부스를 운영할 것인지 함께 토론하며 수업을 진행했다. 그리고 어차피 학기가 시작되면 동아리 학생들도 학기 공부에 집중해야 하기에 큰 행사에 대한 부담을 안고 공부하는 것이 여간 마음이 무거운 일이 아닐 수 없었다. 그런데 민샘이 걱정했던 것보다 학생들의 반응이 의연했다.
소식이 전해진 날부터 진로 동아리 하이라이트 클럽은 앞당겨진 진로 페스티벌을 위한 부스 구성 및 진행 준비에 돌입했다. 뭔가 목표가 있다는 것은 학생들에게 묘한 에너지를 일으켰다. 그리고 방학의 마지막 주간에 동아리는 진로 페스티벌에서 실제로 진행할 부스별 예행연습을 해 보기로 했다. '진로 페스티벌 예행연습' 이었다.

부스	제 1 부스	제 2 부스	제 3 부스
주제	자기 발견	직업 발견	세계 발견
조장	민샘, 철만, 교빈	승헌, 수희	하영, 찬형

정보에 눈을 뜨다

진로 페스티벌 예행연습은 각 부스별로 순서를 정해서 진행했다. 자기 발견 부스는 민샘과 철민 그리고 교빈이가 진행했다. 부족한 시간이지만 그래도 민샘이 진행한다는 점 때문에 자기 발견 부스는 예행연습을 생략했다. 직업 발견 부스에서는 민샘과 함께 수업했던 4개의 수업을 고스란히 압축해서 진행할 계획이다. 진로 동아리의 나머지 모든 친구들이 이 부스에 참가자 입장으로 참여하기로 했다. 진행은 승헌이와 수희가 번갈아 가며 하기로 했다.

"마치 진짜 하는 것 같아. 승헌이 녀석 머리에 뭘 바르고 왔네."
"교빈아, 승헌이 긴장한 거 안 보이니? 오늘은 장난치면 안돼."
"알겠어요. 샘. 저는 그저 관람객처럼 행동할 거예요. 헤헤."

부스명	순서	수업 제목	수업 주제
직업 발견 부스	1	바라보는 대로 살아간다	직업관
	2	더 깊이 들여다보기	한국의 직업
	3	더 넓은 세상으로 나가는 길	세계의 직업
	4	정보와 동행하기	정보관리

처음 진행하는 '직업관' 수업은 수희가 진행했다. 수희는 역시 차분하고 능숙하게 수업을 이끌어 갔다. 참여한 학생들은 민샘이 진행했던 것을 고스란히 기억하고 있었지만 수희가 진행하는 방식이 너무나 새로웠다. 마치 처음 참석한 페스티벌 참가자가 된 것처럼 신나게 활동하고 발표도 했다.
하지만 실제 진로 페스티벌의 분위기는 최대한 자유로운 뷔페식 분위기

로 연출하자고 이미 의견을 모았었다. 다만, 예행연습에서는 최대한 내용을 이해한 것을 확인하는 것이기에 수업처럼 진행하는 모습을 보여 주어야 했다. 이제 두 번째 활동은 승헌이의 차례였다.
"직업 발견 부스에 온 학생들은 둘 중에 하나일 겁니다. 진로 페스티벌에 오기 전에 이미 직업의 꿈을 갖고 있었거나, 아니면 아직까지 꿈을 찾지 못해 자기 발견 부스에서 자기 발견을 먼저 하고 온 학생들일 것입니다. 이 부스는 몇 개 정도의 희망하는 직업군을 가지고 있어야 재미있을 겁니다. 지금 오신 분들은 모두 일단 말할 수 있는 꿈을 찾은 거죠?"
"네! 승헌 샘."
"그럼, 학생은 어떤 직업군을 찾았나요?"
"승헌 샘, 저를 아시나요? 저, 교빈이라고……."
"모르겠는데요. 꿈이나 말해 보시죠."
"저는 방송인, 방송국 PD, 물리치료사를 희망하고 있어요."
"혹시 방송국에서 일하는 구체적인 직업군이 얼마나 있는지 알고 있나요?"
"네? 저~ 그……."
"그럼, 물리치료사와 비슷한 직종의 다른 직업들을 혹시 살펴보았나요?"
"아, 아니요."
"그럼, 만약에 말이죠. 나중에 더 나은 직업을 발견했는데 만약 그때 후회가 되면 어떨까요?"
"그러게요, 도와주세요. 승헌 샘!"
승헌은 책상 위에 있는 95개 정도의 직업 카드를 소개해 주었다. 물론 실제 진로 페스티벌에서는 같은 직업 카드를 여러 책상에 배치하여 참가자 스스로 방법을 읽고 진행할 것이다.
그때가 되면 승헌이와 수희 및 조원들은 각 책상에서 참가자들을 돕는 역할을 할 것이다. 필요한 경우에만 설명을 하려고 한다.

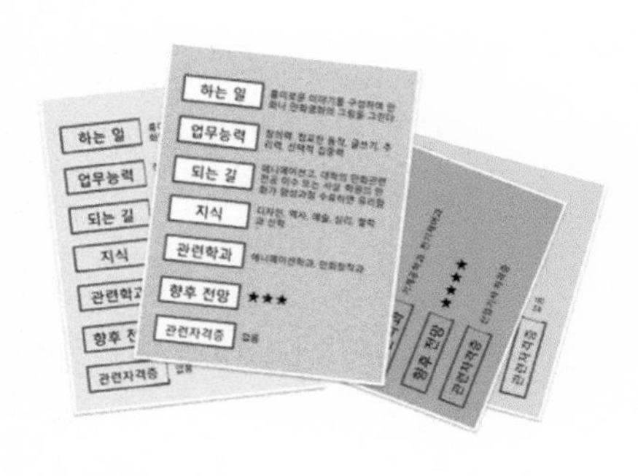

"와~ 이게 뭐야? 예쁜 카드가 많네. 직업에 대한 정보가 다 들어 있어. 그림도 예쁘다. 이것으로 카드 게임을 하는 건가요?"

"아니에요. 교빈 학생, 직업 카드는 우리의 좁은 시야를 열어 주는 역할을 합니다."

"어떻게 시야를 열어 줘요?"

"다양한 직업의 유형들을 한번에 살피면서 정보의 확장을 도와주죠."

직업 카드 분류법

1. 카드의 정보를 간단히 읽고, 좋아하는 직업, 모르는 직업, 관심 없는 직업으로 구분
2. 모르는 직업으로 분류된 카드를 다시 자세히 읽고, 좋아하는 직업과 관심 없는 직업에 포함
3. 자신의 직업을 분류할 때 마음속에 품었던 기준들을 생각하여 적기

"승헌 샘, 책상마다 카드의 종류가 다른 것 같아요."

"맞아요. 3개의 책상에 각각 다른 직업 카드가 놓여 있어요. 크게 다르지는 않지만 다양하게 사용할 수 있도록 준비했어요. 현재 대한민국에서 가장 많이 사용하는 직업 카드는 네 가지 종류입니다. 이번 페스티벌에서 공식 카드로 이 세 가지를 채택했어요."

"어떤 직업 카드인데요?"

"고용정보원에서 펴낸 직업 카드가 가장 일반적인 것으로 대표적인 직업 72개를 소개하고 있답니다. 그리고 학지사에서 만든 직업 카드는 150여 개 정도 소개하고 있는데, '여성용 직업 카드'를 별도로 만들었다

는 게 특이하죠. 카드에는 다양한 95개의 매력적인 여성 직업군이 소개되어 있습니다. 또 마인드 프레스에서 만든 150개의 직업 카드가 있습니다. 주로 이 세 가지가 가장 많이 사용되는 직업 카드랍니다."

"승헌 샘, 카드 게임을 좀 하고 싶어요. 방법을 소개해 주세요."

"교빈 학생, 성미도 급하셔라. 지금부터 나와 함께 직업 카드 분류 게임으로 들어가 볼까요."

승헌이는 직업 책상 앞에 학생들과 마주 앉았다. 방학 중에 민샘과 함께 수업했던 방식을 따라 하고 있는 것이다. 먼저 카드를 골고루 펼쳐 놓고, 학생 한 명과 대표로 활동을 진행하는 장면을 보여 주었다.

"교빈 학생, 저와 함께 샘플 수업을 진행하여 보겠습니까?"

"물론이죠!"

"일단 자연스럽게 카드를 보면서 아는 직업과 모르는 직업으로 간단하게 분류합니다."

아는 직업

모르는 직업

교빈이가 아는 직업과 모르는 직업을 분류하자, 모르는 직업의 카드를 간단하게 읽고 이해하는 시간을 주었다. 이렇게 함으로써 일단 몰랐던 직업을 모두 아는 직업 쪽으로 이동시킬 수 있게 되었다.

"좋아요. 이제 전부 아는 직업이 되었죠?"

"약간 어설프지만 일단 다 읽었으니까 모른다고 할 수는 없겠죠. 헤헤헤!"

"그럼, 다시 전체를 간단히 보면서 좋아하는 직업과 관심 없는 직업으로 구분해 볼까요?"

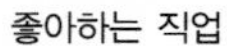
좋아하는 직업

관심 없는 직업

좋아하는 직업과 관심 없는 직업을 분류한 다음에는 각각에 대해서 좋아하는 이유와 관심 없는 이유를 말해 보게 했다. 승헌이는 간단한 활동지를 교빈이에게 주어 여기까지의 활동을 정리하게 했다.

카드 분류	좋아하는 직업	모르는 직업	관심 없는 직업
1차 분류	(　　)개	(　　)개	(　　)개
2차 분류	(　　)개		(　　)개
이유	좋아하는 이유		관심 없는 이유

"승헌 샘, 좋아한다는 것과 관심 없다는 것 그리고 모른다는 것의 기준은 없나요? 그냥 한번 보고 좋은 느낌이라면 좋은 직업으로 여겨야 하나요?"

"좋은 질문이에요. 간단히 설명할게요. 좋아하는 직업은 평소에 긍정적으로 생각했던 직업, 자기 발견 단계에서 찾아낸 직업, 그 직업에 자신감은 없지만 '좋다'고 느낀 직업, 일하고 싶은 직업 등입니다. 관심 없는 직업은 평소에 부정적으로 생각했던 직업, 자신에게 잘 맞지 않을 것 같은 직업 등입니다. 모르는 직업은 정보가 없거나 생소한 직업이라서 확신이 서지 않는 직업을 말합니다."

"그럼 여기 들어 있는 빈 카드는 뭐죠?"

"직업 카드에는 없지만 자신이 평소에 관심을 둔 직업이 있을 경우 적는 것입니다."

"설명이 아주 쉽고 명쾌한데요. 최고예요!"

좋아하는 직업과 관심 없는 직업을 분류하고, 이유를 들은 다음에는 좋아하는 직업군의 순위를 정하게 된다. 교빈이는 이미 민샘과의 수업을 통해 순위를 정해 놓은 상태였다. 바로 여기까지가 분류 단계와 주제 찾기 단계이다. 승헌이는 교빈이에게 자신의 순위를 정한 직업에 대해 소개해 줄 것을 부탁했다. 교빈이는 꽤 그럴듯하게 직업을 소개했다.

승헌이가 진행하는 방식은 공통적으로 직업 카드의 활동 방법을 따른 것이었다. 승헌이는 철저하게 민샘의 자취를 그대로 따라가고 있다. 융통성 있게 새로운 방식을 창조하기보다는 그대로 따라가는 것이 승헌이에게는 나름 최선의 선택이었다.

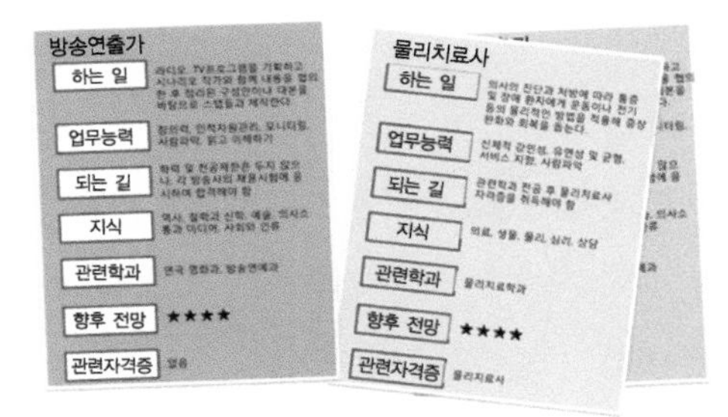

직업 카드의 활동 단계

1. 분류 단계: 아는 직업과 모르는 직업을 구분한 뒤, 모르는 직업 읽어보기
2. 주제 단계: 좋아하는 직업과 관심 없는 직업을 구분한 뒤, 순위 매기기
3. 확인 단계: 부모의 기대 직업과 나의 희망 직업 비교, 내가 좋아하는 직업의 여섯 가지 진로 유형 확인하기
4. 확장 단계: 더 알고 싶은 정보 추가 검색하기

그런데 살짝 교빈이는 마음이 불편해졌다. 승헌이가 했던 질문이 계속 신경이 쓰였기 때문이다. 혹시 정보가 너무 제한되어 있기 때문에 나중에 후회하면 어쩌지 하는 생각이 계속 떠오른 것이다. 방송인이나 방송국 PD가 되고 싶은데, 솔직히 방송국에서 일할 수 있는 더 많은 직업을 알아본 적이 없다. 뭐가 있는지도 모른다. 그래서 나중에 혹시나 후회하면 어떻게 하나, 교빈이는 표정을 숨기고 있지만 불안한 마음이 계속 들었다.

바로 그때 승헌이는 학생들을 컴퓨터 앞으로 안내했다. 3대의 컴퓨터가 있고, 화면에는 '200개의 다양한 직업' 이라는 폴더가 보였다. 폴더를 열자 정말 다양한 직업 영상들이 일목요연하게 정리되어 있었다. 앞의 직업 카드에 있던 것도 더 자세히 알 수 있었고, 카드에 없던 신기한 직업들도 많았다. 교빈이는 감탄했다.

"오, 놀라워라! 이건 민샘과의 수업 때도 나오지 않았던 건데요. 승헌 샘."

"교빈 학생, 카드 활동을 한 이후에, 혹시 아직 뭔가 답답한 부분이 있다면 자유롭게 영상을 탐색하며 관심 있는 직업군을 더 알아보세요. 특히 자신이 희망하는 직업의 주변 직업을 더 자세히 알아보시기 바랍니다."

부스 벽에는 노트북에 들어 있는 200개의 영상 목록이 일목요연하게 정리되어 있었다. 교빈이는 일단 방송 연출가와 물리치료사의 영상을 찾아서 그 내용을 살폈다.

"이제 직업 정보파악 과정의 마지막인 '확장 단계' 를 소개할게요. 교빈 학생이 자신의 직업에 대해 확신하기 위해서는 비슷한 관련 직종의 정보를 더 자세히 살펴보아야 합니다. 그럼, 함께 인터넷 속으로 들어가 볼까요?"

〈1단계 관련 직업 살피기〉

'투모라이즈(www.tomorize.com)와 한국직업정보시스템(know.work.go.kr)' 과 같은 인터넷 환경에 들어가서 교빈이가 '방송 연출가'

라는 직업의 세부 내용을 볼 수 있도록 안내했다. 먼저 비슷한 유형의 관련 직업을 정리한 부분을 강조하며, 모두 클릭하여 내용을 검토해 볼 수 있도록 하였다.

요약보기 | 되는 길 | 임금/전망 | 능력/지식/환경 | 성격/흥미/가치관

◎ 직무개요

라디오 또는 텔레비전의 프로그램을 기획, 구성하여 제작한다.

◎ 수행직무

- 시나리오작가를 선정하여 제작될 프로그램의 계획을 설명하고 완성된 대본을 평가한다.
- 배역, 의상, 무대배경, 음악, 카메라작업, 시간배정 등을 결정하기 위하여 제작진과 협의하고 대본을 조정한다.
- 프로그램 출연 대상인물을 섭외하고 장소를 선정한다.
- 바람직한 프로그램을 제작하기 위하여 시연을 계획하고 제작에 참여하는 직원들의 활동을 조정한다.
- 예산의 한계내에서 프로그램을 제작하기 위하여 제작에 드는 예산과 지출을 검토한다.

◎ 관련직업

직업명	직업명
» 스턴트맨(대역배우)	» 연예프로그램진행자
» 비디오저널리스트(VJ)	» 웹기획자
» 게임기획자	» 애니메이션기획자
» 방송연출가	» 모델
» 아나운서	» 디스크자키(DJ)
» 영화감독	» 광고제작감독(CF감독)
» 성우	» 영화배우 및 탤런트
» 개그맨 및 코미디언	» 쇼핑호스트
» 리포터	» 음반기획자
» 연극연출가	» 웹방송전문가

"교빈 학생, 자신의 것을 더욱 명확하게 알기 위해서는 주변의 것과 비교하는 것이 효과적이죠."

"와~ 관련 직업이 꽤 많네요. 혹시 관련 직업 탐색하다가 꿈이 바뀌면 어떡하죠. 승헌 샘!"

"그럴 수도 있죠. 괜찮아요. 어차피 스스로 정보를 알아 가는 그 자체가 중요합니다."

〈2단계 과정 살피기〉

교빈이는 자신의 희망 직업에 대한 구체적인 정보가 정리된 웹페이지를 보면서 무섭게 집중하고 있었다.

'진로를 알아 간다는 것은 매우 복잡하고 체계적인 작업이구나. 처음에 자신의 가능성을 탐색하는 것만으로도 많은 시간이 걸렸는데, 그렇게 찾아낸 희망 직업에 대해서도 이렇게 살필 게 많네.'

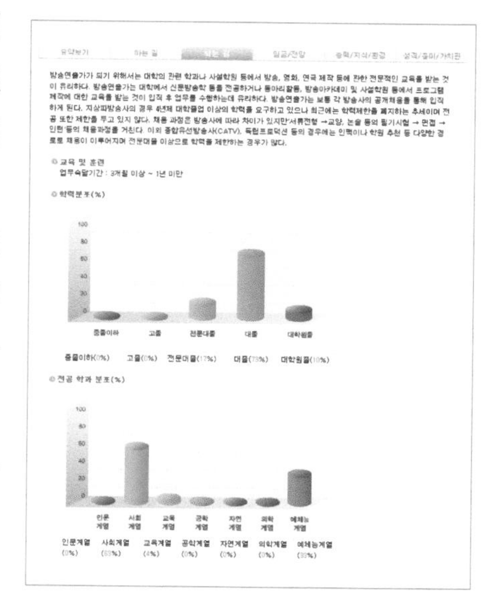

요약보기 | 하는 일 | 임금/전망 | 능력/지식/환경 | 성격/흥미/가치관

방송연출가가 되기 위해서는 대학의 관련 학과나 사설학원 등에서 방송, 영화, 연극 제작 등에 관한 전문적인 교육을 받는 것이 유리하다. 방송연출가는 대학에서 신문방송학 등을 전공하거나 동아리활동, 방송아카데미 및 사설학원 등에서 프로그램 제작에 대한 교육을 받는 것이 입직 후 업무를 수행하는데 유리하다. 방송연출가는 보통 각 방송사의 공개채용을 통해 입직하게 된다. 지상파방송사의 경우 4년제 대학졸업 이상의 학력을 요구하고 있으나 최근에는 학력제한을 폐지하는 추세이며 전공 또한 제한을 두고 있지 않다. 채용 과정은 방송사에 따라 차이가 있지만'서류전형 →교양, 논술 등의 필기시험 → 면접 → 인턴'등의 채용과정을 거친다. 이외 종합유선방송사(CATV), 독립프로덕션 등의 경우에는 인맥이나 학원 추천 등 다양한 경로로 채용이 이루어지며 전문대졸 이상으로 학력을 제한하는 경우가 많다.

◎ 교육 및 훈련

업무숙달기간 : 3개월 이상 ~ 1년 미만

◎ 학력분포(%)

◎ 전공 학과 분포(%)

〈3단계 전망 살피기〉

"승헌 샘, 진로 페스티벌이 정말 대박날 것 같아요. 이렇게 자세히 개개인의 정보를 만날 수 있다면, 친구들이 정말 좋아하겠는데요. 제 생각에는 이러한 방법으로 창업을 해도 되겠어요. 요즘은 학생들도 창업을 한다면서요."

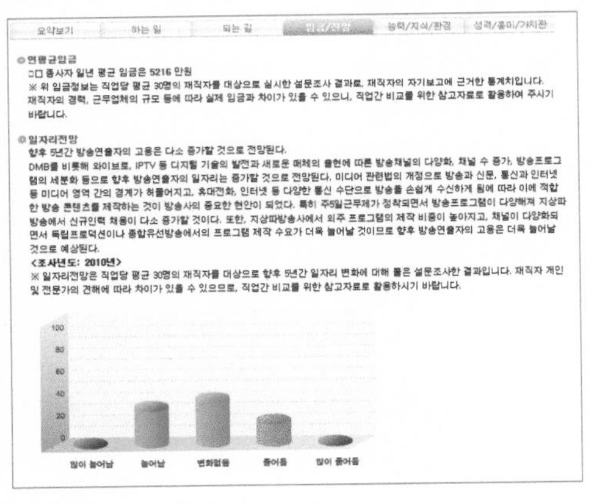

◎ 연평균임금

□□ 종사자 일년 평균 임금은 5216 만원

※ 위 임금정보는 직업당 평균 30명의 재직자를 대상으로 실시한 설문조사 결과로, 재직자의 자기보고에 근거한 통계치입니다. 재직자의 경력, 근무업체의 규모 등에 따라 실제 임금과 차이가 있을 수 있으니, 직업간 비교를 위한 참고자료로 활용하여 주시기 바랍니다.

◎ 일자리전망

향후 5년간 방송연출자의 고용은 다소 증가할 것으로 전망된다.

DMB를 비롯해 와이브로, IPTV 등 디지털 기술의 발전과 새로운 매체의 출현에 따른 방송채널의 다양화, 채널 수 증가, 방송프로그램의 세분화 등으로 향후 방송연출자의 일자리는 증가할 것으로 전망된다. 미디어 관련법의 개정으로 방송과 신문, 통신과 인터넷 등 미디어 영역 간의 경계가 허물어지고, 휴대전화, 인터넷 등 다양한 통신 수단으로 방송을 손쉽게 수신하게 됨에 따라 이에 적합한 방송 콘텐츠를 제작하는 것이 방송사의 중요한 현안이 되었다. 특히 주5일근무제가 정착되면서 방송프로그램이 다양해져 지상파방송에서 신규인력 채용이 다소 증가할 것이다. 또한, 지상파방송사에서 외주 프로그램의 제작 비중이 높아지고, 채널이 다양화되면서 독립프로덕션이나 종합유선방송에서의 프로그램 제작 수요가 더욱 늘어날 것이므로 향후 방송연출자의 고용은 더욱 늘어날 것으로 예상된다.

<조사년도: 2010년>

※ 일자리전망은 직업당 평균 30명의 재직자를 대상으로 향후 5년간 일자리 변화에 대해 물은 설문조사한 결과입니다. 재직자 개인 및 전문가의 견해에 따라 차이가 있을 수 있으므로, 직업간 비교를 위한 참고자료로 활용하시기 바랍니다.

교빈이의 말을 들은 승헌이는 민샘을 쳐다보며 씩 웃었다. 수희도 승헌이를 보며 미소 지었다. 승헌이는 학생들이 즐거워하는 모습에 심장이 마구 뛰었다. 실제 진로 페스티벌 때의 모습이 눈에 그려졌기 때문이다. 이런 정보들을 만날 일이 없는 후배들이 얼마나 행복해할까 하는 생각이 들었다. 같은 조의 리더인 수희도 비슷한 생각이었다. 그리고 민샘도 역시 같은 마음이었다.

꿈 찾기는 진행형

컴퓨터 책상 바로 옆에는 두꺼운 책을 올려 놓은 책상이 나란히 놓여 있었다. 영상이나 사이트를 보고도 부족함을 느끼는 학생들을 위한 정보가 실린 책이다. 이책은 현재 한국의 거의 모든 직업이 실려 있는 『한국직업사전』과 대한민국에서 가장 자세한 직업 정보를 실어 놓은 『한국직업전망』이라는 책이다. 너무 두꺼워 들기도 어려운 책이지만 교실을 꽉 채워 주는 느낌이 좋았다. 『한국직업사전』에는 무려 914개의 직업이, 『한국직업전망』에는 200개 정도의 직업 전망이 자세히 정리되어 있다. 이 책은 민샘이 이번 예행연습을 위해 준비해 놓은 비장의 무기였다.

다양한 자기 발견을 통해 2~3개 정도의 희망 직업을 찾은 것은 시작에 불과했다. 이제부터 그 직업의 세부 내용은 물론 주변 직업까지 더 알아보아야 한다. 그러는 과정에서 한 가지 질문에 대해 스스로 답변할 수 있어야 한다.

'나는 정말 충분히 정보를 알아보고 나의 진로를 결정했는가?'

20개의 직업 중에 자신의 희망 직업을 찾았을 때와 100개의 카드 정보를 비교하고 알아보면서 자신의 직업을 확인하는 것은 분명 차이가 있다. 그리고 다시 200개 정도의 엄선된 직업 영상을 통해 실제 그 직업의 삶과 과정을 분석한다면 더욱더 판단의 폭이 넓어질 것이다. 그리고 최대 1,000개 정도의 직업을 살피고 그 속에서 자신의 희망 직업을 찾아간다면 이는 정말 최선을 다했다고 할 수 있다.

"이건 뭐예요? 승헌 샘."

"교빈아, 아까 인터넷으로 검색한 '방송 연출가' 정보 있잖아. 내가 미리 출력해서 파일을 만들어 놓았단다. 선물이야."

"정말요? 고마워요. 승헌 샘!"

꼭! 작성해 보세요 | 포트폴리오 활동 1

나의 직업 카드 분류하기

직업 정보를 알아 가는 과정에서 사용하는 직업 카드에는 크게 네 종류가 있습니다. 72개 버전, 90개 버전, 150개 버전, 그리고 여학생용 95개 버전입니다. 그 중에 하나의 직업 카드를 선택하여 분류 활동을 한 후에, 다음의 분류표를 작성해 봅니다.

카드 분류	좋아하는 직업	모르는 직업	관심 없는 직업
1차 분류	(　　　　)개	(　　　　)개	(　　　　)개
2차 분류	(　　　　)개		(　　　　)개

좋아하는 직업과 관심 없는 직업에 대해 작성했다면, 대표적으로 좋아하는 직업과 관심 없는 직업을 적어 보세요.

좋아하는 직업	관심 없는 직업

혹시 분류한 카드 중에 좀 더 자세히 알아보고 싶은 직업이 있다면 직업명을 적어 보세요.

더 알아보고 싶은 직업

내친구 포트폴리오 살짝 엿보기

나의 직업 카드 분류하기

직업 정보를 알아 가는 과정에서 사용하는 직업 카드에는 크게 네 종류가 있습니다. 72개 버전, 90개 버전, 150개 버전, 그리고 여학생용 95개 버전입니다. 그 중에 하나의 직업 카드를 선택하여 분류 활동을 한 후에, 다음의 분류표를 작성해 봅니다.

카드 분류	좋아하는 직업	모르는 직업	관심 없는 직업
1차 분류	(15)개	(30)개	(50)개
2차 분류	(20)개		(75)개

여성용 직업 카드를 선택한 학생의 사례

좋아하는 직업과 관심 없는 직업에 대해 작성했다면, 대표적으로 좋아하는 직업과 관심 없는 직업을 적어 보세요.

좋아하는 직업	관심 없는 직업
입학사정관, 교정직 공무원, 연구원, 연극놀이 강사, 여행 가이드, 아나운서, 대학 교수, 광고 전문가, 사회복지사, 상담 심리 전문가, 직업 상담사, 작가, 큐레이터, 사서, 기자, 영화감독, 서비스 강사, 조경 전문가, 물리치료사, 간호사 등	웨딩플래너, 약사, 수의사, 행정직 공무원, 직업 군인, 경찰관, 건축 전문가, 배우, 한의사, 의사, 외교관, 판사, 검사, 법무사, 변호사, 교사, 외환 딜러, 제과사, 제빵사, 미술가, 음악가, 대중 가수, 무용가, 디자이너, 승무원, 조종사 등

혹시 분류한 카드 중에 좀 더 자세히 알아보고 싶은 직업이 있다면 직업명을 적어 보세요.

더 알아보고 싶은 직업
큐레이터, 병원 코디네이터, 기상 컨설턴트, 여행상품 기획가

꼭! 작성해 보세요 | 포트폴리오 활동 2

직업 카드 분류 심화하기

자기 발견과 적성 발견을 통해 강점, 흥미, 재능, 능력, 성향, 가치, 적성 등의 탐색을 마쳤으나 그 과정에서 살폈던 직업의 유형은 너무나 제한된 정보일 수 있습니다. 따라서 직업 카드를 분류하면서 새롭게 알게 된 직업 정보를 유심히 관찰하여 자기 발견과 적성 발견을 보완할 필요가 있습니다. 다음의 두 단계를 거쳐 직업 카드의 분류와 자기 발견의 결과를 연결해 봅니다.

1. 다음 세 가지 기준에 따라 선호하는 직업 10개씩을 직업 카드에서 골라 쓰세요.

순위	가장 좋아하는 직업	가장 자신감 있는 직업	현실 가능한 직업
1			
2			
3			
4			
5			
6			
7			
8			
9			
10			

2. 위의 목록 중에 겹치는 직업명을 쓰고, 자기 발견의 희망 직업군과 겹치는 것이 있다면 오른쪽에 써 주세요.

순위	선호 / 자신감 / 현실 가능한 직업	자기 발견을 통해 찾은 희망 직업
1		
2		
3		
4		
5		
6		
7		
8		
9		
10		

직업 카드 분류 심화하기

자기 발견과 적성 발견을 통해 강점, 흥미, 재능, 능력, 성향, 가치, 적성 등의 탐색을 마쳤으나 그 과정에서 살폈던 직업의 유형은 너무나 제한된 정보일 수 있습니다. 따라서 직업 카드를 분류하면서 새롭게 알게 된 직업 정보를 유심히 관찰하여 자기 발견과 적성 발견을 보완할 필요가 있습니다. 다음의 두 단계를 거쳐 직업 카드의 분류와 자기 발견의 결과를 연결해 봅니다.

1. 다음 세 가지 기준에 따라 선호하는 직업 10개씩을 직업 카드에서 골라 쓰세요.

순위	가장 좋아하는 직업	가장 자신감 있는 직업	현실 가능한 직업
1	간호사	간호사	간호사
2	물리치료사	물리치료사	물리치료사
3	작업 치료사	작업 치료사	작업 치료사
4	병원 코디네이터	초등학교 교사	초등학교 교사
5	초등학교 교사	유치원 교사	도서관 사서
6	유치원 교사	행정직 공무원	유치원 교사
7	바리스타	도서관 사서	
8	소믈리에		
9	플로리스트		
10	파티 플래너		

2. 위의 목록 중에 겹치는 직업명을 쓰고, 자기 발견의 희망 직업군과 겹치는 것이 있다면 오른쪽에 써 주세요.

순위	선호 / 자신감 / 현실 가능한 직업	자기 발견을 통해 찾은 희망 직업
1	간호사	행정직 공무원
2	물리치료사	유치원 교사
3	작업 치료사	상담가
4	초등학교 교사	청소년 지도사
5	유치원 교사	간호사
6		
7		
8		
9		
10		

꼭! 작성해 보세요 | 포트폴리오 활동 3

나의 직업 카드 만들기

다음 직업 카드의 샘플을 보고, 자기 발견과 직업 분류 활동을 통해 수정하거나 확인한 자신의 희망 직업군 3개를 적고, 각각의 항목 정보를 찾아 기입하세요.

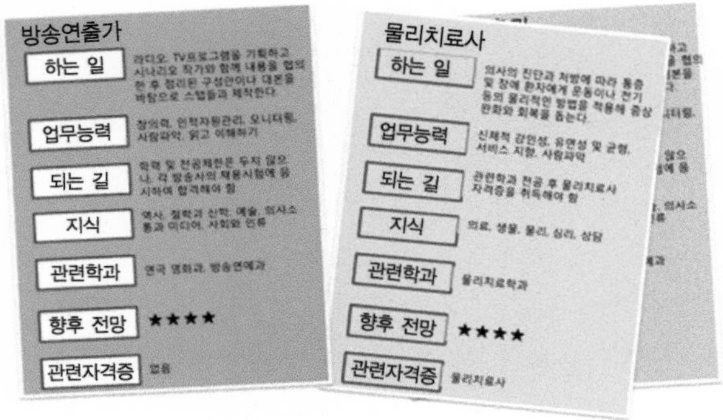

직업명			
하는 일			
업무 능력			
되는 길			
지식			
관련 학과			
향후 전망			
관련 자격증			

내친구 포트폴리오 살짝 엿보기

나의 직업 카드 만들기

다음 직업 카드의 샘플을 보고, 자기 발견과 직업 분류 활동을 통해 수정하거나 확인한 자신의 희망 직업군 3개를 적고, 각각의 항목 정보를 찾아 기입하세요.

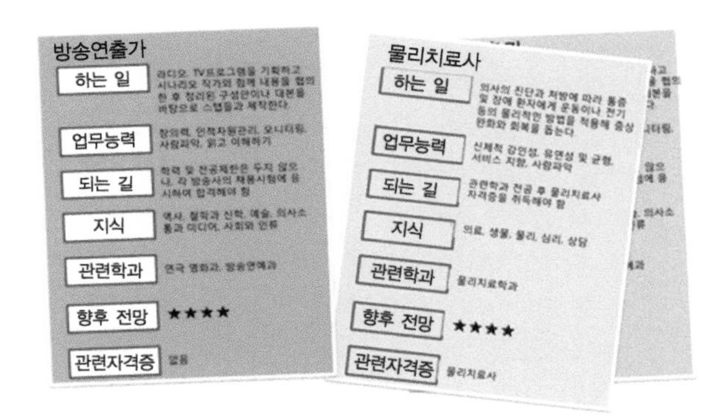

직업명	통역사	물리치료사	바리스타
하는 일	다른 언어의 소통을 돕는 일을 한다.	환자의 신체 기능 장애를 회복시킨다.	에스프레소를 기본으로 음료를 만든다.
업무 능력	언어 감각, 집중력, 순발력, 문화 이해력	유연성, 균형, 움직임 통제, 시력 등	움직임 통제, 가르치기, 유연성 등
되는 길	대학 이상 졸업, 통번역 대학원을 거친다.	전문대학이나 4년제 대학 졸업, 국가시험	학과 졸업 또는 아카데미를 거친다.
지식	외국어, 외국 문화, 국제화 지식	물리, 상담, 생물, 기계, 교육	식품 생산, 인사, 고객 서비스, 기계
관련 학과	외국어학과, 통역 대학원 등	물리치료학과, 재활학과	식품조리학과, 바리스타 학과
향후 전망	증가 10%, 현상 유지 27%, 감소 63%	증가 54%, 현상 유지 37%	증가 69%, 현상 유지 23%
관련 자격증	통역 자격증, 관광 통역 자격증	물리치료사 국가 면허 시험	바리스타 자격증

생생! 직업인 이야기

좋은 사람은 향기가 납니다!

헤드헌터

헤드헌터란 기업이 원하는 사람을 찾아서 소개해 주는 직업입니다. 저는 헤드헌터로서 수없이 많은 실패를 겪었습니다. 정말 능력이 뛰어나다고 판단해서 소개했는데, 회사 입장에서 마음에 들어 하지 않을 때 저는 가장 큰 고통을 느끼지요. 그런 과정을 거치면서 정말 좋은 사람을 잘 찾아내는 노하우가 생겼답니다. 그 노하우는 간단해요. 제 자신의 통찰과 안목을 믿기보다는 여러 사람의 생각을 신뢰하는 것입니다.

한 사람의 능력은 그의 경력과 자격증으로 얼핏 짐작이 가능합니다. 그런데 그가 가진 잠재력, 사람 사이의 관계, 인격과 성품 등은 서류를 아무리 보아도 알 수 없지요. 그럴 때는 그 사람이 다녔던 회사 동료들의 평가를 듣거나, 그의 홈페이지에 남겨진 글만 보아도 어떤 사람인지 파악됩니다.

그거 아세요. 진짜 좋은 사람에게서는 향기가 납니다. 그 향기는 어떤 특정한 한 사람만 맡을 수 있는 게 아니라 그를 알고 있는 모든 사람들이 맡을 수 있습니다. 저는 그저 그 향기를 좇아갈 뿐입니다.

03 더 넓은 세상으로 나가는 길

우리들의 고민 편지

중학교 3학년 A군은 가장 친한 친구가 외국으로 나간다는 소식에 무척 슬프다. 외국에서 공부를 하고 그곳에서 직업도 찾아 살겠다고 한다. 세계적인 애니메이션 디자이너를 꿈꾸는 친구의 생각이 부럽기도 하고 한편 잘 될까 걱정도 든다. 친구가 처음에 그 이야기를 했을 때 둘은 말다툼을 했다. 우리나라에서 제대로 해 볼 생각은 하지 않고 도망치는 것이라고 친구의 선택을 비난했다가 서로 감정이 상한 것이다. 시간이 지난 지금은 친구의 판단을 존중하지만, 그래도 우리나라가 아닌 해외에서 직업을 얻는 것 자체가 지혜로운 판단인지는 아직 결론을 내리지 못했다.

– 온라인 캠프에 올라온 진로 고민 편지

막히면 뛰어넘는 거야

"나는 핑(Ping)이라는 개구리야. 내가 사는 연못에서 나는 점프 왕이었어. 존경을 받았지. 적어도 내가 사는 동안, 내가 사는 연못 안에서 나의 위치는 흔들림이 없을 거야. 그런데 어느 날 나는 마을의 원로 개구리들에게 연못의 물이 조금씩 아주 조금씩 말라간다는 이야기를 들었어. 물론 이 역시 내가 사는 동안 다 마르지는 않을 거야. 나와는 크게 상관이 없었지. 그런데 왠지 마음이 편하지 않았어. 이대로 그냥 점프 왕이라는 칭찬만 들으며 말라가는 연못의 점프 왕으로 살까? 아니면 새로운 세상, 새로운 연못을 찾아 나서 볼까? 마른 땅으로 올라가면 나는 말라 죽지 않을까? 과연 나의 점프력이 낯선 곳에서도 통할까? 점프 왕이라는 명성이 사라지지는 않을까?"

승헌 샘의 진행이 끝나고 이제 수희 샘이 등장하였다. 수희 샘이 준 자료에는 개구리 이야기가 독백체로 간단하게 쓰여 있다. 그리고 그 다음 페이지에는 핑이 우물을 떠나 여행을 시작하는 장면, 그리고 그 과정에서 부엉이 멘토를 만나기 위해 나무 위까지 점프를 하는 이야기가 담겨 있다. 개구리는 수백 번을 점프하여 결국 부엉이 멘토의 곁에 이르게 된다. 멘토와 함께 떠나면서 핑은 수직 점프를 경험하고, 두 발로 서는 경험을 하며, 결국에는 폭포를 건넌다. 자신의 환경을 넘어서고 극복하는 한 개구리의 이야기에 학생들은 호기심을 보이며 집중했다. 수희 샘은 특히 참가자 중에 하영이 이름을 많이 불러 주었다.
"하영 학생, 생쥐 이야기도 잘 읽었나요?"
"네, 수희 샘. 생각하게 만드는 이야기네요."
"줄거리 좀 이야기해 줄래요?"
"해마다 한 차례씩 절벽에서 떨어져 죽는 생쥐들이 있었어요. 줄을 지어서 떨어지는데, 마치 축제를 벌이듯 떨어졌어요. 아무도 불만이 없고 문제 제기도 없었어요. 그러던 어느 날 한 생쥐가 처음으로 문제를 제기하죠. 왜 떨어져야 하는지 알고 싶었던 거예요. 자꾸 물으면서 다니다 보니 그는 결국 왕따가 되었어요. 절벽 끝에 앉아 생각에 잠긴 생쥐는 그때 건너편 절벽의 다른 세상을 꿈꾸죠. 그래서 결국 용기를 내어 고무줄에 몸을 묶어 건너편 세상으로 날아가게 되었답니다."

"옆에 있는 찬형 학생이 세 번째 이야기를 마저 해 줄래요."

"세 번째 자료에는 연어 이야기가 담겨 있어요. 알을 낳기 위해 태어난 곳으로 가는 일반적인 연어 이야기보다 더 눈길을 끄는 게 있었어요. 연어들끼리 토론하는 장면이에요. 사람들이 만들어 준 물길을 따라 다니니까 점점 약해지게 되고 예전처럼 폭포를 거슬러 오를 힘이 없다는 장면이 기억나요. 결국 편안한 길을 포기하고 폭포로 향하게 되죠."

세 이야기에는 공통점이 있다. 수희는 바로 그 공통점 때문에 이 자료들을 사용한 것이다. 그 내용들을 참가한 학생들과 함께 이야기해 보았다. 우선 순서가 뒤섞인 카드를 꺼내서 이야기의 공통점에 맞는 순서로 만들어 보게 했다.

"한 단어의 위치만 힌트로 줄게요. 두 번째 순서는 '안주' 입니다. 현재의 자리에 머무는 것을 말하죠. 그럼 나머지 순서는 하영 학생이 한번 맞춰 볼래요?"

"일단 처음에는 '편안함' 으로 시작합니다."

"맞아요. 개구리도 연못에서 점프 왕으로 살고 있었어요. 생쥐 마을도 행복했고요. 연어도 사람들이 만들어 놓은 물길을 따라가면 쉬웠어요."

"그렇게 편안함에 머물면 안주하게 되죠. 그런데 여기 나오는 생쥐와 개구리 그리고 연어는 안주를 거부하고 문제를 제기합니다. 그리고 결국 도전하게 되죠. 개구리는 연못을 떠나고, 생쥐는 건너편 절벽으로 날아갑니다. 그리고 연어는 사람들이 만들어 준 물길을 거부하고 거친 폭포를 향해 갑니다."

"역시 하영 학생이군요!"

편안함 | 안주 | 문제제기 | 도전 | 새로운 세계

두려움과 싸우면서 도전한 주인공들은 마침내 새로운 세상을 맛보게 된다. 연어는 폭포를 넘어서고, 개구리는 폭포 위를 점프한다. 그리고 생쥐는 건너편 세상에서 하늘을 나는 삶을 살게 된다. 이 이야기는 수희가 『핑』, 『레밍 딜레마』, 『연어』라는 책에서 읽은 내용을 사용한 것이었다.

"여러분, 이 세 이야기가 탄생한 배경도 비슷해요. 연어 사진 한 장에서 이야기가 탄생되고, 동물도감에 들어 있는 생쥐 종족에 관한 정보에서 이야기가 탄생되며, 중국의 신문에 실린 특이한 개구리 종에 관한 기사에서 스토리가 만들어집니다."

"수희 샘, 신기하네요. 책의 내용과 책이 만들어진 계기가 매우 비슷해요."

"어떤 면에서 비슷할까요? 하영 학생."

"틀을 깨고 새로운 세상을 경험한다는 것이요."

"맞아요. 바로 그 점이 이번 부스에서 저와 함께 할 공부랍니다."

수희는 세 편의 이야기로 부스 활동을 시작했다. 비록 예행연습이지만 실전처럼 진행하리라고 마음먹었다. 승헌이가 앞선 활동을 잘 마무리했기에 수희는 좋은 분위기에서 부스 중앙에 등장했다. 수희는 실제 진로 페스티벌에 참관하는 학생들을 3개 조로 나눠서 각각 다른 자료를 주고 내용을 파악하게 한 뒤 발표를 시킬 계획이다. 민샘의 수업과 비슷한 방식으로 활동을 시작하는 것이다. 하지만 오늘 예행연습에서는 3가지 이야기를 함께 같이 보고, 하영이를 중심으로 내용을 진행하였다. 이 자료와 방법이 과연 진로 페스티벌 현장에서 통할지는 자신이 없다. 그래서 오늘 테스트를 해 본 것이었다. 그런대로 시작은 성공한 것 같다. 그런데 수희 샘의 차분한 설명이 교빈이에게는 들어오지 않았다. 핑 이야기의 마지막 장에 적힌 내용을 열심히 읽고 있었기 때문이었다. 뻔한 이야기 같은데 유독 교빈이의 마음에는 크게 다가오는 내용이었다.

충분히 안주할 수 있고, 자신만 생각한다면 큰 문제없는 삶, 소소한 행복과 칭찬을 누리며 살 수 있는 현재를 살고 있는 사람에게 필요한 이야기입니다. 어쩌면 말라가는 연못을 보면서 아무리 점프 왕이지만 불편한 마음을 떨칠 수는 없을 것입니다. 그렇다고 당장 뭍으로 떠나는 것도 두렵습니다. 지금과 같은 완전함이 보장되지 않기 때문이죠. 결정적으로 핑은 자신이 개구리라는 사실, 네 발로 다녀야 한다는 현실, 물이 없으면 살 수 없다는 한계, 그리고 더 이상 점프 왕이 아닐 수도 있다는 공포를 느끼고 있습니다. 지금 당신이 처한 현실과 환경, 불안 요인 그리고 스스로 자신을 가두는 한계는 무엇입니까?

그 내용을 읽으면서 머릿속에 한 가지 음성이 들리는 듯했다. 방학 중에 자기 발견을 마무리하면서 최종적으로 찾아낸 세 가지 희망 직업, 그러니까 방송인, 방송국 PD 또는 물리치료사가 되고 싶다고 아버지에게 말했을 때 들었던 말이다.
"네가 방송인이 된다고? 뭐로? 남 웃기는 거로? 그냥 형처럼 열심히 공부할 생각이나 해 봐. 방송국에 아무나 가는 거 아니다."
아버지의 말이 교빈이의 머릿속에 환청처럼 맴돌았다. 교빈이의 표정을 읽었는지 수희 샘은 분위기를 바꾸었다.
"교빈 학생, 퀴즈 문제입니다. 숫자가 적힌 카드를 잘 보세요. 과연 무엇을 의미하는 것일까요?"

"200, 20, 5, 914, 72, 150, 95…… 로또 번호는 아닌 것 같고. 어려워요. 어, 914! 어디서 본 것 같은데? 맞아. 이전 활동에서 보았던 『한국직업사전』에 들어 있는 직업 개수, 그리고 보니 72, 95, 150은 직업 카드의 직업 개수 아닐까요?"

"거의 근접했어요. 일반적으로 부모님들의 머릿속에는 직업의 종류가 5개만 있다는 우스갯소리가 있어요. 그리고 학생들의 머릿속에는 직업의 종류가 20개만 있다는 거요. 물론 비판적으로 하는 말이겠죠. 5개, 20개, 72개, 90개, 150개 그리고 『한국직업전망』에 나온 200개의 직업군, 게다가 『한국직업사전』에 나오는 914개의 직업까지. 우리가 가진 직업 정보가 점점 많아지고 있어요. 하지만……."

"그 다음 이야기는 뭐예요, 수희 샘?"

"아직 우리는 한 가지 틀에 갇혀 있어요. 앞에서 나눈 개구리, 연어, 쥐 이야기들처럼 틀을 깨고 날아올라야 해요."

"틀을 깨고 날아오른다는 것은 무슨 뜻이에요?"

"우리나라에도 직업이 많지만, 세계로 확장하면 그보다 훨씬 다양한 직업이 있다는 것이죠. 앞에 나온 이야기의 주인공들처럼 새로운 세상이 열리는 거예요."

"수희 샘, 하지만 아직 우리에게는 먼 나라 이야기가 아닐까요? 우리나라 안에서도 이렇게 직업을 찾고 그 직업에 실제로 종사하기도 어려운데, 어떻게 세계로 점프를 하겠어요."

방송국 안에서 근무하는 자신의 꿈을 부모님에게조차 격려받지 못하는 교빈이로서는 더 큰 세계를 둘러 볼 용기가 나지 않았다.

슬픈 마음을 누르고 교빈이는 무엇에 이끌린 듯이 부스의 오른쪽 벽에 둘러진 액자들을 보았다. LPGA의 한국 골퍼들, 영국의 프리미어 리그 축구 선수들, 코리안 특급 박찬호의 사진 등 알 만한 얼굴들이 액자에 들어 있었다. 국제 콩쿠르에서 우승한 한국의 음악인 기사와 같은 모르는 사진들도 꽤 있었다. 그런데 바로 그때 교빈이의 눈이 한 곳에 멈추었다.

한국 무대나 방송에서 설 자리가 없던 4명의 개그맨이 2년째 영국 에딘버러 페스티벌에서 공연을 한다는 기사였다. 어린 아이들처럼 옹알거리는 개그라고 해서 일명 '옹알스'라고 한다. 첫 회에는 65석 공연장이었는데 외국인들의 반응이 너무 좋아 BBC까지 취재를 해 갔고, 2회 페스티벌에서는 160석 메인 극장을 주최 측이 제공했다. 너무 큰 대우를 받자 부담스러워 거절했지만 돌아온 답변은 간단했다.

2010년 BBC 메트론에 실린 기사. 한국의 코디미언 옹알스

"우리는 당신들을 믿습니다!"

옹알스는 공연 중에는 남을 웃기고 공연이 끝난 후 무대 뒤에서 서럽게 울었다고 한다. 오랜 무명의 시절이 떠올랐을 수도 있고, 사람들이 행복해하는 모습에 감격해서 그럴 수도 있었다. 어떤 날은 무대 위에서 눈물이 왈칵 쏟아졌다고 한다. 관객 중에 한국인 교포가 태극기를 꺼내 펴 들었기 때문이었다.

'남을 즐겁게 하고 자신은 눈물을 흘리다니…….'

교빈이는 왠지 자신과 비슷하다는 느낌을 받았다. 교빈이의 가슴도 먹먹해졌다. 액자 앞에 멍하니 서 있는 교빈이의 심각한 모습. 언제 왔는지 승헌이와 민샘이 옆에 서 있다. 둘 다 아무 말 없이 그저 교빈이와 함께

서 있었다. 교빈이는 자신을 격려하는 승헌이의 마음을 읽을 수 있었다.

'교빈아, 힘내! 너는 세계적인 방송인이 될 수 있어. 그 누구와도 비교하지 마.'

'고마워…….'

구석의 마지막 넓은 책상에는 똑같은 책이 5권 놓여 있었다. 편하게 읽으면서 정보를 만나도록 놓아 둔 것이다. 학생들은 난생 처음 보는 직업 이름에 눈이 커졌다. 수희 샘의 설명이 시작되었다.

"이곳은 여러분의 시야를 더 넓혀 주는 곳입니다. 우리가 흔히 되고 싶어 하는 20여 개의 직업군에서 200개의 영상, 또 200개의 정밀한 직업 정보, 그리고 1,000개 정도의 직업이 있는 것까지 보면서 이미 우리의 시야가 많이 트였지만, 그것은 모두 우리나라 안에서의 직업입니다. 이제 우리의 시선을 좀 더 밖으로 돌려야 할 때가 되었어요. 한번 예를 들어 볼까요?"

벽에 걸린 반기문 유엔사무총장의 사진을 가리켰다. 모든 청소년들의 꿈이다. 유엔에 가고 싶다는 아이들이 점점 많아지는 데에는 반기문 총장의 역할이 컸다. 그런데 문제가 있다. 너나없이 유엔사무총장이 될 거라며 모두가 같은 꿈을 꾸고 있다. 국제기구에 구체적인 직업군이 얼마나 많은지 한 번도 정보를 만난 적이 없기 때문이다. 반기문 총장의 액자 옆에는 커다란 배너가 하나 세워져 있는데, 그 속에는 다양한 국제기구의 직업들이 빼곡히 나열되어 있었다.

유엔사무국

유엔사무국 평화유지활동국(DPKO), 유엔사무국 정무국(DPA), 유엔 제네바사무소(UNOG), 유엔사무국 감사실(OIOS), 유엔 아시아태평양경제사회위원회

(ESCAP), 유엔 서아시아경제사회위원회(ESCWA), 유엔 아프리카경제위원회(ECA), 유엔 중남미경제위원회(ECLAC), 유엔 이라크프로그램사무소(OIP), 유엔사무국 경제사회국(DESA), 유엔사무국 공보실(DPI), 유엔사무국 관리국(DM), 유엔사무국 인도적문제조정실(OCHA), 유엔 나이로비사무소(UNON), 유엔사무국 총회회의운영국(DGAACS), 유엔 인권고등판무관실(OHCHR), 유엔 유럽경제위원회(ECE), 유엔사무국 군축국(DDA), 유엔사무국 법률실(OLA), 유엔 비엔나사무소(UNOV), 유엔 난민고등판무관실(UNHCR)

유엔 산하 기구

세계식량계획(WFP), 유엔 환경계획(UNEP), 인간정주위원회(HABITAT), 유엔 마약통제계획(UNDCP), 마약통제및범죄예방사무소(ODCCP), 구유고국제형사재판소(ICTY), 루완다국제형사재판소(ICTR), 유엔 인구기금(UNFPA), 유엔대학(UNU), 국제공무원위원회(ICSC), 국제해양범재판소(ITLOS), 유엔 사막화방지협회약사무국(UNCCD), 유엔 무역개발회의(UNDP), 유엔 팔레스타인난민구호사업기구(UNRWA), 유엔 기후변화에관한기본협약(UNFCCC), 국제무역센터(ITC), UN System Staff College(UNSSC), 유엔 직원합동연금기금(UNJSPF)

유엔 전문기구

유엔 식량농업기구(FAO), 유엔 교육과학문화기구(UNESCO), 국제민간항공기구(ICAO), 국제통화기금(IMF), 국제노동기구(ILO), 세계지적재산권기구(WIPO), 세계보건기구(WHO), 유엔 공업개발기구(UNIDO), 국제농업개발기금(IFAD), 국제해사기구(IMO), 세계기상기구(WMO), 국제전기통신연합(ITU), 만국우편연합(UPU), 세계은행(World Bank)

"와우, 정말 많네!"

"야, 그동안 우물 안 개구리였구나!"
배너를 보던 희성이와 상민이가 감탄하듯 이야기했다. 이렇게 많은 국제 기구가 있는 줄을 몰랐기 때문이다. 책상 위에 놓인 『세계 속 직업 여행』(고용정보원)이라는 책 가운데 '행복을 만들어 주는 사람들' 이라는 내용에 관심을 보이는 학생들에게 수희는 몇 가지를 더 안내했다.

"소민 학생, 이 책의 정보에 관심이 많군요. 내용 중에 환자 전문 비서라는 외국의 직업을 한번 볼까요?"
"우리나라의 간호사와 비슷한 것 같아요."
"외국에는 간호사가 없을까요?"
"당연히 있죠."
"그럼, 환자 전문 비서라는 직업이 왜 있을까요?"
"……."
소민이는 말문이 막히자 다시 한 번 내용을 읽어보았다. 미국이나 한국이나 점차 의료 서비스가 세분화되면서 그 내용이 복잡해져 이해가 어려워지고 있다. 자신에게 꼭 필요한 의료 서비스를 때맞춰 받는 일은 개인이 알아서 하기에는 어렵다. 더욱이 미국의 의료 시스템은 세계에서 가장 복잡하다고 한다. 그래서 등장한 것이 '환자 전문 비서' 이다. 이들은 환자의 개인 비서로 질병 관련 정보에서부터 의사 섭외, 치료 후 보험 청구까지 일체의 업무를 담당한다. 토털 맞춤 서비스를 제공하는 것이다.

"그런데 샘, 어떻게 하면 환자 전문 비서가 될 수 있어요?"

"간단한 탐색 방법을 알려줄게요."

항목	내용
세계의 직업	환자 전문 비서
국가	미국과 유럽
특징	환자 개인 비서로 입원, 치료, 보험 등 일괄 처리
우리나라의 도입 여부	아직은 없으나 가능성 있음
우리나라의 비슷한 직종	병원 코디네이터
방법	간호, 의료, 사회 복지 전공하면서 정보 수집
연봉 및 전망	5,000만 원 내외 / 고령화 시대에 전망이 밝음

"세계 속의 다양한 직업군은 탐색하는 그 자체에 의미가 있어요. 관심을 갖는 게 중요합니다. 정보가 있으면 언제 어떤 기회가 올지 모릅니다. 자신의 것만 들여다보고 준비하는 것도 중요하지만, 오히려 넓게 볼수록 자신의 것이 더욱 소중해지기도 하고요. 잘못된 과정이 수정되기도 합니다. 후회 없는 진로로 가기 위해 이러한 노력이 필요하겠죠."

사실 수희는 지금 진행하는 부스의 수업을 민샘에게 들으면서 자신의 시야가 좁았다는 것을 새롭게 깨달았다. 상담가나 사회복지사의 꿈을 가지고 결손 가정이나 불우한 청소년들을 돕는 삶을 살겠다고 결심했지만, 세계의 직업을 탐색하는 과정에서 시야가 훨씬 넓어지는 것을 경험을 했다. 수희는 자신이 했던 탐색 내용을 포트폴리오 파일에 예쁘게 보관하고 있었다. 정리해 둔 내용은 '입양 사후 관리원', '양육 코디네이터' 등의 정보들이 들어 있다.

"여기서 여러분에게 친숙한 활동 한번 해 볼게요. 우리가 진로 적성에서 다뤘던 6개의 유형 기억나죠? 그 6개의 유형에 해당하는 해외의 직업군을 준비했습니다. 일단 자신의 유형에 해당하는 곳에 모여 볼까요?"

"수희 샘, 모인 다음엔 뭘 하죠?"

항목	내용
세계의 직업	입양 사후 관리원, 양육 코디네이터
국가	미국과 유럽
특징	입양 이후의 관리 담당, 이혼 가정의 양육 분쟁에 대한 해결 조정
우리나라의 도입 여부	공무원 신분으로 일부분 진행하고 있음
우리나라의 비슷한 직종	가정법원의 가사 조사관이 담당
방법	심리학, 법학, 사회복지 등을 전공하면서 정보 수집 외국 진출의 경우 16시간의 교육 이수
연봉 및 전망	약 7,000만 원 / 가정 조사관 수요 급증

"찬형 학생은 지난번 적성 활동에서 자신의 적성과 다른 그룹에 서 있던 아픔이 떠오르나 봐요. 오늘은 적성 구분을 보고 가는 것이니까 괜찮을 거예요. 염려 마세요. 각자의 적성에 도착하면, 자신의 유형에 들어 있는 직업 목록을 보고 분류 작업을 합니다."

"분류 작업은 이전에 했던 직업 카드 분류와 비슷하나요?"

"맞아요. 아는 것과 모르는 것을 구분한 뒤, 모르는 것을 다시 자세히 봐야 합니다."

"수희 샘, 그런데 이번 직업군은 모르는 게 태반이에요. 범위를 세계로 넓혀서 그런가 봐요."

조별로 검색을 해서 어려운 직업명은 의미를 정확하게 알게 했다. 그래서 다른 조가 물어보면 답할 수 있어야 한다. 먼저 4조의 희성이가 5조의 진구에게 질문을 하였다.

"쇼콜라티에가 뭐죠?"

"초콜릿을 만드는 사람이에요"

"식단 전문가는 뭐죠?"

"개인의 식사 습관, 운동량, 건강 상태를 파악해서 필요한 음식과 양을 추천해 주는 직업입니다."

유형	해외 직업군
관습형	기록물 전문가, 사이버 사서, 소프트웨어 엔지니어, 손해사정인, 회계사
진취형	경영 컨설턴트, 기금 조성가, 뉴스 특파원, 마케팅 전문가, 브랜드 매니저, 사설 탐정, 애완동물 전문 변호사, 외환 딜러, 최고 경영자, 투자 분석가
예술형	공원 전문가, 그래픽 디자이너, 레스토랑 비평가, 미술 치료사, 바비인형 드레스 디자이너, 쇼콜라티에, 애니메이션 작가, 연설문 작성가, 영상 편집 기사, 음식 조각가, 음향 기사, 일러스트레이터, 작곡가, 테크니컬 라이터, 해양 건축가
탐구형	노년학자, 대기 과학자, 동물학자, 문화재 보존원, 물류 전문가, 발 치료 전문의, 부동산 감정사, 비용 평가사, 생물 정보 학자, 숲 전문가, 식단 전문가, 암호 전문가, 언어 치료사, 에너지 매니저, 지문 감식가, 혈통 전문가, 핵의학 기사, 토양 보전 전문가
현실형	검안사, 네트워크 관리자, 동물 기술자, 동물 핸들러, 브루 마스터, 심전도 기사, 아크아리스트, 선수 트레이너, 이색 동물 조련사, 작업 치료사, 잠수사, 지도 제작 전문가, 피아노, 조율사
사회형	결혼 상담가, 라이프 코치, 레크리에이션 치료사, 목소리 코치, 부끄러움 컨설턴트, 비애 치료사, 여행 상담원, 역사물 해설가, 응급 구조사, 장례 지도사, 재정 상담가, 춤 치료사, 치과 위생사, 카이로프랙터, 커리어 코치, 특수 교사, 피부 관리사

아는 만큼만 보이는 세상

"여러분은 흰 도화지와 같은 상태입니다. 깨끗한 백지 위에 이제 처음 그림을 그리는 단계입니다. 너무 많은 정보를 만나서 약간 어지러울 수 있어요. 쉽게 접근하세요. 세계의 직업은 아직 여러분이 자세히 접근할 단계는 아닙니다. 여러분이 본격적으로 자신의 진로를 검증하고 공부를 시작할 때 조금씩 관심을 가지면 됩니다. 어쩌면 대학에 들어가서 학과의 구체적인 정보를 공부하면서 탐색해도 늦지 않아요. 다만, 한 가지만 주의하면 돼요."

"그 한 가지가 뭘까요? 하영 학생."

"그 부분은 샘이 얘기해 주세요."

"혹시 꿈꾸는 직업이 글로벌 직업인 경우, 지금부터 준비해야만 가능한 것들이 있을 수 있어요. 외국어 공부, 인증, 봉사, 정보 수집 등이에요. 물론 이것은 그 꿈이 선명한 학생인 경우에 해당되겠죠?"

수희 샘은 잠시 후 스크린에 사이트 하나를 띄워서 보여 주었다. 국가가 운영하는 '월드잡(www.worldjob.or.kr)' 이라는 사이트이다. 취업자료실 → 직종별 취업정보를 클릭하면 6개의 핵심 직종에 따라 오른쪽 하단에 해당 국가가 링크되어 있다. 6개 직종에 따라 한두 개의 나라가 반복적으로 걸리는 정도이다. 현재로서는 기업에 입사하여 해외에 파견되는 방식이 아니라, 청소년 시기부터 특정한 해외 직업을 꿈꾸기에는 다소 어려움이 많다.

"수희 샘, 더 넓은 세상으로 눈을 돌리는 것은 너무 어려워 보여요."

"그렇지 않아요. 찬형 학생. 지속적으로 정보를 접하고 관심을 가진다면 가능합니다."

"와~ 수희 샘! 간호사로 갈 수 있는 곳은 그나마 나라 이름이 무척 많네요."

"간호 인력이 부족하기도 하지만, 간호사의 근로 조건이 좋아서 더욱 많

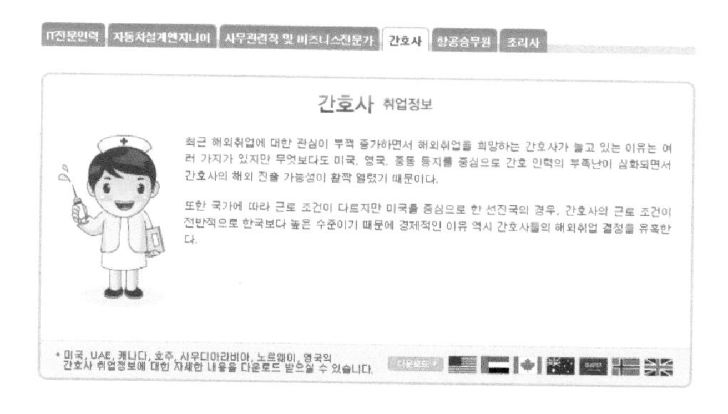

이 진출합니다."

"이런 정보도 꼼꼼히 알아보아야겠군요."

"하영 학생은 교사를 꿈꾸고 있죠? 해외에서 교사로 활동할 수 있는 정보도 조금씩 모아 보세요. 해외의 직업군에 관심을 가질 때는 특히 변화를 유심히 관찰해야 합니다. 세계적으로 직업의 변화가 너무 빠르게 진행되고 있기 때문이에요. 그리고 해외에서 먼저 생긴 직업군이 이후에 우리나라에도 들어오는 경우가 많기 때문에, 이런 정보에 관심을 갖게 되면 우리나라의 직업 변화는 더 빠르고 쉽게 볼 수 있을 거예요."

꼭! 작성해 보세요 | 포트폴리오 활동 1

해외 직업에 관심 갖기

자신의 진로 적성 유형에 따른 해외 직업군의 목록을 보고, 직업 카드를 분류했던 방법으로 아는 직업과 모르는 직업을 구분합니다. 모르는 직업에 대해서 정보를 알아본 뒤에 마음이 끌리는 직업을 도출합니다.

유형	해외 직업군
관습형	기록물 전문가, 사이버 사서, 소프트웨어 엔지니어, 손해사정인, 회계사
진취형	경영 컨설턴트, 기금 조성가, 뉴스 특파원, 마케팅 전문가, 브랜드 매니저, 사설탐정, 애완동물 전문 변호사, 외환 딜러, 최고 경영자, 투자 분석가
예술형	공원 전문가, 그래픽 디자이너, 레스토랑 비평가, 미술 치료사, 바비인형 드레스 디자이너, 쇼콜라티에, 애니메이션 작가, 연설문 작성가, 영상 편집 기사, 음식 조각가, 음향 기사, 일러스트레이터, 작곡가, 테크니컬라이터, 해양 건축가
탐구형	노년학자, 대기 과학자, 동물학자, 문화재 보존원, 물류 전문가, 발 치료 전문의, 부동산 감정사, 비용 평가사, 생물 정보 학자, 숲 전문가, 식단 전문가, 암호 전문가, 언어 치료사, 에너지 매니저, 지문 감식가, 혈통 전문가, 핵의학 기사, 토양 보전 전문가
현실형	검안사, 네트워크 관리자, 동물 기술자, 동물 핸들러, 브루마스터, 심전도 기사, 아쿠아리스트, 선수 트레이너, 이색 동물 조련사, 작업 치료사, 잠수사, 지도 제작 전문가, 피아노, 조율사
사회형	결혼 상담가, 라이프 코치, 레크리에이션 치료사, 목소리 코치, 부끄러움 컨설턴트, 비애 치료사, 여행 상담원, 역사물 해설가, 응급 구조사, 장례 지도사, 재정 상담가, 춤 치료사, 치과위생사, 카이로프랙터, 커리어 코치, 특수 교사, 피부 관리사

구분	아는 직업	모르는 직업
1차 분류		

마음에 드는 직업군

해외 직업에 관심 갖기

자신의 진로 적성 유형에 따른 해외 직업군의 목록을 보고, 직업 카드를 분류했던 방법으로 아는 직업과 모르는 직업을 구분합니다. 모르는 직업에 대해서 정보를 알아본 뒤에 마음이 끌리는 직업을 도출합니다.

유형	해외 직업군
관습형	기록물 전문가, 사이버 사서, 소프트웨어 엔지니어, 손해사정인, 회계사
진취형	경영 컨설턴트, 기금 조성가, 뉴스 특파원, 마케팅 전문가, 브랜드 매니저, 사설탐정, 애완동물 전문 변호사, 외환 딜러, 최고 경영자, 투자 분석가
예술형	공원 전문가, 그래픽 디자이너, 레스토랑 비평가, 미술 치료사, 바비인형 드레스 디자이너, 쇼콜라티에, 애니메이션 작가, 연설문 작성가, 영상 편집 기사, 음식 조각가, 음향 기사, 일러스트레이터, 작곡가, 테크니컬라이터, 해양 건축가
탐구형	노년학자, 대기 과학자, 동물학자, 문화재 보존원, 물류 전문가, 발 치료 전문의, 부동산 감정사, 비용 평가사, 생물 정보 학자, 숲 전문가, 식단 전문가, 암호 전문가, 언어 치료사, 에너지 매니저, 지문 감식가, 혈통 전문가, 핵의학 기사, 토양 보전 전문가
현실형	검안사, 네트워크 관리자, 동물 기술자, 동물 핸들러, 브루마스터, 심전도 기사, 아쿠아리스트, 선수 트레이너, 이색 동물 조련사, 작업 치료사, 잠수사, 지도 제작 전문가, 피아노, 조율사
사회형	결혼 상담가, 라이프 코치, 레크리에이션 치료사, 목소리 코치, 부끄러움 컨설턴트, 비애 치료사, 여행 상담원, 역사물 해설가, 응급 구조사, 장례 지도사, 재정 상담가, 춤 치료사, 치과 위생사, 카이로프랙터, 커리어 코치, 특수 교사, 피부 관리사

구분	아는 직업	모르는 직업
1차 분류	애니메이션 작가, 영상 편집 기사, 음향 기사, 일러스트레이터, 작곡가, 동물학자 등	공원 전문가, 레스토랑 비평가, 쇼콜라티에, 숲 전문가, 식단 전문가, 암호 전문가

마음에 드는 직업군

숲 전문가, 암호 전문가, 식단 전문가, 작곡가 등

관련 직종 해외로 확장하기

지금까지의 직업 탐색은 끊임없이 확장을 거듭하고 있습니다. 적어도 정보가 없어서 좋은 기회를 놓치는 일은 없어야 합니다. 아래의 첫 번째 표는 직업을 확장하는 단계를 보여 주고 있습니다. 두 번째 표는 국내 희망 직업 중에 비슷한 내용으로 확장이 가능한 해외 직업을 예로 보여 주고 있습니다. 이제 자신의 경우와 비교하여 적용해 보세요.

자기 발견을 통한 희망 직업	직업 카드를 통해 찾은 직업	직업 사전을 통해 더 알아본 직업 정보	해외로 진출 가능한 직업 정보

	지금까지의 과정으로 모은 국내 희망 직업	관련 해외 직업으로 확장된 관심사
희망 직업 1	간호사	병원 코디네이터 식단 관리사 언어 치료사
희망 직업 2	사회복지사	라이프 코치 커리어 코치 장례 지도사 부끄러움 컨설턴트

	지금까지의 과정으로 모은 국내 희망 직업	관련 해외 직업으로 확장된 관심사
희망 직업 1		
희망 직업 2		
희망 직업 3		

관련 직종 해외로 확장하기

지금까지의 직업 탐색은 끊임없이 확장을 거듭하고 있습니다. 적어도 정보가 없어서 좋은 기회를 놓치는 일은 없어야 합니다. 아래의 첫 번째 표는 직업을 확장하는 단계를 보여 주고 있습니다. 두 번째 표는 국내 희망 직업 중에 비슷한 내용으로 확장이 가능한 해외 직업을 예로 보여 주고 있습니다. 이제 자신의 경우와 비교하여 적용해 보세요.

자기 발견을 통한 희망 직업	직업 카드를 통해 찾은 직업	직업 사전을 통해 더 알아본 직업 정보	해외로 진출 가능한 직업 정보

	지금까지의 과정으로 모은 국내 희망 직업	관련 해외 직업으로 확장된 관심사
희망 직업 1	간호사	병원 코디네이터 식단 관리사 언어 치료사
희망 직업 2	사회복지사	라이프 코치 커리어 코치 장례 지도사 부끄러움 컨설턴트

	지금까지의 과정으로 모은 국내 희망 직업	관련 해외 직업으로 확장된 관심사
희망 직업 1	의사	발 치료 전문의 언어 치료사
희망 직업 2	상담사	결혼 상담사 목소리 코치 커리어 코치
희망 직업 3	경영 컨설턴트	마케팅 분석가 브랜드 매니저

생생! 직업인 이야기

일기 예보에도 태풍이 불고 있어요

기상 연구원

열심히 일하고도 칭찬을 못 듣는 직업이 몇 개 있답니다. 자동차 정비사와 기상 연구원 등이 그렇습니다. 자동차를 수리한 다음 아무리 정직하게 설명해도 고객은 마음속으로 의심을 합니다. '정말 수리비를 적정하게 받은 걸까? 내가 모르니 따질 수도 없고…….' 이런 일이 벌어지는 것이죠. 그리고 요즘처럼 기후 변화가 심한 경우에는 일기 예보가 맞지 않는다고 불만들을 쏟아 냅니다.

그러나 저희는 포기하지 않습니다. 변명하기보다는 예측할 수 없는 상황까지도 예측하기 위해 더 노력하게 되죠. 다른 직업도 마찬가지겠지만 기상을 관측하고 예보하는 직업 세계에서도 변화가 거세게 일고 있습니다. 과거에는 '시'나 '도' 단위로 일기 예보를 했지만, 이제는 도시 안에서 '구'나 '동' 단위로 일기 예보를 하기도 합니다. 또 정해진 뉴스 시간에만 일기를 예보하는 것이 아니라 스마트폰을 통해 실시간으로 일기를 전합니다. 바로 이러한 변화도 적극적으로 받아들이려 합니다. 변하는 날씨를 예측하는 것이 주요 업무이다 보니, 시대의 변화를 예측하고 대응하는 것도 저희로서는 익숙합니다.

04 정보의 결정체 만들기

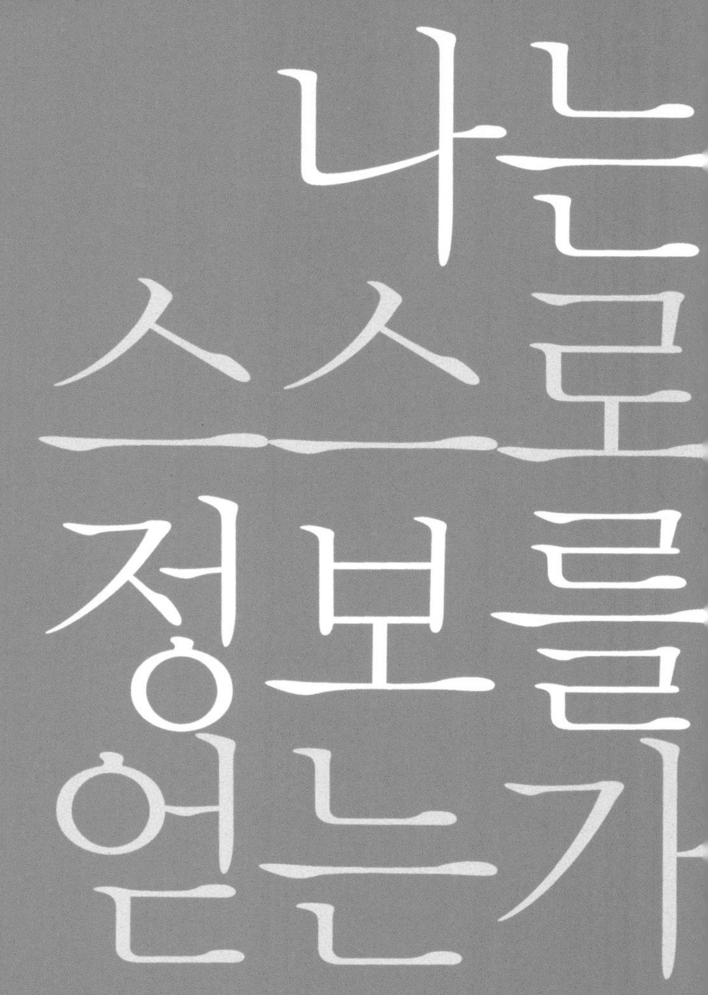

우리들의 고민 편지

주변의 진로 검사를 모조리 다 해 본 L양은 현재 대전의 P여중에 다니고 있다. 그녀는 부모님 덕에 좋은 교육 환경을 많이 접했다. 진로를 위해서 그녀는 여러 전문가의 도움을 받을 수 있었다. L양은 전문가 선생님들의 의견을 매우 신뢰한다. 이제 웬만한 검사는 다 받았고, 그 결과를 가지고 어렴풋이 만든 자신의 꿈을 향해 스스로 노력할 때가 되었다. 그런데 왠지 불안하다. 그녀는 혼자 힘으로 사이트 하나 검색하기도 어렵다. 늘 누군가가 옆에서 도와주었기 때문에 도저히 스스로 정보를 관리하고 도전하는 삶이 두렵다.

– 온라인 캠프에 올라온 진로 고민 편지

수희와 승헌이는 민샘에게 긴급 요청을 했다. 진로 페스티벌의 계획을 변경하여 추가로 부스를 더 만들어 달라는 것이었다. 이미 3개의 부스를 강당에 설치한다는 계획을 올린 뒤라서 민샘으로서는 난처한 요청이었다.
"장담은 못하겠다. 시설비가 이미 청구된 상황이라서. 비용이 걸린 문제라서 어려울 수도 있을 거야."
"하지만 꼭 필요해요, 샘."
"그런데 승헌아, 왜 부스가 더 필요하게 된 거지?"
"학생들이 부스에서 미처 살피지 못한 좋은 정보들을 집에서 볼 수 있도록 도와주어야 해요."
"집에서?"
"네. 그렇지 않으면 분명 사라질 거예요."
"자기 발견 내용의 활동지를 모두 가져갈 수 있을 텐데. 수희 생각은 어떠니?"
"중요한 것은 직업 발견의 내용이에요. 학생들이 직업 카드를 모두 살 수도 없고, 1,000개의 직업을 꼼꼼히 살필 시간도 부족해요. 그리고 세계의 직업도 마찬가지예요."
"취지는 좋지만, 그런 정보들은 양이 너무 많아. 출력할 분량을 넘어서는 메가톤급이야."
"거기에 또 한 가지 심각한 문제가 있어."
갑자기 찬형이가 의견을 꺼냈다. 예행연습을 일주일 앞두고 다들 매우 민감해진 상황이라 혹시 또 찬형이가 찬물을 끼얹지는 않을까 걱정이 되었다.
"정말 도움이 되고 싶어서 하는 말인데, 혹시 저작권이라고 알아? 우리가 창작한 게 아니라면 함부로 주고받아서는 안 된다고 들었어."
"내가 나서야겠구나. 너희들 의견 잘 들었다. 일단 분량의 문제로 출력이 어려운 것도 있고, 또 특정한 내용들은 저작권도 민감하다. 이 부분은 샘이 답을 줄 수 있을 것 같다."

민샘과 함께 몇 가지 원칙을 정하니 문제가 의외로 쉽게 풀렸다. 일단 돈을 내고 사야 하거나 봐야 하는 콘텐츠는 있는 그대로 정보를 소개해 준다. 그리고 국가에서 만들어서 무료로 제공하는 자료는 자유롭게 볼 수 있도록 해 준다. 분량 부분에서는 간단한 내용은 현장에서 출력해 가고, 양이 많은 내용은 메일링 서비스로 데이터를 보내 준다. 그리고 부스를 별도로 설치할 필요 없이 직업 발견 부스 옆에 책상을 놓아 미니 부스 형태로 운영한다. 민샘의 조언에 따라 이렇게 정리하고 나니 문제가 말끔하게 풀렸다.

나만의 맞춤 진로 북

승헌과 수희의 요청으로 부스 옆에 작은 정보센터를 두기로 결정하였다. 이곳은 특별한 설명이나 담당자도 없다. 그저 어려움을 해결하기 위해 수희와 승헌이가 속한 조의 일원 한 명이 서서 안내를 한다. 꼭 지켜야 할 규칙이 있는데, 신청서에 표기를 하고 표기된 내용만 출력해야 한다는 것이다. 이는 정보 출력이 몰리는 것을 막고, 추후 통계를 낼 때도 참고하기 위한 것이다.

학생들은 책상 위에 놓인 각 자료집의 샘플 북을 보았다. 상상을 초월하는 정보였다. 자신이 상상하는 모든 직업, 그 이상의 정보가 가득 들어 있는 자료를 보니 너무나 탐이 났다. 교빈이와 희성이가 가장 탐을 냈다.

√ 체크	자료 목록
☐	『한국직업사전』(914개 직업 소개, 597쪽 분량, 한국고용정보원)
☐	『직업 선택을 위한 학과 정보』(133개 학과 정보, 395쪽 분량, 한국고용정보원)
☐	『한국직업전망』(대표 직업 201개 5년 전망, 779쪽 분량, 한국고용정보원)
☐	『세계로 가는 직업 여행』(45개의 해외 직업, 155쪽 분량, 한국고용정보원)
☐	『신생 직업 및 이색 직업 인터뷰』(35개 직업, 290쪽 분량, 한국고용정보원)
☐	『알고 싶은 직업』(143개 직업, 225쪽 분량, 한국고용정보원)
☐	『진로 상담 사례 모음집』(56가지 상담 사례, 237쪽 분량, 한국고용정보원)

"야! 이거 그냥 다 메일로 받으면 안 될까?"

"정말 이 자료들을 가지고 있으면 언제 어디서든 내가 궁금한 진로 고민은 모두 풀 수 있을 것 같다. 누구한테 의존하지 않아도 될 것 같아."

승헌이와 수희의 판단은 적중했다. 학생들이 정말 필요로 하는 것이 무엇인지 헤아렸던 것이다. 실제 진로 페스티벌이 이대로만 잘 진행된다면 다들 정보의 보물섬을 만나게 될 것이다. 승헌이와 수희는 그런 모습을 상상하니 너무나 기분이 좋았다. 한편, 바로 옆 테이블에서는 진구가 출력신청서를 보고 있었다.

"이건 뭐야, 출력 신청서? 다른 책상에 있는 것은 메일 신청서였는데, 이번에는 출력 신청서네."

책상에는 바로 출력이 가능한 노트북과 프린터가 있었다. 출력 신청서에는 다섯 가지 영역의 체크 박스가 있다. 그런데 이번에는 샘플 북이 있는 게 아니라서, 목록을 보아도 내용을 파악하기가 어려웠다.

√ 체크	자료 목록
☐	주제별로 자신의 직업관을 더 탐색하기 위한 영화 목록
☐	다양한 직업을 자유롭게 이해할 수 있는 영화 목록
☐	영화를 본 이후 정리할 수 있는 활동 시트
☐	TV에서 방영했고 다시 볼 수 있는 다양한 직업 프로그램 목록
☐	진로 관련 참고할 도서 목록

학생들이 궁금해하는 표정을 짓고 있을 때, 수희가 앞의 스크린에 영화 장면을 띄웠다. 『죽은 시인의 사회』였다. 어느 날 명문 사립 고등학교에 새로 부임한 교사가 학생들에게 문학을 통한 감성과 세상을 보는 가치를 일깨워 주는 이야기이다. 수희는 먼저 간단한 줄거리를 설명한 후, 영화의 후반 장면을 계속 보여 주었다.

"오 캡틴! 마이 캡틴!"
"캡틴, 마이 캡틴!"

규율과 결과만이 존재하는 숨 막히는 학교를 개혁하려 했던 키팅 선생이 결국 교단을 떠나던 날, 학생들은 하나둘 책상 위로 올라가 "오 캡틴! 마이 캡틴!"을 외친다. 이 외침은 미국을 상징하는 시인 월트 휘트먼(1819~1892)이 쓴 시의 한 구절이자 제목이다. 휘트먼은 1865년 링컨이 암살당한 직후 4편의 추모 시를 남겼는데, '오 캡틴! 마이 캡틴!' 은 그 중 한 편이다.
"수희 샘, 더 보면 안 될까요?"
"처음부터 보면 정말 재미있겠죠, 혹시 이 영화에 어떤 직업이 등장하는지 알고 있나요? 교빈 학생이 이야기해 볼까요?"
"교사요."
"영화를 통해 본 교사라는 직업은 어떤 직업인 것 같아요?"
"학생들에게 존경받는 직업이요."

"한 편의 영화를 보고, 그 속에 등장하는 직업을 이해하는 것도 진로 과정에서는 색다른 재미랍니다. 우리는 옆 책상에서 다양한 직업 정보를 스스로 보는 자료에 대해 살폈죠. 이런 영화도 마찬가지예요. 여러분이 영화를 볼 때도 직업에 대한 관심만 있다면 얼마든지 진로 정보를 얻을 수 있답니다. 여기 한 친구를 소개할게요. 여러분이 방금 보았던 그 영화를 본 친구가 가장 인상 깊었던 장면을 물감으로 그리고 내용을 정리한 거예요."

질 문	내 용
가장 인상 깊은 장면	
영화 제목	죽은 시인의 사회
배역 이름, 직업명	키팅, 교사
영화 선택 이유	끌려가지 않고 생각하는 주체로 살고 싶기 때문에
극중 배역을 통해 알게 된 직업 성격	교사란 단순히 지식을 전달하는 역할이 아니라, 학생들이 스스로 사고할 수 있도록 돕는 역할

"어때요? 교빈 학생. 영화 한 편을 보면서도 직업에 대해 이런저런 생각을 충분히 할 수 있답니다. 물론 영화는 그 자체로도 재미있죠. 하지만 공부한다는 생각으로 보면 슬픈 느낌이 들 수도 있어요."

"괜찮아요, 수희 샘. 볼 때는 재미있게 보고, 보고 난 다음에 한번 정리하면 되잖아요. 재미도 있고 남는 것도 있는 영화 감상이 되겠네요."

"만약 영화 속에 등장한 직업에 대해 좀 더 정보를 알고 싶다면 이렇게 하면 될 거예요. 같은 친구가 쓴 내용을 더 볼까요?"

영화 한 편을 보고 난 뒤 어떤 방법으로 진로와 연결 짓는지 방법을 배울 수 있었다. 수희는 차분하게 활동을 진행하여 학생들이 충분히 정보를 이해할 수 있도록 도왔다. 그러면서 자연스럽게 '출력 센터'를 소개해 주었다.

구 분	내 용
직업 수행에 필요한 성격	청소년을 이해하는 태도, 배려, 인내, 그리고 신념
직업 수행에 필요한 자격증	교사 자격증
직업 수행에 필요한 신체	서서 수업하는 체력, 강의를 주로 하는 목 건강, 오랜 시간 연구할 수 있는 눈 건강 등

영화를 본 이후의 추가직업 분석표

"영화를 보고 진로 탐색을 할 수 있는 활동 양식은 출력 센터에서 출력할 수 있어요. 신청서 기록하고 프린터로 출력해 가면 됩니다. 그리고 교빈 학생처럼 열정적인 친구들을 위한 선물이 또 있어요."

"뭔데요?"

"다양한 직업에 대해 앞으로 더 볼 수 있는 영화 목록도 출력해 갈 수 있답니다."

"와우! 짱 친절해요. 수희 샘."

직업	관련 영화
교사	홀랜드 오퍼스, 뮤직 오브 하트, 언제나 마음은 태양, 죽은 시인의 사회
음악가	아마데우스, 불멸의 연인, 더 비틀즈, 귀를 기울이면
디자이너	광고맨 빅터 포겔
의사, 간호사	패치 애덤스, 사랑의 기적, 유맹의생, 닥터 모로의 DNA
경찰관	춤추는 대수사선, 마이 뉴 파트너, 트레이닝
연예인	노팅힐, 더티 댄싱, 빌리 엘리엇, 댄싱 히어로, 백야, 드림 걸즈
스포츠 매니저	제리 맥과이어
기계 공학 기술자	아이언 맨, 점퍼, 옥토버 스카이
기자	어느 멋진 날, 로마의 휴일, 페이퍼, 모두가 대통령의 사람들, 네트워크, 브로드 캐스트 뉴스, 리틀 빅 히어로

직업별 영화 목록

비록 예행연습이지만 동아리 멤버들은 최선을 다해 준비했다. 사실 추가로 설치한 미니 부스인 '비전 출판사'까지 신경을 쓴다는 것은 학생들에

제목	시간	내용
귀를 기울이면 (자기 발견)	115분	책을 좋아하는 여중생 기즈쿠는 책을 읽던 중 도서 카드에서 몇 번이나 세이지라는 이름을 발견하게 되고, 그를 상상 속에 그려 본다. 어느 날 우연히 세이지를 만나게 된 시즈쿠는 그를 만나면서 자신의 내면세계에 접근하게 되고 소설도 쓰게 된다. 점차 서로에게 사랑을 느끼게 되고 유학을 앞둔 세이지가 청혼을 한다.
추억은 방울방울 (자기 발견)	120분	주인공 카에코는 동경 토박이로 시골을 동경하며 지내다가 열흘간 휴가를 내 시골로 여행을 간다. 여행 동안 떠오르는 어린 시절의 추억과 시골에서의 생활로 그동안 잊고 있었던 자신이 진정으로 바라는 것이 무엇인지를 깨닫게 된다.
뮤직 오브 하트 (음악가)	124분	세계적인 바이올리니스트를 꿈꾸던 로베르타는 이혼 후에 생계를 위해 할렘 가의 초등학교 교사가 된다. 처음에는 저소득층 학생들에게 사치스럽다는 편견에 마찰도 생기지만 빈곤한 아이들의 멋진 연주에 점차 많은 사람들이 그녀를 따르게 된다.
사랑의 기적 (의사)	120분	세이어 박사는 뇌염 후유증으로 정신은 잠들고 근육은 경직된 채 수십 년간 정신 병원에 있는 환자들을 깨우기 위해 노력한다. 의사에게 필요한 것은 단순한 의술만이 아니라는 것을 느끼게 해 주는 영화이다.
패치 애덤스 (의사)	115분	헌터 애덤스는 불행한 가정환경에서 자라나 어려운 일을 겪었지만 사람들의 정신적 상처까지 치료하는 진정한 의사의 길을 가려고 노력한다.
제리 맥과이어 (매니저)	138분	스포츠 매니저인 제리는 그 분야에서 모두가 인정하는 매니저로 출세 가도를 달린다. 소수 정예의 고객에게 진실한 관심을 기울여야 하며, 중요한 것은 돈이 아닌 인간이라는 점에 요지를 둔 제안서를 제출했다가 해고당한다.
옥토버 스카이 (엔지니어)	108분	호머는 로켓을 만들기로 마음먹고 친구들과 로켓 연구에 몰입한다. 그 때문에 아버지와 주변 사람들과 갈등을 하게 되지만 결국 로켓 시험 발사를 하게 된다.
어바웃 슈미트 (자기 발견)	125분	은퇴와 함께 아내와의 사별을 맞은 노년의 슈미트가 딸의 결혼 문제에 맞닥뜨리는 모습을 통해 누구나 겪게 될 인생의 황혼을 다룬 코믹 드라마이다.
홀랜드 오피스 (교사)	130분	참된 교사의 이야기를 감동적으로 그린 드라마이다. 현실의 벽으로 인해 자신의 희망과는 거리가 먼 음악 교사가 되었지만 평생을 학생들을 위해 헌신하게 된다는 이야기이다.
죽은 시인의 사회(교사)	143분	단순한 주입식 교육으로 메말라 있는 학생들에게 현실에 대한 따뜻한 인간애와 자유로운 정신을 심어 주는 한 교사의 이야기이다.
굿 윌 헌팅 (상담가)	126분	낮에는 MIT 청소부로 일하고 밤에는 친구들과 어울려 노는 윌 헌팅은 수학 천재이다. 폭행 사건으로 교도소에 갈 상황이었으나 그의 능력을 아끼는 교수 램보의 도움으로 교도소행은 면한다. 불우한 어린 시절을 보낸 윌은 누구에게도 마음을 열지 못한다. 램보는 절친한 친구이자 심리학 교수인 숀에게 도움을 청하고, 숀의 진실한 마음은 윌을 조금씩 변화시킨다.

영화별 진로 탐색 자료

게 다소 버거운 일이었다. 비전 출판사에 대한 의견은 승헌이와 수희가 꺼낸 것이지만, 사실 책상 위의 내용과 컴퓨터 안에 정리된 내용은 민샘이 오랜 시간 준비해 온 자료들이다. 학생들을 사랑하는 민샘의 마음이 담겨 있다. 수희는 민샘의 그러한 마음을 누구보다도 잘 알고 있다. 수희는 민샘에게 배울 때 들었던 이야기를 부스 참가 학생들에게 소개했다.

어느 원시인 부족이 있었다. 그 부족의 리더는 식량이 떨어지고 토양이 척박하여 이주를 결정해야 했는데, 과연 어디로 갈 것이며, 미지의 세계로 가기 위해 무엇을 준비해야 할지 정탐을 하기로 했다. 2명의 똑똑한 원시인을 뽑아 서로 반대편 지역을 정탐하라는 미션을 주었다. 정탐을 마친 두 원시인이 부족 앞에서 각각 발표를 했다.
"우리의 모든 역량을 동원하여 바구니를 만들어야 합니다. 제가 가 본 지역은 온통 과일이 넘쳐 났습니다. 그런데 아무도 그 열매를 따지 않아 떨어져 썩고 있었습니다."
"제가 알아본 바에 따르면, 우리가 가야 할 곳은 동물의 서식지입니다. 우리의 모든 역량을 동원하여 창을 만들어야 합니다."

두 원시인의 주장은 저마다 설득력이 있었다. 결국 부족은 둘로 나뉘어 서로가 옳다고 우기기 시작했고, 이윽고 분란이 일어나 싸우게 되고, 결국 뿔뿔이 흩어지게 되었다.

"하영 학생, 이 이야기 속에 어떤 의미가 있는지 혹시 알겠어요?"
"수희 샘은 뭘 얘기해도 집중이 잘 돼요. 이런 뜻 아닐까요? 자기가 본 것이 전부라고 생각하는 것이죠."

"직업을 찾아가는 과정에서 이 내용이 무슨 의미가 있을까요?"

"다양한 직업에 대한 정보가 있을 때와 없을 때의 차이가 있다는 것 아닐까요?"

"그래요. 그 차이는 너무나 큽니다. 왜냐하면 평생의 진로를 결정할 수 있기 때문이죠."

그러면서 수희는 한 쪽 벽을 가리켰다. 그 벽에는 책장이 세워져 있고, 책장 안에는 책과 CD가 함께 배치되어 있었다. 그리고 그 옆에는 책과 영상 목록이 정리되어 있었다.

"수희 샘, 혹시 이 목록도 출력해서 가져 갈 수 있나요?"

"물론이에요. 하영 학생."

"혹시 CD를 빌려 갈 수도 있을까요?"

"진로 페스티벌까지는 참아 주시고요. 그 이후에 진로 상담실에 비치할 거예요. 그때부터는 마음껏 빌려 가도 됩니다."

제목	제작	특 징	연도
직업의 세계	EBS	다양한 직업에 대해 알아본다.	1999 ~2000
직업 정보 뱅크	EBS	직업과 관련된 다양하고 실속 있는 정보를 전달한다.	2002
JOB매거진 직업이 보이는 TV	EBS	다양한 직업과 직종을 소개하고 유망 직업을 발빠르게 안내한다.	2002 ~2003
직업 탐구	EBS	직업 전문가와 현직 종사자의 생생한 목소리를 통해 신 성장 분야의 유망 직업 및 이색 직업 탐색, 해당 직업의 관련 자격증과 최근의 취업 동향, 보수 등에 관한 정보를 제공한다.	2002 ~2005
성공 예감 직업 속으로	EBS	일반 국민을 대상으로 직업 세계의 실용적 정보를 제공한다.	2003 ~2004
일과 사람들	EBS	한 주의 직업 테마를 정해서 하루에 하나씩 그 직업의 세계를 소개하고, 해당 직업인이 직접 스튜디오로 출연하여 심층 토크를 나눈다.	2004 ~2005
CEO EXCHANGE	ATKEARNEY	세계화, 글로벌 시대의 세계적 CEO 39명의 21세기 경영 전략을 알 수 있다.	2003

제목	제작	특 징	연도
디지털 세상 속으로	KBS	디지털과 관련된 직업을 탐색할 수 있다.	2004
신화 창조의 비밀	KBS	역경을 이겨내고 신화를 이루어 낸 기업인 이야기이다.	2003 ~2004
성공 시대	MBC	성공한 사람들의 이야기이다.	1999 ~2000
내가 변해야 내가 산다	MBC	스티븐 코비의 강연을 볼 수 있다.	2000
사과나무	MBC	어려운 환경에서 자신의 꿈을 이루어 나가는 사람들의 이야기이다.	2005
다이하드-죽도록 공부하기	SBS	세계 명문 대학의 학생들이 어떻게 미래를 준비하는지를 소개한다.	2002

TV 방송을 통해 소개된 직업 관련 프로그램 목록

참고: 중앙일보, 2010년

단계	주 제	목 록
1단계 진로 인식	공부의 이유와 삶의 의미를 알아보고 독서 호감도를 높인다.	『행복한 청소부』 『당나귀는 당나귀답게』 『내 영혼이 따뜻했던 날들』 『돼지가 한 마리도 죽지 않았던 날』 『남쪽으로 튀어』
2단계 진로 탐색	삶의 목표를 세우고 적성과 꿈을 탐색한다.	『10대, 꿈에도 전략이 필요하다』 『꿈을 찾아 주는 내비게이터』 『성공하는 10대들의 7가지 습관』 『공부, 네 안에 춤추는 동기를 찾아라』 『너는 무엇을 위해 살래?』
3단계 진로 모델	롤모델을 삼을 수 있는 다양한 인물의 일화를 통해 성공적인 삶에 대한 동기를 부여한다.	『행복 바이러스 안철수』 『땅콩 박사 조지워싱턴 카버의 전기』 『장기려, 우리 곁에 살다 간 성자』 『신념으로 세상을 바꾼 사람, 윌버포스』 『청소년을 위한 체게바라 평전』
4단계 학습 능력	수학, 과학의 원리를 이해하고, 역사나 사회의 배경 지식을 키워 주는 도서로 관심 과목의 지식을 쌓는다.	『청소년을 위한 경제의 역사』 『철학, 역사를 만나다』 『지식e 시리즈』 『수학 귀신』 『정재승의 과학 콘서트』
5단계 직업 탐구	적성에 맞는 직업을 찾아보고 미래의 목표를 구체화한다.	『직업 옆에 직업 옆에 직업』 『스무 살에 선택하는 학문의 길』 『나는 외과 의사다』 『영화, 감독을 말하다』 『상상력으로 새로운 세상을 여는 공학자』

직업과 관련된 도서 목록

"수희야, 너 정말 설명 잘한다. 나는 목소리를 크게 해야 잘 들을 거라 생각했는데, 수희 네가 진행하는 것을 보니까 차분하게 말하는 데도 친구들이 완전 몰입하더라. 그 비법 좀 전수해 주면 안 되겠니?"

"내가 뭘, 앞에서 승헌이 네가 분위기를 잘 만들어 주어서 친구들의 마음이 충분히 열린 것뿐이야. 그래서 귀를 기울여 준 거라고 생각해."

"우리 부스, 왠지 진로 페스티벌에서 대박 날 것 같지 않니? 어쩌면 민샘이 직접 진행하는 자기 발견 부스보다 더 인기가 많을지 몰라. 아~ 기대된다."

진로 페스티벌이 단순한 이벤트로 끝나지 않고, 학생들이 스스로 정보와 동행하며 자신의 진로를 만들어 갈 수 있도록 도와야 한다는 생각은 승헌이와 수희의 발상이었다. 수희는 학생들이 겪는 어려움을 상대방의 입장에서 배려하는 마음을 가졌다. 그리고 승헌이는 기업과 사람을 이끌어 가는 꿈을 찾았기에, 사람들에게 만족을 주고 그 마음을 이끌 수 있는 것에 대해 늘 민감하다. 승헌이의 리더십과 수희의 섬세함이 만나서 아름다운 결과를 만들어 낸 것이다. 승헌이와 수희는 서로의 강점을 잘 살려 예행연습을 성공적으로 마쳤다.

꼭! 작성해 보세요 | 포트폴리오 활동 1

영화를 통한 진로 탐색

자신이 보았던 영화 한 편을 선정해서 다음의 항목에 따라 진로 탐색의 정보로 바꿔 봅니다. 가장 인상 깊은 장면을 그리기 어려운 경우에는 장면을 설명하는 말로 표현해도 좋습니다. 특히 자신의 희망 직업과 관련된 직업이 나오는 영화라면 더욱 좋습니다.

질 문	내 용
가장 인상 깊은 장면	
영화 제목	
배역 이름, 직업명	
영화 선택 이유	
극중 배역을 통해 알게 된 직업 성격	

구 분	내 용
직업 수행에 필요한 성격	
직업 수행에 필요한 자격증	
직업 수행에 필요한 신체	

내친구 포트폴리오 살짝 엿보기

영화를 통한 진로 탐색

자신이 보았던 영화 한 편을 선정해서 다음의 항목에 따라 진로 탐색의 정보로 바꿔 봅니다. 가장 인상 깊은 장면을 그리기 어려운 경우에는 장면을 설명하는 말로 표현해도 좋습니다. 특히 자신의 희망 직업과 관련된 직업이 나오는 영화라면 더욱 좋습니다.

질 문	내 용
가장 인상 깊은 장면	
영화 제목	죽은 시인의 사회
배역 이름, 직업명	키팅, 교사
영화 선택 이유	끌려가지 않고 생각하는 주체로 살고 싶기 때문에
극중 배역을 통해 알게 된 직업 성격	교사란 단순히 지식을 전달하는 역할이 아니라, 학생들이 스스로 사고할 수 있도록 돕는 역할

구 분	내 용
직업 수행에 필요한 성격	청소년을 이해하는 태도, 배려, 인내, 그리고 신념
직업 수행에 필요한 자격증	교사 자격증
직업 수행에 필요한 신체	서서 수업할 수 있는 체력, 강의를 주로 하는 목 건강, 오랜 시간 연구할 수 있는 눈 건강 등

꼭! 작성해 보세요 | 포트폴리오 활동 2

나의 맞춤 진로 북 만들기

다양한 직업 정보를 망라한 자료를 갖추어 놓고 필요할 때마다 볼 수 있다면 주도력을 갖출 수 있습니다. 처음에는 전문가나 교사의 도움이 필요하지만, 일정한 시기가 지나면 스스로 정보를 찾고 관리하며, 개선해 나가야 합니다. 그 과정에서 고급 직업 정보는 든든한 친구가 되어 줍니다. 다음의 직업 정보 자료 목록을 보고, 원하는 자료에 표시하여 아래에 제시된 사이트에서 다운로드 받은 뒤, 자신의 희망 직업이나 관련 직업의 정보를 탐색해 봅니다. 그런 뒤, 그 느낌을 간단히 기록해 봅니다.
(사이트: know.work.go.kr 직업정보시스템에서 '자료실' 클릭)

직업정보 학과정보 자료실 직업탐방 커리어상담 북카페

√ 체크	자료 목록
☐	『한국 직업 사전』(914개 직업 소개, 597쪽 분량, 한국고용정보원)
☐	『직업 선택을 위한 학과 정보』(133개 학과 정보, 395쪽 분량, 한국고용정보원)
☐	『한국의 직업 전망』(대표 직업 201개 5년 전망, 779쪽 분량, 한국고용정보원)
☐	『세계로 가는 직업 여행』(45개의 해외 직업, 155쪽 분량, 한국고용정보원)
☐	『신생 직업 및 이색 직업 인터뷰』(35개 직업, 290쪽 분량, 한국고용정보원)
☐	『알고 싶은 직업』(143개 직업, 225쪽 분량, 한국고용정보원)
☐	『진로 상담 사례 모음집』(56가지 상담 사례, 237쪽 분량, 한국고용정보원)

내친구 포트폴리오 살짝 엿보기

나의 맞춤 진로 북 만들기

다양한 직업 정보를 망라한 자료를 갖추어 놓고 필요할 때마다 볼 수 있다면 주도력을 갖출 수 있습니다. 처음에는 전문가나 교사의 도움이 필요하지만, 일정한 시기가 지나면 스스로 정보를 찾고 관리하며, 개선해 나가야 합니다. 그 과정에서 고급 직업 정보는 든든한 친구가 되어 줍니다. 다음의 직업 정보 자료 목록을 보고, 원하는 자료에 표시하여 아래에 제시된 사이트에서 다운로드 받은 뒤, 자신의 희망 직업이나 관련 직업의 정보를 탐색해 봅니다. 그런 뒤, 그 느낌을 간단히 기록해 봅니다.
(사이트: know.work.go.kr 직업정보시스템에서 '자료실' 클릭)

직업정보 학과정보 자료실 직업탐방 커리어상담 북카페

√ 체크	자료 목록
√	『한국 직업 사전』(914개 직업 소개, 597쪽 분량, 한국고용정보원)
√	『직업 선택을 위한 학과 정보』(133개 학과 정보, 395쪽 분량, 한국고용정보원)
√	『한국의 직업 전망』(대표 직업 201개 5년 전망, 779쪽 분량, 한국고용정보원)
√	『세계로 가는 직업 여행』(45개의 해외 직업, 155쪽 분량, 한국고용정보원)
√	『신생 직업 및 이색 직업 인터뷰』(35개 직업, 290쪽 분량, 한국고용정보원)
√	『알고 싶은 직업』(143개 직업, 225쪽 분량, 한국고용정보원)
√	『진로 상담 사례 모음집』(56가지 상담 사례, 237쪽 분량, 한국고용정보원)

사실 두려웠다. 진로 선생님과 함께 나의 꿈을 찾아갈 때는 믿을 구석이 있었는데, 막상 혼자 가야 한다고 생각하니 두려움이 앞섰다. 그러나 어차피 이 꿈은 나의 것이기에 스스로 나아가야 한다. 그 과정에서 좋은 정보를 늘 가까이 두고 볼 수 있어 든든하다.

생생! 직업인 이야기

좁고 길게 난 길을 따라갑니다

역사학자

한 분야에 흥미를 갖게 되고, 그 흥미를 따라 직업으로 선택했다면 이는 참 행복한 일입니다. 그러나 일반적인 직업에 비해 훨씬 기회가 적고 좁은 길을 가야 한답니다. 바로 저와 같은 역사학자의 길입니다. 대학의 교수나 연구원이 거의 전부랍니다. 그래서 '좁은 길'이라고 한 거죠.
순수하게 역사만을 연구하는 기관이 거의 없기 때문에 직업으로서는 크게 매력이 없어 보입니다. 그래서인지 역사학을 공부하고 역사학자의 길을 가는 사람들을 보면, '정말 이게 아니면 안 된다!'라는 신념을 가지고 있는 것 같습니다. 저 역시 그런 사람 가운데 하나이고요.
어려운 길을 가기에 성취에 대한 보람은 더 크게 마련입니다. 나라의 역사를 바로 세우는 데 참여하고, 왜곡된 역사 해석을 수정하여 원래의 자리로 돌려놓는 일을 할 때는 마치 독립 운동가가 된 듯합니다. 좁고 긴 길을 가기에 이 길은 자기 확신과 신념이 강한 사람을 기다립니다.

2

05 기준을 알아야 과정이 보이지

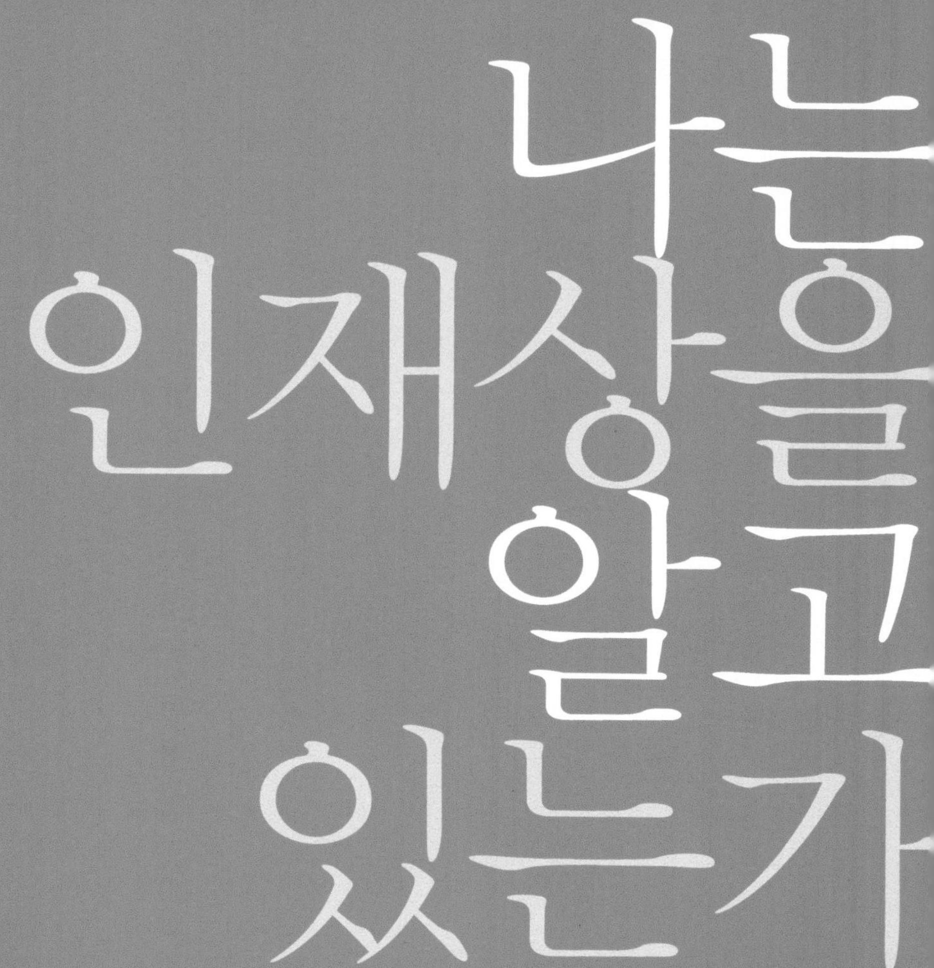

나는 인재상을 알고 있는가

동영상 강의

우리들의 고민 편지

중학교 3학년 H군은 자신이 원하는 꿈을 위해 진학하고 싶은 고등학교를 이미 정했다. 본격적으로 고입 전형 준비를 시작하는 H군은 시작부터 난관에 부딪히고 말았다. 자신은 오로지 내신 성적만 열심히 관리해 왔는데, 이제 와서 알고 보니 자신이 가고자 하는 학교에서 요구하는 기준은 따로 있었다. H군은 약간 화도 나고 억울했다. 당연히 공부만 열심히 하면 되는 줄 알았는데, 정작 지망하는 학교에서는 공부 이외에 원하는 기준이 따로 있다는 사실을 뒤늦게 알고 허탈했다.

– 온라인 캠프에 올라온 진로 고민 편지

사랑하는 사람의 마음 얻기

"이 한자의 음이 무엇인지 아는 사람?"

"……."

"그럼, 이 부스를 저와 함께 진행할 하영 샘이 얘기해 주실까요?"

"형상을 뜻하는 상(像)입니다."

"감사합니다, 하영 샘. 아차, 제 소개를 아직 안했군요. 저는 진로페스티벌의 세 번째 부스를 하영 샘과 함께 진행할 정찬형입니다."

세계 발견 부스는 매우 독특했다. '상(像)이라는 글자로만 구성이 되었다.

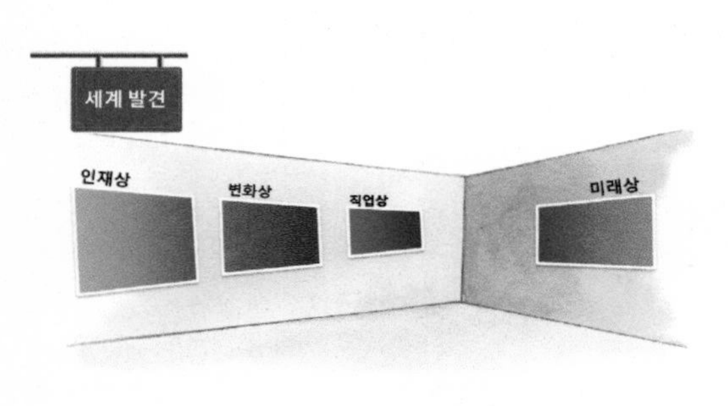

"뒤에 보이는 제목들에 다 그 '상'이 들어 있습니다. 인재상, 변화상, 직업상, 미래상……. '상'은 마음에 품은 어떤 결과에 대한 이미지로 쓰이는 경우가 많습니다. 예를 들어 보죠. 하영 샘, 만약 나중에 사랑을 한다면 어떤 남자가 이상형인가요?"

"네? 저……."

뭔가 불안한 조짐이 보인다. 하영이의 눈이 동그랗게 커졌다. 전혀 예상치 못한 질문이었고, 원래 두 사람이 계획했던 진행 내용과도 달랐다. 찬형이가 즉흥적으로 꺼냈거나 몰래 준비한 내용임에 틀림없다. 하영이는 찬형이를 흘겨보았지만 이미 엎질러진 물이다. 승헌이나 수희, 교빈이도 싸늘한 분위기를 이미 읽고 있었다.

"이상형이 없나요? 이상형이 없다는 것은, 어떤 남자든 다 좋아한다는 뜻일 수 있어요."

"아니, 있어요. 저는 음~ 리더십이 있어서 사람들을 이끌 수 있는 사람이 좋아요."

"그래요? 그럼 그런 리더십이 있는데, 만약 상대방을 섬세하게 배려하지 못하고 독불장군처럼 이끌어 가도 괜찮나요?"

"그건 안 돼요. 다른 사람을 배려하는 사람이면 좋겠어요."

"그럼 리더십도 있고 배려심도 갖춘 사람이어야겠군요. 만약 그 두 가지 조건을 모두 갖췄는데, 혹시 하영 샘보다 키가 작아도 괜찮은가요?"

"네? 그건 좀…… 이제 그만 하시죠, 저 지금 불편하거든요!"

하영이는 그렇게 말하면서 찬형이를 노려보았다. 공개 예행연습 자리였지만, 하영이 성격상 그냥 꾹 참고 넘어갈 리가 없었다. 그런데도 찬형이는 얼굴색 하나 변하지 않고 그 다음 이야기를 이어갔다. 오히려 참가자 역할을 하고 있는 동아리 친구들의 마음이 더 조마조마했다.

"그러면 이건 어때요. 리더십이 있고 사람을 배려하며 키도 큰 멋진 남자가 나타났어요. 그런데 하영 샘의 이상형에는 딱 맞는데, 반대로 그 사람의 이상형에 하영 샘이 맞지 않을 수도 있어요. 어때요, 자신이 있나요?"

"너, 너. 찬형~ 정말!"

진짜 터지고 말았다. 겨우 참고 있던 하영이가 급기야 눈물을 글썽이더니 교실을 나가 버린 것이다. 왜 그랬을까? 찬형이의 계산이 뭔가 잘못된 것 같았다. 순간 찬형이의 얼굴에도 '이건 아닌데~' 하는 당혹감이 스치고 지나갔다. 민샘이 나설 수밖에 없었다.

"찬형아, 집중시키는 데는 성공했는데 좀 더 세련된 방법이 필요했던 게 아닐까 싶다. 일단 찬형이는 원래대로 활동을 진행하렴. 샘이 하영이를 만나고 올게."

직업이 요구하는 인재상 관찰하기

'이건, 이건 아닌데. 즐겁게 해 보려고 한 건데……. 아~ 이를 어쩌지.'

이건 찬형이가 원하는 바가 아니었다. 한 풀 기가 꺾인 찬형이의 목소리에는 힘이 하나도 없었다. 그래도 어쨌든 예행연습을 진행해야 했다. 찬형이는 '사랑하는 사람의 마음을 얻고 싶다면 그 사람이 원하는 기준을 정확히 알아야 한다'는 전제를 말해 주고, 바로 거기서 진로의 '인재상'을 꺼내려고 했던 것인데, 그만 하영이의 마음을 상하게 하고 만 것이다. 내가 되고 싶은 진로의 꿈을 이루려면 그 직업이 요구하는 능력을 찾아내고, 바로 그것에 맞게 자신을 준비해야 한다는 것이 오늘의 주제였다. 찬형이는 맥이 빠진 채로 나머지 활동을 진행했다.

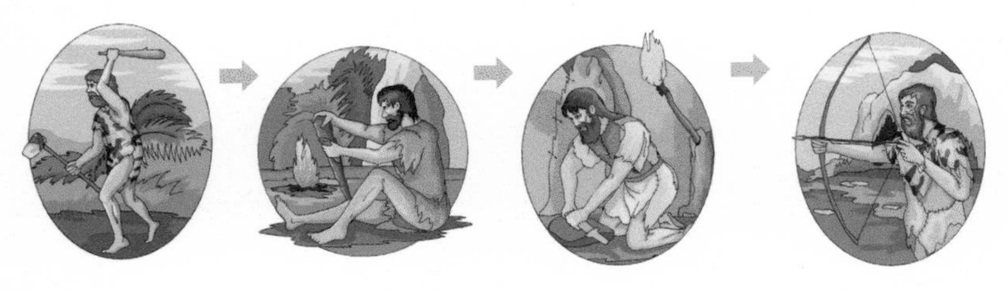

"원시 시대에 원시인 1이 있었습니다. 이 마을에서 최고의 인기를 누렸어요. 이 사람은 어떤 능력을 가지고 있었을까요?"

"힘이 세요. 그리고 사냥을 잘 했겠죠."

승헌이가 적극적으로 답변을 하였다. 분위기를 다시 살려 보려는 것이었다.

"맞습니다. 원시인 1은 무거운 돌을 한 손으로 들고 사슴을 향해 던질 수 있어요. 다른 남자들은 흉내도 낼 수 없었죠. 그런데 어느 날 옆 마을에서 원시인 2가 이사를 왔는데, 약간 말랐지만 항상 날카로운 돌을 들고 다니면서 그 돌로 사슴을 잡았습니다. 그 모습은 매우 영리해 보였어요. 어느 덧 마을 최고의 인기남은 원시인 2가 되었어요. 그러면서 원시인 1은 별명 하나를 얻었는데, '무식하고 힘만 좋은 인간'이었습니다."

"하하하!"

예행연습 참가자들은 일부러 더 크게 웃어 주었다. 잘해 보려고 했다가 그만 하영이에게 실수를 하고, 잔뜩 풀이 죽어 있는 찬형이의 모습을 보고 격려해 주고 싶었던 것이다. 찬형이는 친구들의 격려에 힘을 얻어 내용을 이어갔다.

원시인 1

근육질의 남자. 힘과 경험으로 사냥함. 최고의 인재로 등극. 모든 남자가 원시인 1과 같이 되려고 원시 헬스클럽 다님. 단순 수렵의 창시자.

원시인 2

다소 마른 편. 돌을 깨서 나온 날카로운 조각으로 사냥을 함. 머리를 쓰는 것 같아 훨씬 영리해 보임. 단숨에 최고 인재로 등극. 모든 남자가 원시인 2를 따라 들판에서 돌을 깨기 시작함. 뗀석기의 창시자.

원시인 3

더 마른 편. 돌을 깨서 뾰족한 것을 찾는 일을 답답해 함. 그래서 아이디어를 내고, 돌을 자신이 원하는 뾰족한 모양으로 갈기 시작함. 열심히 돌을 깨는 사람들이 이 모습을 보고 허탈해함. 단숨에 최고의 인재로 등극. 들판에서 100명의 남자가 원시인 3을 따라 돌을 갈고 있는 모습 연출. 간석기의 창시자.

원시인 4

강동원 스타일. 모든 남자가 돌을 갈고 있을 때 석양에서 머리카락을 휘날리며 서 있음. 사슴이 지나가자 번개처럼 빠른 동작으로 활을 쏘아 사슴을 명중시킴. 이 모습에 들판에서 남자들을 응원하던 여인들 100명이 감탄하고 쓰러짐. 돌을 갈던 남자들도 모두 돌을 던져 버리고 원시인 4 앞에 꿇어앉아 '형님' 이라고 외침. 단숨에 최고의 인재로 등극. 청동기 시대의 무기 창시자.

난리가 났다. 찬형이가 이야기보따리를 풀자 다들 그 이야기에 쏙 빠져든 것이다. 수렵 시대를 지나 농경 시대가 되자 또 한 번 거대한 변화가 일어났다. 농경 시대에는 누가 과연 최고의 인재일까? 학생들이 여기저기서 자신의 생각을 꺼내느라 분주했다.

"농사의 특징을 잘 이해하는 사람이요."

"땅이 넓은 사람이요."

"부지런한 사람이요. 농사는 성실한 사람이 강해요."

"인내심이 강한 사람이요. 농사는 사냥과 달리 오래 기다려야 해요."

참가자들의 이야기를 조용히 듣고 있던 찬형이가 차분하게 내용을 정리해 주었다.

"정확하게 얘기했어요. 바로 이것이 진로의 '인재상' 입니다. 바로 그 직업 현장에서 가장 필요로 하는 사람을 말하죠. 그리고 이러한 인재상이 바로 그 진로에서 꿈을 이루는 사람의 특징이며, 그러한 진로를 준비하는 과정에서 반드시 먼저 알아야 할 기준입니다. 기준을 알아야 준비할 수 있으니까요."

농경 시대가 지나가고 산업 시대가 왔다. 산업 시대에는 과연 어떤 사람이 인재일까? 기계를 잘 다루는 기술을 가지고 있으면서 성실한 사람이다.

그 다음 정보화 시대다. 노동을 하고 땀을 흘려야 대가를 받는 시대에서 이젠 지식과 정보를 통해 대가를 지불받는 시대로 바뀐 것이다. 육체노동자에서 지식 노동자로의 거대한 변화가 일어났다. 100명이 몸으로 하던 일을 한 사람이 컴퓨터로 처리하게 된다면, 100명은 불안해질 수밖에 없다. 인재상이 바뀌었기 때문이다. 그렇다면 정보화 시대를 지난 지금의 시대는 과연 어떤 사람이 인재일까? 찬형이가 보여 주는 카드에는

'스티브 잡스' 가 있다. 그 사람으로 상징되는 이 시대의 인재는 과연 어떤 사람일까?

인재상이란?
기업과 대학에서 만들어 놓은 인재의 기준을 말한다. 이 기준은 대학과 기업에서 가장 필요로 하는 사람을 말하며, 그 기준에 따라 사람을 선발하기도 하고 배출하기도 한다. 따라서 인재상을 정확히 아는 것이 진로에서는 맨 처음부터 가장 신경 써야 할 결과의 이미지이다. 이러한 인재상을 모른 채 자기 중심으로 직업 준비를 하는 것은 어리석은 태도이다.

"여러분이 가고자 하는 진로의 세계에는 두 가지 인재상이 존재합니다. 아주 기본적인 인재상과 그 직업에 꼭 필요한 능력을 갖춘 인재상이죠. 기본적인 인재상은 공통적인 인재상을 말하고, 필요한 능력을 갖춘 인재상은 해당 직업의 능력이겠죠. 어휴~ 이거 민샘에게 배운 내용을 그대로 쓰려고 하니 말이 좀 어렵네. 이해해 주세요. 자, 그럼 문제를 낼게요. 모든 기업과 모든 직업이 추구하는 공통적인 인재상이 있어요. 이름 하여 글로벌 인재상이죠. 빈 칸을 한번 채워 볼까요."

영역을(　　　)하여 새로운 가치를 만드는 인재
(　　　)인 방식으로 사고하는 인재
끊임없이 새로운 영역을 개척하는 (　　)의 인재
국제화 네트워크를 통해(　　　)이 가능한 인재
문화의 흐름을 이해하고 (　　　)를 주도하는 인재

"찬형 샘, 이미 수업을 들은 거라 모른 척하기가 더 힘들어요. 그냥 얘기해도 되죠?"
"물론이죠."
"영역 통합.", "창의적인 방식."
"소통이 가능.", "도전정신의 인재.", "변화를 주도."
학생들은 이미 배운 내용이라 순식간에 맞혀 버렸다. 찬형이에게 시간이 지체되고 있다는 신호를 보낸 것이기도 했다. 이후 학생들은 자신의 희망 직업군이 요구하는 능력을 기록하는 시간을 가졌다. 세부 내용은 직업 카드와 직업 사전에서 확인하도록 했다.

희망 직업군	만화가	건축가	프로그래머
필요한 능력	창의력 정교한 동작 글쓰기 추리력 선택적 집중력	공간 지각력 수리력 협상 범주화 재정 관리	전산 기술 설계 논리적 분석 조작 및 통제 기술 분석

필요한 능력을 확인한 뒤에는 각자의 상태(현재 그 능력을 가졌는지, 아니면 능력을 갖추기 위해 무엇을 준비하고 있는지)를 구분하여 체크해 보도록 했다.

"바로 그 항목이 여러분이 지금부터 집중해서 준비해야 할 기준들입니다."

"그러니까 직업 세계에서 필요한 공통적인 인재상과 해당 직업에 필요한 인재상, 즉 능력을 준비해야 한다는 것이죠?"

"맞습니다. 승헌 학생이 정확하게 정리해 주었어요. 그럼, 여기서 좀 더 구체적으로 확인해 볼게요. 해당 직업의 인재상에는 더욱 세부적인 능력의 언어들이 존재해요. 이 부분들을 미리 알면, 우리는 정말 보기 드문 인재로 성장할 수 있어요."

인재상의 역량	주요 키워드
	창조, 인식전환, 상상력, 가치창출, 새로운 아이디어 등
	전문지식, 전문기술, 자기개발, 프로정신, 핵심역량 등
	진취, 적극, 신념, 의지, 긍정적 사고, 위험감수 등
	정직, 인간미, 신뢰, 매너, 직업윤리, 투명성, 기본충실 등
	상호협력, 배려, 공유, 화합, 상호존중, 조직 마인드 등
	외국어, 개방성, 문화적 이해, 국제 감각 등
	승부 근성, 몰입, 끈기, 최선, 강한 의지, 기업가 정신 등
	오너십, 책임의식, 자율, 리더십, 사명감, 솔선수범 등
	행동 우선, 추진력, 실천, 실천적 성취 등

찬형은 세부적인 인재상의 능력을 정리해 놓은 보드를 높이 들었다. 그리고 책상 위에 9개의 빈 칸을 채울 수 있는 인재상의 단어들을 늘어놓았다. 카드를 적절한 위치에 붙이는 활동이다.

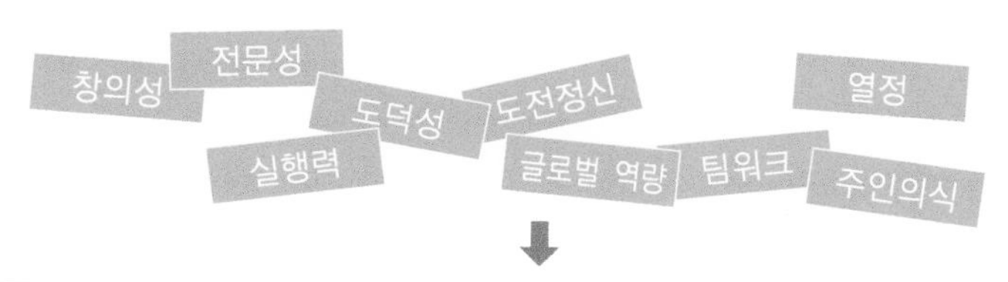

인재상의 역량	주요 키워드
창의성	창조, 인식전환, 상상력, 가치창출, 새로운 아이디어 등
전문성	전문지식, 전문기술, 자기개발, 프로정신, 핵심역량 등
도전정신	진취, 적극, 신념, 의지, 긍정적 사고, 위험감수 등
도덕성	정직, 인간미, 신뢰, 매너, 직업윤리, 투명성, 기본충실 등
팀워크	상호협력, 배려, 공유, 화합, 상호존중, 조직 마인드 등
글로벌 역량	외국어, 개방성, 문화적 이해, 국제 감각 등
열정	승부 근성, 몰입, 끈기, 최선, 강한 의지, 기업가 정신 등
주인의식	오너십, 책임의식, 자율, 리더십, 사명감, 솔선수범 등
실행력	행동 우선, 추진력, 실천, 실천적 성취 등

"찬형 샘, 질문이 있어요. 이런 인재상의 내용은 사실 나중에 취업을 위한 입사 시험에 필요한 것들 아닌가요?"

"승헌 학생의 날카로운 질문 감사해요. 지금 우리가 이것까지 왜 꼭 알아야 하는가 그 말이죠? 그럼, 다음의 단어를 한번 볼까요? 5개의 단어가 있어요. 만약 우리가 어떤 진로를 결정했다고 한다면, 이 중에서 나중에 대학에 다니

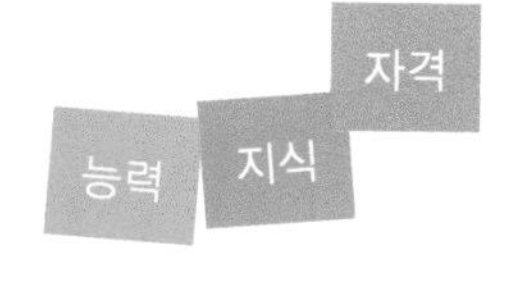

면서 또는 졸업과 함께 취업을 준비하면서 할 수 있는 것과, 지금부터 생각하고 갖추지 않으면 안 되는 것을 구분해 보세요. 승헌 학생이 한번 해볼래요?"

"네, '자격'은 해당 학과를 나오거나, 나중에 준비해도 될 것 같아요. '기술'도 대학에서 충분히 배울 수 있는 부분이에요. '지식'은 지금도 필요하고, 나중에도 계속 준비해야 할 것 같아요. 진로를 탐색할 때도 현재 가지고 있는 지식, 또는 관심 있는 지식, 그리고 앞으로 갖추어야 할 지식을 기준으로 직업군을 찾아보았으니까요."

승헌이가 잠깐 말을 쉬는 동안, 수희가 말을 이어갔다.

"'태도'는 자기가 원한다고 뚝딱 만들어지는 게 아닌 것 같아요. 지금부터 조금씩 갖춰야 할 것 같아요. '능력'도 지금부터 필요할 것 같아요."

"승헌 학생과 수희 학생, 잘 말해 주었어요. 우리는 지금 진로를 탐색하는 과정에 있어요. 그리고 여러분 모두 진로 페스티벌의 단계를 잘 거치셨다면, 아마 희망 직업군을 찾았을 거예요. 중요한 것은 그러한 목표가 아직은 '희망'일 뿐이라는 거죠. 그리고 여러분에게는 '희망 직업군'이지만 여러분이 성장하기를 기다리는 그 직업군에서는 여러분이 아직은 '희망 인재군'일 뿐이지요. 그러기에 우리는 그 기준을 미리 알고 준비해야 해요. 그 기준을 '인재상'이라고 하는데, 그 인재상 중에서도 특히 중요한 '태도'에 관한 것들은 지금부터 관심을 가지고 준비해야 할 것들이라는 거죠."

태도 × 가치관 × 능력	태도 + 가치관 + 능력

찬형은 화이트보드에 3개의 단어를 적고 '곱하기'와 '더하기'로 연결했다. 태도, 가치관, 능력을 서로 곱하거나 더한 것이다. 학생들은 무슨 뜻일까를 고민했다.

"골라 보세요. 여러분이 이제부터 꿈꾸는 직업의 인재상은 이 두 가지 중에 한 가지 방식으로 여러분을 기다리고 있습니다. 다시 말하면, 사람을 뽑는 핵심 기준이라는 거예요. 이것을 알면 더욱 중요성을 이해할 겁니다. 개인의 생각을 물어보는 거니까 스티커로 붙여 보세요. 태도와 가치관과 능력은 각각 어떤 영향을 미치면서 서로 상호작용을 할까요."

진구와 상민이는 왼쪽에 스티커를 붙이면서 한마디씩 덧붙였다.

"찬형 샘, 당연히 '더하기'지요. 태도와 가치관과 능력이 모두 갖추어진 사람을 뽑겠죠."

"맞아요. 곱하기는 좀 심해요. 자신이 가진 것 이상으로 과장되어 보이는 느낌이 들어요."

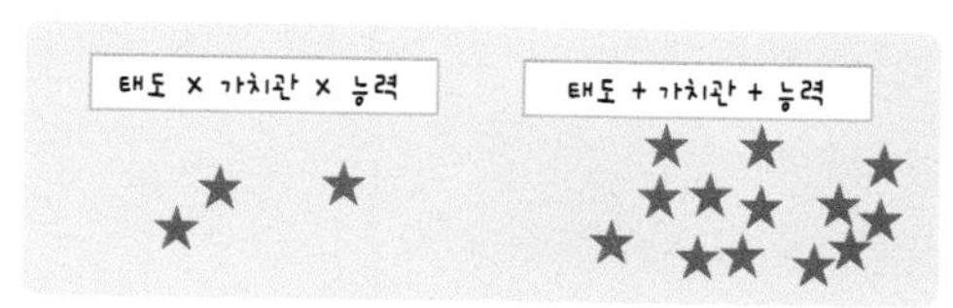

학생들 다수는 오른쪽의 기준을 지지했다. 학생들의 의견은 일리가 있었다. 찬형이는 경청하면서 고개를 끄덕였다.

"정답은 없습니다. 하지만 한 가지는 꼭 기억할 필요가 있어요. 실제로 직업 현장에서 여러분과 같은 미래의 인재를 기다리는 사람들은 다른 생각을 갖고 있어요. 물론 여러분이 말하는 내용은 충분히 일리가 있습니다. 그런데 중요한 것은 이 세 가지가 모두 필요하다는 것이에요. 만약 능력이 뛰어나고 가치관이 선명한데, 태도에서 점수를 따지 못한 사람이 있다면 그 사람은 뽑히지 않을 수도 있어요. '곱하기'로 본다면 그 중 하나가 '0'일 때 전체가 '0'이 나오거든요. 특히 '태도'는 가장 중요한 인재상입니다."

"찬형 샘, '태도'와 같은 인재상은 어떤 것을 말하는 거죠?"

"성실성, 책임감, 인내심 같은 단어들을 떠올리면 됩니다."

기준에 맞는 현재의 노력

"찬형 샘, 그럼 뭘 준비해야 할까요? 제가 찾은 희망 직업이 있는데, 그 직업의 인재상이 무엇인지 어떻게 알죠? 알아야 준비를 하죠."

"교빈 학생의 질문, 아주 좋아요. 일단 관심이 생긴 것 하나만으로도 큰 성과입니다. 이미 눈은 뜬 거예요. 자신의 진로를 바라보는 눈에서 직업의 세계를 바라보는 안목으로 점프를 한 거죠. 축하해요!"

"이제 여러분의 희망 직업군에서 어떤 인재상이 더 중요한지 확인해 볼

구분	창의성	전문성	도전 정신	도덕성	팀워크	글로벌 역량	열정	주인 의식	실행력
100대 기업	71.0	65.0	59.0	52.0	43.0	41.0	29.0	13.0	10.0

(단위: %)

직업 세계의 핵심 인재상

까요. 만약 건축가가 되고자 하는 사람이 있다면, 이 아홉 가지 중에 어떤 기준이 가장 중요할까요?"

"창의성이요."

"도전 정신이요."

"실행력이나 열정일 것 같은데요."

"여러 의견 고마워요. 도전 정신이 가장 중요한 기준이고, 그 다음이 창의성 그리고 열정입니다. 이런 방식으로 분야별 순위를 한번 보겠습니다."

자료출처 : 대한상공회의소

제조업		금융보험업		도소매업		건설업		운수업	
창의성	70.6	창의성	79.2	전문성	83.3	도전정신	75.0	전문성	80.0
전문성	64.7	도전정신	70.8	창의성	66.7	창의성	62.5	팀워크	60.0
도전정신	52.9	도덕성	66.7	도전정신	50.0	열정	50.0	창의성	60.0
팀워크	51.0	전문성	62.5	도덕성	50.0	도덕성	50.0	도전정신	60.0
도덕성	47.1	글로벌 역량	41.7	팀워크	25.0	전문성	37.5	도덕성	40.0
글로벌 역량	47.1	팀워크	37.5	글로벌 역량	25.0	글로벌 역량	37.5	주인의식	20.0
열정	27.5	열정	33.3	열정	16.7	팀워크	25.0	열정	20.0
실행력	11.8	주인의식	25.0	실행력	16.7	주인의식	12.5	실행력	20.0
주인의식	7.8	실행력	4.2	주인의식	8.3	실행력	0.0	글로벌 역량	20.0

핵심 인재상 분야별 순위 (단위: %)

"저는 교사를 꿈꾸는데 여기에 교육 분야는 없는데요."

"저는 간호사를 꿈꾸는데 저도 없어요."

"소연 학생과 은주 학생 의견 감사해요. 여기 나온 분야 인재상 순위는 기본적인 샘플을 꺼낸 겁니다. 100대 기업을 기준으로 한 것이니, 일반 공무원이나 일부 서비스업은 없는 게 당연하죠. 하지만 걱정 말아요. 안목이 생겼으니 지금부터 찾아 나서면 됩니다. 한번 연습해 볼까요?"

"어떻게 기준을 찾아내요?"

"방법은 두 가지로 접근할 거예요. 하나는 직업 카드나 직업정보시스템 등에 나와 있는 직업 능력을 보면 됩니다. 또 한 가지 방법은 입장을 바꾸는 것입니다."

"입장을 바꿔요?"

"어쩌면 소연 학생과 은주 학생에게는 두 번째 방법이 더 좋은 방법일 수 있어요. 시대가 바뀌고 혹시 인재상이 바뀐다 해도 스스로 그 인재상을 찾아낼 수 있거든요."

"그런데 어떻게 입장을 바꿔서 인재 기준을 찾아내요?"

"간단합니다. 교사를 꿈꾸는 소연 학생에게 물어볼게요. 만약 학생이 사립학교 교장 선생님이라고 생각해 보세요. 많은 지원자가 있는데 어떤 인재를 뽑고 싶으세요?"

"찬형 샘, 기본적인 조건은 모두 갖춘 상태에서 뽑는 거죠?"

"능력이나 기술 등은 모두 최고의 수준이라고 생각하면 됩니다."

"그럼, 책임감 있는 사람이요."

"다른 학생들에게도 한번 물어볼게요. 여러분이라면 어떤 교사를 선발하겠어요?"

"저는 성실한 사람이요."

"저는 정직한 사람이요."

"저는 끊임없이 노력하는 태도를 가진 사람이요."

"저는 아이들에 대한 사랑이 넘치는 사람이요."

"좋아요. 그럼 또 물어볼까요? '성실성'을 어떻게 검증할 수 있죠. 책임감은요?"

"……"

"어때요, 입장을 바꿔 보니까. 느낌이 오죠. 바로 그 자리에서 성실성을 증명하기는 어려워요. 바로 그런 부분은 자기 소개서 내용이나 기타 증빙 자료를 통해 확인이 되는 거예요."

"샘, 그러면 어떤 내용을 통해 성실성을 증명할 수 있을까요?"

"그것은 제가 소연 학생에게 묻고 싶은데요? 하하하!"

"음~ 어릴 적 또는 학창 시절에 한 가지 활동을 꾸준히 해서 성취해 본 경험은 어떨까요. 또는 동아리 활동을 꾸준히 해서 결과를 만들어 낸 내용, 사진, 인증샷 등이면 검증이 되지 않을까요?"

"그런데 그런 것들이라면 대학에 가서 또는 입사 준비를 하면서 갑자기 준비하기는 어렵겠네요."

"아하, 그래서 지금부터 준비할 항목이 생기는 것이군요!"

"이해력이 참 좋아요. 커서 교사가 될 수 있겠어요."

희망 직업	인재상 및 능력	노력할 내용
교사	성실성, 책임감, 탐구심, 사랑	• 청소년 때부터 타인을 돕는 봉사 활동 • 동아리 활동을 꾸준히 했던 경험과 결과 • 팀을 책임감 있게 이끌어 본 경험과 결과

학생들은 조금씩 중요한 인재상의 논리를 깨달아 갔다. 정말 중요한 기준이 무엇인지 먼 미래의 기준을 생각해 보았지만, 바로 지금부터 준비하지 않는다면 태도와 내면적인 기준을 채울 수 없다는 것도 발견했다.

시대의 변화와 인재상 똑바로 보기

이제 자신의 희망 직업군을 찾은 뒤, 구체적으로 그 직업군을 검증하고 꿈을 구체화해 나갈 것입니다. 그 과정에서 가장 먼저 살펴야 할 것이 바로 직업 세계의 인재상입니다. 왜냐하면 기준을 잘못 알고 가면 아무리 준비해도 소용이 없기 때문입니다. 내가 희망하는 직업이 나를 희망할 수 있도록 하는 것이 바로 인재상의 핵심입니다. 인재상을 알기 위해 가장 먼저 필요한 것은 바로 '시대에 따른 공통 인재상의 변화'를 읽어 내는 힘이죠. 내용에서 다뤘던 아래의 그림을 보고, 시대의 변화에 따라 인재상이 어떻게 바뀌었는지 자신의 생각을 기술해 봅니다.

참고
서론: 인재상의 의미를 밝힘
본론: 시대의 변화와 인재상의 변화 소개
결론: 현 시대 혹은 앞으로의 인재상 소개

내친구 포트폴리오 살짝 엿보기

시대의 변화와 인재상 똑바로 보기

이제 자신의 희망 직업군을 찾은 뒤, 구체적으로 그 직업군을 검증하고 꿈을 구체화해 나갈 것입니다. 그 과정에서 가장 먼저 살펴야 할 것이 바로 직업 세계의 인재상입니다. 왜냐하면 기준을 잘못 알고 가면 아무리 준비해도 소용이 없기 때문입니다. 내가 희망하는 직업이 나를 희망할 수 있도록 하는 것이 바로 인재상의 핵심입니다. 인재상을 알기 위해 가장 먼저 필요한 것은 바로 '시대에 따른 공통 인재상의 변화'를 읽어 내는 힘이죠. 내용에서 다뤘던 아래의 그림을 보고, 시대의 변화에 따라 인재상이 어떻게 바뀌었는지 자신의 생각을 기술해 봅니다.

참고

서론: 인재상의 의미를 밝힘

본론: 시대의 변화와 인재상의 변화 소개

결론: 현 시대 혹은 앞으로의 인재상 소개

인재상에 대해 공부했다. 인재상이란, 고등학교나 대학교, 직장 등에서 원하는 인재의 기준이라고 한다. 그런데 이러한 인재 기준은 시대가 변하면서 함께 변한다. 수렵을 하던 시대와 농경 시대의 인재상은 분명 다르다. 힘과 사냥 기술의 인재상에서 성실과 근면, 자연을 소중히 여기는 인재상으로 바뀐 것이다. 이후에 산업화 시대, 정보화 시대를 거쳐 지금은 창의적인 인재상이 가장 중요하다. 아마 앞으로도 이러한 인재상은 지속될 것 같다.

창의적이면서 변화를 잘 이해하여 변화를 주도하는 인재상을 갖추는 것이 가장 중요하다고 생각한다. 나도 이 시대에 맞는 인재상이 되기 위해 열심히 준비하려고 한다.

꼭! 작성해 보세요 | 포트폴리오 활동 2

나의 희망 직업 인재상 예측하기

다음 3개의 질문에 답하면서 인재상의 입장 바꾸기를 먼저 연습합니다. 그런 뒤에 자신의 희망 직업에서 입장을 바꾸어 자신이 인재를 선발하는 입장이라면 어떤 태도를 가진 사람을 선발할 것인지 우선되는 인재상을 기록하세요. 단, 태도 이외에 해당 분야의 능력과 기술, 자격 등은 이미 직업 분류 카드나 직업정보시스템 또는 직업 사전에 나와 있는 내용을 충분히 준비했다는 가정 아래 기준을 생각합니다. 마지막으로 그러한 기준을 갖추려면 지금부터 준비해야 할 사항은 무엇인지 기술해 봅니다.

질문 1. 나는 어떤 태도와 성품을 가진 배우자를 만나고 싶은가 ______________________

질문 2. 내가 CEO라면 어떤 태도와 성품을 가진 직원을 뽑고 싶은가 ________________

질문 3. 내가 유권자라면 어떤 태도와 성품을 가진 정치인을 뽑고 싶은가 ____________

희망 직업	인재상 기준	나의 현재 수준 (상 · 중 · 하)	지금부터 준비할 것

나의 희망 직업 인재상 예측하기

다음 3개의 질문에 답하면서 인재상의 입장 바꾸기를 먼저 연습합니다. 그런 뒤에 자신의 희망 직업에서 입장을 바꾸어 자신이 인재를 선발하는 입장이라면 어떤 태도를 가진 사람을 선발할 것인지 우선되는 인재상을 기록하세요. 단, 태도 이외에 해당 분야의 능력과 기술, 자격 등은 이미 직업 분류 카드나 직업정보시스템 또는 직업 사전에 나와 있는 내용을 충분히 준비했다는 가정 아래 기준을 생각합니다. 마지막으로 그러한 기준을 갖추려면 지금부터 준비해야 할 사항은 무엇인지 기술해 봅니다.

질문 1. 나는 어떤 태도와 성품을 가진 배우자를 만나고 싶은가 배려, 이해심

질문 2. 내가 CEO라면 어떤 태도와 성품을 가진 직원을 뽑고 싶은가 창의력, 도전 정신

질문 3. 내가 유권자라면 어떤 태도와 성품을 가진 정치인을 뽑고 싶은가 리더십, 정직

희망 직업	인재상 기준	나의 현재 수준 (상 · 중 · 하)	지금부터 준비할 것
건축 디자이너	창의적 인재	중	창의적인 인물을 더 연구한다.
	소통형 인재	하	가족, 친구들과 더 많이 대화한다.
	표현력 인재	중	프레젠테이션, 커뮤니케이션 강의 및 책을 본다.
일러스트레이터	인내력 인재	하	시작한 일을 끝까지 하는 연습을 한다.
	섬세한 인재	상	정교한 삽화 연습을 꾸준히 진행한다.
	자기 관리 인재	하	플래너를 사용하여 시간과 공부를 관리한다.
헤드헌터	인간 친화 인재	하	플래너에 친구나 주변 사람들과의 관계를 꾸준히 기록한다.
	협동력 인재	중	동아리 활동에 더 열심히 참여한다.
	네트워크 인재	중	플래너에 친구 및 주변 사람 연락처를 정리한다.

생생! 직업인 이야기

정보를 알면 전체가 보여요

수의사

요즘 수의사를 꿈꾸는 학생들을 종종 만납니다. 제가 운영하는 동물 병원에 애완동물을 데리고 온 친구들 중에도 가끔 그런 꿈을 말하는 학생이 있습니다. 그때마다 저는 의사로서 자부심에 대해 말해 주지요.

그런데 어떤 학생들은 일반 의사와 수의사에 대해서 편견을 가지고 있습니다. 예를 들면 일반 의사는 사람을 치료하니 훨씬 수준이 높고, 수의사는 동물을 치료하니 보다 쉬울 거라는 생각입니다. 너무 안타까웠지만 충분한 정보를 접하지 못했기에 그럴 수 있다고 생각했습니다. 수의사는 치료 대상이 다를 뿐 일반 의사와 같습니다. 꼭 기억해 주세요.

수의대도 일반 의대처럼 수의학으로 6년을 공부하고, 이후에 의사 고시를 보아야 한답니다. 처음 공부할 때는 해부학, 약리학, 병리학 등을 배우고 이후에는 실습 과정을 지속합니다. 어때요? 이젠 수의사를 만날 때도 일반 의사를 만나는 느낌이 들겠지요.

수의사를 꿈꾸는 친구들을 위해 한 가지 더 덧붙일게요. 사람과는 달리 동물은 말을 할 수 없습니다. 그래서 수의사에게는 동물의 마음과 상태를 파악할 수 있는 예리하고 섬세한 관찰력이 필수입니다. 지금부터 주위의 사물과 동물들을 잘 관찰하는 연습을 해 보는 것도 좋을 것 같네요.

06 흘러가는 직업의 물결 보기

직업의 변화를 보고 있는가

우리들의 고민 편지

서울 성북구의 Y중학교에 다니는 B군은 얼마 전 슬픈 경험을 했다. 평소 할아버지가 애용하던 이발관에 가기 위해 할아버지와 함께 집을 나섰는데, 이발관 문 앞에 '폐업'이라는 안내문이 붙어 있었다. 그 순간의 할아버지 얼굴을 기억한다. 아주 오랜 친구를 잃은 표정이었다. 할아버지는 미용실이 불편하다고 꼭 그 이발관을 이용했다. B군은 할아버지를 위해 인근 지역을 샅샅이 훑고 돌아다니며 이발관을 찾아보았지만 도무지 보이지 않았다. '이발관이 이제 거의 다 사라졌구나.' B군은 사라진 이발관을 생각하면서 자신이 꿈꾸는 직업도 시대의 변화에 따라 나중에 혹시 사라지면 어쩌나 걱정이 들기 시작했다.

– 온라인 캠프에 올라온 진로 고민 편지

이런 직업 본 적 있나요?

아이들에게는 처음 보는 직업들이었다. 액자 아래쪽에는 빈 칸이 있고 책상 위에 10개의 직업 카드가 있었다. 학생들은 호기심이 발동했다. 그런데 그 아래 종이 한 장에 규칙이 적혀 있다.

학생들은 신기하다는 듯이 액자를 쳐다보았다. 그리고 앞에 놓인 단어 카드를 보고 달려들어 사진 액자와 맞춰 보려 했다. 바로 그때 한 친구가 소리를 쳤다.

칼 가는 사람
극장간판화가
미싱사
물장수
인력거 운전사
연탄생산원
해녀
타이피스트
얼음장수
이발사

"잠깐! 여기 주의 사항이 붙어 있잖아. 한 명씩 해 보라는 거네. 나머지 사람은 지켜보고 있다가 그 사람이 혹시 틀리면 그때 임무를 교대하는 거잖아."

학생들은 주의 사항대로 앞의 학생이 붙이는 것을 숨을 죽이고 쳐다보다가 틀리는 즉시 소리를 질렀다. 은근히 중독성

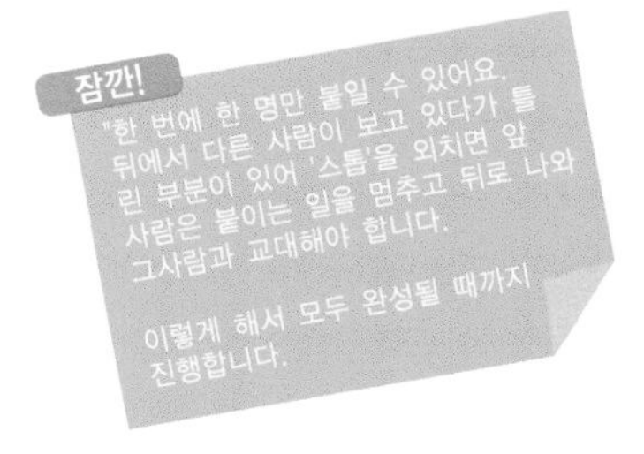

있는 게임이었다. 학생들은 그 직업에 대해 정확히 알고서 붙였다기보다는 서로 틀린 것을 지적하면서 자연스럽게 정답을 찾아낸 듯하다. 찬형은 뒤에 서서 학생들이 나누는 이야기를 듣고 있었다. 물장수와 얼음장수의 카드를 붙이는 과정에서 교빈이와 진구가 큰 소리로 떠들고 있었다.

물장수

얼음장수

"진구야, 그런데 저 직업은 도대체 무슨 일을 하는 거니?"
"몰라. 저런 직업을 가진 사람이 지금도 있어?"
"왜 양쪽에 물통을 들고 있지, 설마 그 물을 파는 거야?"
"얼음 장수는 뭐야? 단어 카드는 얼핏 맞게 붙인 것 같은데, 정말 붙이고 보니 신기하네. 교빈아, 너희 동네에 혹시 얼음 장사 하시는 분 있니?"
"아니. 난 본 적 없어."
학생들의 목소리가 커졌다. 그림을 보고 이름을 붙이기는 했지만, 어떤 직업은 믿기지가 않았다. 사진이 흑백인 것을 보면 분명 과거의 직업일 거라는 생각은 들지만, 실제 이런 직업이 있었다는 게 놀라울 따름이다.

칼 가는 사람

이발사

"진구야, 나 이 사람은 본 적 있어."
"어떤 사람?"

"칼 가는 사람."
"교빈이, 너 정말이니? 드라마나 영화 말고 실제로 본 적이 있단 말이야?"
"정말이야. 지난 여름에 집 근처에서 누군가가 독특한 억양으로 외치면서 골목골목 누비고 다니는 것을 본 기억이 나."
"뭐라고 외쳤는데?"
바로 그때 뒤에서 누군가가 독특한 억양으로 외쳤다.
"칼~ 갈아요! 잘 안 드는 칼~ 갈아요!"
"어, 바로 저 목소리야."
학생들이 모두 뒤를 돌아보니 찬형이다. 찬형이는 거의 사라진 그 직업이 아직도 종종 보이기는 하지만 그나마 얼마 지나지 않아 완전히 사라질 것 같다는 이야기를 덧붙였다. 전시된 이 액자들 속의 직업은 그야말로 사라져 가는 직업들이다. 학생들은 마냥 신기한 듯 액자들을 바라보았다. 교빈이와 진구는 아직도 흥분이 가라앉지 않아서 번갈아가며 이야기를 꺼냈다.
"찬형 샘, 정말 신기해요."
"아직도 그런 직업이 있다는 게 신기하고, 과거에 있었던 직업도 놀라워요."
"어쩌면 지금 잘나가는 직업도 미래에 가면 없어질지 모르겠네요."

연탄생산자

물장수

얼음장수

해녀

칼 가는 사람

이발사

미싱사

타이피스트

인력거 운전사

극장간판 화가

학생들은 궁금증을 잠시 접고, 바로 옆에 있는 액자를 보기 위해 함께 이동했다. 그런데 그곳에는 더 이상한 액자들이 걸려 있었다.

"뭐야! 이건 더 이상한데?"

"옛날에 있던 직업인가 봐."

"교빈아, 이번에는 내가 먼저 해 볼래."

이번에도 학생들은 누가 시키지 않았지만 자율적으로 게임에 돌입했다. 진구가 먼저 시작하였다. 그런데 이번에는 이전 게임보다 더 시간이 걸렸다. 너무나 생소한 이름이라 여러 명이 나가서 수정했지만, 좀처럼 전체가 맞혀지지 않았다. 왜 그럴까?

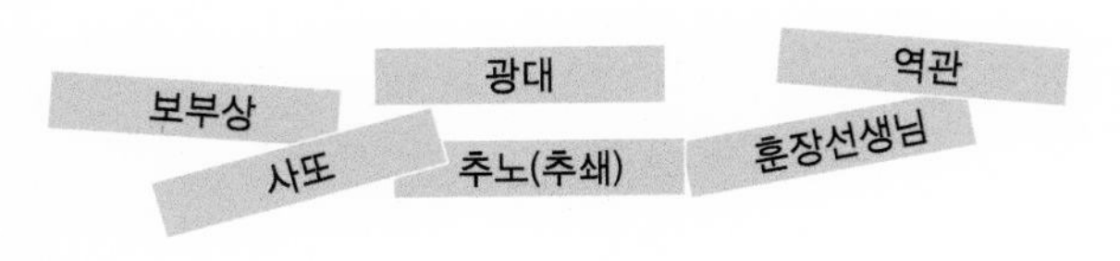

"교빈아, 이번에는 진짜 어려워. 웬만한 직업은 대충 이름을 보면 그 이름에 뜻이 들어 있잖아."

"맞아. 내가 봐도 이건 진짜 어려운데………."

교빈이와 진구가 이러쿵저러쿵 소란을 피우자, 옆에서 조용히 지켜보고 있던 찬형이가 살짝 앞으로 나섰다. 그리고 틀린 단어 카드를 제대로 수정하여 붙였다. 학생들은 그 능숙함에 박수를 보냈다. 그 와중에 교빈이가 찬형이에게 질문을 하였다.

"찬형 샘, 대단한데요. 그런데 역관은 어떤 직업이에요?"

"역관은 조선 시대 때 국제 무역업에 종사하던 사람이에요. 거의 동시통역이 가능했던 사람들이죠."

"와우, 대단한데요. 그럼 광대는요?"

옛날 옛날에 이런 직업이!

훈장선생님

광대

추노(추쇄)

보부상

사또

역관

"광대는 지금의 연예인이에요. 물론 지금 연예인의 인기와 위상은 조선 시대와는 비교할 수도 없죠. 그런데 교빈 학생, 추노라는 직업은 알고 있죠?"

"그럼요. 드라마에 나왔잖아요. 도망간 노비를 쫓는 사람이죠."

"그래요. 그런데 꼭 그런 일만 하는 것은 아니었어요. 당시에는 양반집에 함께 살던 노비 외에 밖에서 따로 살면서 출퇴근하는 '외거 노비'가 있었거든요. 그런 외거 노비들을 찾아가 몸값을 받는 등의 일도 했답니다."

찬형이의 자세한 설명에 친구들은 고개를 끄덕였다. 무엇보다 찬형이의 꼼꼼한 준비에 감탄했다. 민샘과 함께 수업했던 내용 이외의 자료를 많이 준비했기 때문이다.

"자, 그럼 여기서 교빈 학생에게 퀴즈를 낼게요. 아까 보았던 10개의 직업 액자와 여기 있는 조선 시대의 6개 직업 사진은 어떤 공통점이 있을까요?"

"옛날 직업이요."
"아쉽지만 약간 빗나갔어요."
"지금은 없는 직업이요."
"맞습니다. 지금은 없는 직업들이에요."
"그럼, 왜 없어졌을까요?"
"장사가 안 되니까 없어졌겠죠."
"장사라면 서비스 업종에 해당되는 것이죠. 타이피스트 같은 직업은 장사가 아니잖아요."
"그러네요. 사장이 문을 닫으라고 해서 그랬을까요?"
"그럼, 하나 더 물어볼까요. 이 중에서 현재에도 약간 남아 있지만 점차 없어지는 직업은 무엇일까요?"
"이발사요. 언젠가 한번 본 적이 있어요. 하지만 미용실 틈바구니에서 겨우 살아남아 있는 것 같았어요."
"그럼, 지금부터 과연 어떤 기준으로 직업이 변화하는지 알아보겠습니다."

기준을 보면 변화가 보인다

"이게 뭐예요?"
"그룹 짓기 게임입니다. 2개의 그룹으로 나눠서 진행합니다. 지금부터 주어진 시간은 10분이에요. 컴퓨터 검색을 허용합니다. 주어진 기준에 따라 직업을 분류해 보세요. 산업 구조의 변화에 따라 오른쪽에는 계속 발전하고 살아남는 직종을 붙이고요, 왼쪽에는 이미 쇠퇴했거나 사라진 또는 쇠퇴할 가능성이 있는 직종을 붙여 보세요."
산업 구조의 변화에 따른 직업의 발전과 쇠퇴에 대한 분류이다. 모르는 직업명이 나오면 컴퓨터에서 검색을 할 수 있다. 학생들은 서로 토론하면서 카드를 분류했다.

산업 구조의 변화

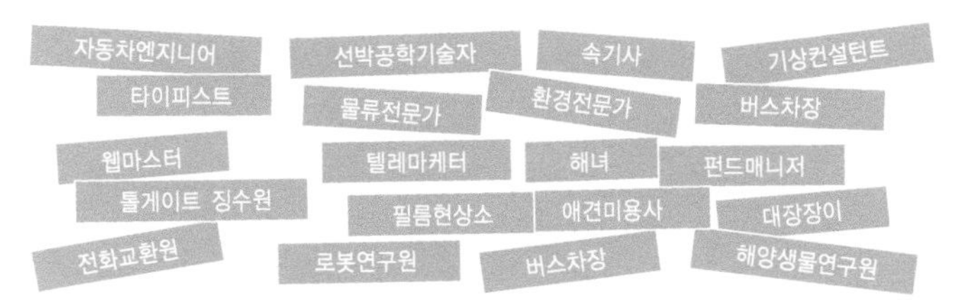

그때 찬형이가 왼쪽에 붙인 직업 카드 하나를 떼어 냈다.

"해녀라는 직업이 쇠퇴하는 직업으로 분류된 이유가 무엇인지 승헌 학생이 대답해 볼까요?"

"누가 요즘 직접 잠수를 해서 해산물을 잡아요, 양식을 해서 파는 사람이 많을 것 같아서 왼쪽에 붙였어요."

해녀

"제 생각도 그래요. 양식보다도 어쩌면 중국에서 수입하는 게 더 많을지도 몰라요. 값도 더 싸고요."

"승헌 학생의 설명과 수희 학생의 보충설명이 그럴싸한데요. 사실 아직 제주도에는 소수의 해녀가 있답니다. 그런데 제가 보기에는 그분들이 아마 마지막 해녀가 되지 않을까 생각이 들어서 아쉬워요. 그럼, 여기 필름현상소는 왜 왼쪽에 붙였어요?"

"사실, 저희 아버지가 예전부터 사진관을 운영하면서 필름 현상을 하시거든요. 그래서 제가 알아요. 요즘은 거의 다 개인이 디지털 카메라로 직접 찍어서 출력도 하잖아요. 인터넷에 주문하면 집에서 받을 수도 있고요. 그래서 최근 아버지는 고민이 많아요."

필름현상소

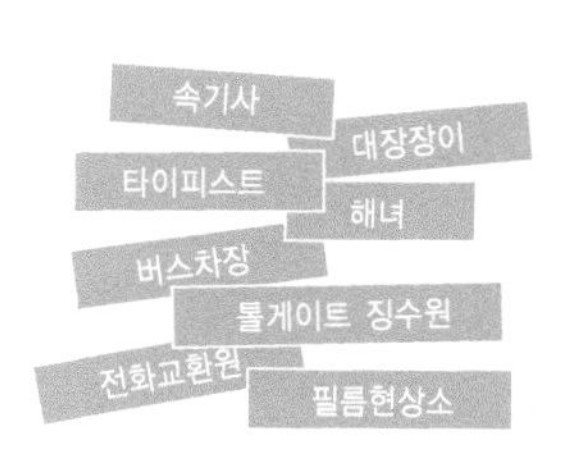

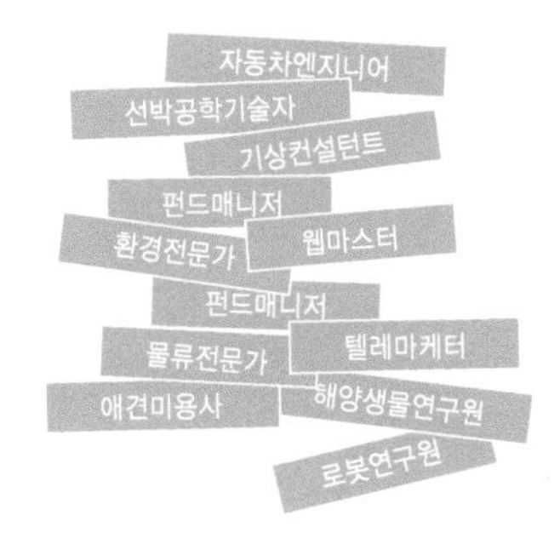

상민이의 설명을 들은 찬형은 씁쓸했다. 마치 자신의 일인 것처럼 마음에 슬픔이 밀려왔다. 찬형이는 진로 수업을 하며 예전에 몰랐던 다양한 마음들을 알게 되었다. 자신이 늘 차가운 말을 하지만, 계속 자신을 믿어주는 민샘과 진로 동아리 친구들의 마음도 알았다. 또한 '좋아하는 사람에게 이렇게 말하면 안 되는구나' 하는 것을 하영이를 통해 배웠다. 그리고 지금 친구들의 표현을 통해 직업이 변하는 것이 바로 우리 아버지들의 문제이며, 바로 자신의 미래일 수 있다는 사실을 배우고 있었다.

"자, 이제 또 다른 활동을 할 겁니다. 이번에는 '생활양식의 변화'에 따라 살아남거나 발전하는 직업과 그렇지 않은 직업을 왼쪽과 오른쪽으로 구분해 보세요."

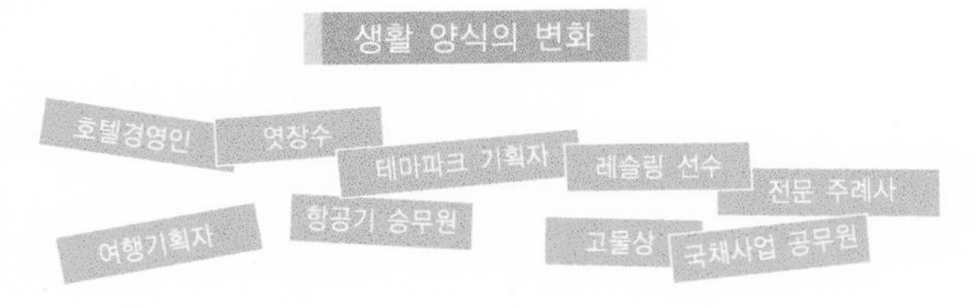

"왜 엿장수가 쇠퇴하는 직업이죠? 희성 학생이 이야기해 볼까요?"
"더 맛있는 게 많아요. 그리고 굳이 엿장수가 필요 있어요? 마트에 다 있는데. 참, 고물상은 지금도 있어요?"
"물론 있죠. 하지만 거의 소수죠. 아파트별로 재활용은 생활 폐기물 업체, 음식물 쓰레기 업체 등 큰 기업 위주이고, 예전과 같은 리어카 버전은 거의 사라졌어요."

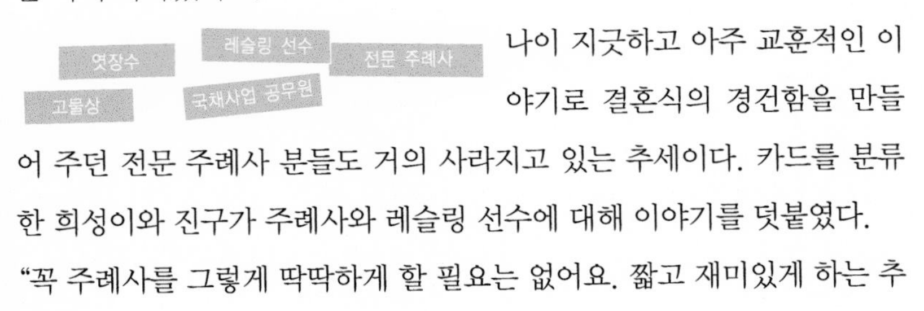

나이 지긋하고 아주 교훈적인 이야기로 결혼식의 경건함을 만들어 주던 전문 주례사 분들도 거의 사라지고 있는 추세이다. 카드를 분류한 희성이와 진구가 주례사와 레슬링 선수에 대해 이야기를 덧붙였다.
"꼭 주례사를 그렇게 딱딱하게 할 필요는 없어요. 짧고 재미있게 하는 추

세잖아요. 그리고 요즘은 자신이 소속된 곳의 존경하는 분에게 부탁하는 문화로 가고 있어요. 회사 CEO, 선배, 대학 은사님 그리고 다니는 교회의 목사님 등 말이에요."

"레슬링은 미국에서나 좋아하죠. 지금은 더 세련되고 깔끔하면서도 흥미진진한 스포츠가 너무 많아요."

즐겁게 여가를 즐기는 시대가 되었다. 일주일에 5일만 일하고 주말에는 가족들과 함께 휴식을 취하는 것이 기본적인 생활 유형으로 자리 잡아 가고 있다. 그래서인지 여행이나 여가를 위한 직업들이 많이 생겨나고 있다.

"여러분, 이번에는 좀 다른 방식으로 진행하여 볼까요? 이미 분류되어 있는 카드를 보여 줄게요. 어떤 기준으로 분류되었는지 그 기준을 맞혀 보는 겁니다. 왼쪽에는 노인 심리사, 노화 방지 전문가, 헬스 케어 전문가, 방사선 전문가, 물리치료사, 세탁원, 간호사, 건강 강화 멘토 등의 카드가 있어요. 오른쪽에는 조산원, 산부인과 의사, 가사 도우미, 아동 산업 종사자 등의 카드가 있어요."

"어떤 기준인지 알겠어요? 소민 학생이 손을 들었네요. 얘기해 보세요."

"출산율 감소, 그리고 인구 고령화."

"좋아요. 소민 학생의 답변이 매우 적절했어요. 그 두 가지를 모두 모아서 하나의 기준을 말해 볼게요. 바로 '인구 구조의 변화' 입니다. 출산율 감소와 인구 고령화 때문에 일어나는 직업의 변화는 매우 눈에 띄게 빠르게 진행된다고 해요."

기다렸다는 듯이 많은 학생들이 자유롭게 이야기를 꺼내기 시작하였다.

"맞아요. 산부인과는 점점 줄어들고 있어요. 출산율이 낮아지고 있어서요."

"노인 요양 병원은 점점 많아지고 있어요. 노인 인구가 늘고 있어서요."

"유아용품 직업도 고민이 될 것 같아요."
"유아용품 직업에 대한 부분은 동의할 수 없어요. 아이들을 적게 낳으니까 오히려 유아용품이 비싸지더라고요. 그러면 그 직업이 더 잘 되는 것 아닌가요?"
"제 생각은 달라요. 줄어들어서 가격이 올라가는 것은 있을 수 있지만, 그것이 곧 그 직종이 발전한다고는 보기 어렵거든요."

학생들의 토론이 점점 더 뜨거워졌다. 유아용품 직업에 대한 상민과 소민의 토론은 더욱 진지하게 진행되었다. 어느덧 학생들은 직업의 변화 흐름을 읽는 안목에 조금씩 눈떠 가고 있었다. 그런데 정말 중요한 것은 그 변화가 지금도 진행형이라는 사실이다.

변화는 지금도 진행되고 있다

찬형은 참가자들을 그룹으로 지어 간단하게 토론을 진행하게 했다. 현재까지의 다양한 탐색을 통해 발견한 자신의 희망 직업군 목록을 보면서 과연 자신의 직업은 어떨까, 대화를 하게 한 것이다.
"주의할 점이 있어요. 자신의 직업이 현재 어떤 변화를 거치고 있는지, 앞에서 배운 세 가지 기준으로 살피는 건데요. 자기가 자신의 직업을 말하기가 다소 불편할 수 있으니, 서로 상대방의 희망 직업에 대해 나름대로 해석을 해 주면 좋겠어요."
"네, 찬형 샘!"
직업 전문가의 안목은 아니지만, 학생들은 지금껏 배운 기준에 따라 상대방의 희망 직업에 대해 분석해 주었다. 물론 예행연습이기에 부담이 적었다. 여기서 연습을 한 친구들이 모두 실제 진로 페스티벌에서 다른 참가자들을 이런 방식으로 도울 것이다.
먼저 교빈이의 직업에 대해 승헌이와 상민이가 한 번씩 분석해 주었다.

"교빈이의 희망 직업인 방송관련 직업은 생활양식의 변화 측면에서 꼭 필요한 직업군이라고 생각합니다. 누구나 미디어를 통해 삶의 즐거움을 찾는 시대이기에 방송 연출가와 방송인은 사라지지 않고 남을 것 같아요."

"교빈이의 희망 직업 중에 물리치료사 역시 긍정적인 생각이 들어요. 인구 구조의 변화에 따라 노인 인구가 늘고 있잖아요. 병원을 찾는 노인들을 도울 만한 물리 치료나 작업 치료 등이 많이 필요합니다."

학생들은 세계 발견 부스에서 한층 성숙되었다. 진로를 찾아가는 길은 알면 알수록 더 멀어 보이고, 그 세상은 너무나 넓어서 많은 공부가 필요하다는 사실을 새삼 발견한 부스였다. 찬형이 역시 예행연습을 통해 한층 깊어졌다. 그리고 찬형이 자신의 희망 직업에 대해서도 다시 한 번 고민해 보는 시간이 되었다.

꼭! 작성해 보세요 | 포트폴리오 활동 1

산업의 변화에 비춰 나의 희망 직업 바라보기

다음에 제시된 사진을 보고, 산업의 변화에 따라 직업의 변화가 일어난 결과를 기술해 봅니다. 산업 구조의 변화는 생산과 소비에 관계된 방식이 변하는 것을 의미합니다. 이 과정에서는 새로운 기술이나 기계가 나오면서 생산이나 소비가 모두 바뀌는 경우가 많습니다. 끝으로 이러한 변화를 기준으로 자신의 희망 직업을 간단하게 해석해 봅니다.

직업 사진	이 직업이 쇠퇴한 이유를 써 보세요.
인력거 운전사	
극장간판화가	
해녀	

같은 기준으로 자신의 직업을 해석해 보세요.

___

___

___

___

산업의 변화에 비춰 나의 희망 직업 바라보기

다음에 제시된 사진을 보고, 산업의 변화에 따라 직업의 변화가 일어난 결과를 기술해 봅니다. 산업 구조의 변화는 생산과 소비에 관계된 방식이 변하는 것을 의미합니다. 이 과정에서는 새로운 기술이나 기계가 나오면서 생산이나 소비가 모두 바뀌는 경우가 많습니다. 끝으로 이러한 변화를 기준으로 자신의 희망 직업을 간단하게 해석해 봅니다.

직업 사진	이 직업이 쇠퇴한 이유를 써 보세요.
 인력거 운전사	과거에는 작은 수레에 사람을 실어 나르는 인력거가 있었지만, 자동차 산업이 발달됨에 따라 더 이상 사람의 힘으로 인력거를 끌 필요가 없어졌다.
 극장간판 화가	컴퓨터 기술의 발달로 이제는 페인트로 극장 간판을 그리는 사람이 거의 없다. 더군다나 수많은 영화가 쏟아지는 요즘 일일이 그리는 시간을 기다릴 수 없게 되었다. 컴퓨터 실사 출력, 대형 출력 기술의 발달은 극장간판 화가라는 직업을 덮어 버렸다.
 해녀	제주도에만 해녀가 아직 조금 남아 있다고 들었다. 해삼, 조개 등을 직접 잠수해서 건져오는 일은 지금 시대에 다소 어색하다. 일단, 다양한 양식업의 발달로 먹을거리를 직접 키워서 제공한다. 그러니 키우는 양과 제공하는 양을 조절할 수도 있다. 또한 중국 등에서 수입하기도 한다. 남자들이 배를 타고 해산물을 채취하는 산업 구조가 일반적이다.

같은 기준으로 자신의 직업을 해석해 보세요.

나는 지금 의사라는 직업을 꿈꾸고 있다. 그런데 한 가지 걱정이 있다. 다양한 의료 장비와 수술 기술이 개발되었기 때문이다. 그래서 의사가 직접 수술하지 않고 장비로 수술이 가능한 시대가 올 것이라고 들었다. 따라서 나는 조금 불안하다. 그래서 앞으로 좀 더 이러한 산업 구조와 기술의 발달에 대해 유심히 관찰하면서 나의 직업을 고민해 볼 생각이다.

꼭! 작성해 보세요 | 포트폴리오 활동 2

생활양식의 변화에 비춰 나의 희망 직업 바라보기

다음에 제시된 사진을 보고, 생활의 변화에 따라 직업의 변화가 일어난 결과를 기술해 봅니다. 생활양식의 변화는 문화나 삶의 방식이 변하는 것을 말합니다. 주 5일제로 인한 여가 시간의 증가, 더 아름다운 것을 추구하는 문화 등을 말합니다. 끝으로 이러한 변화를 기준으로 자신의 희망 직업을 간단하게 해석해 봅니다.

직업 사진	이 직업이 쇠퇴한 이유를 써 보세요.
이발사	
엿장수	
전문주례사	

같은 기준으로 자신의 직업을 해석해 보세요.

____

____

____

____

생활양식의 변화에 비춰 나의 희망 직업 바라보기

다음에 제시된 사진을 보고, 생활의 변화에 따라 직업의 변화가 일어난 결과를 기술해 봅니다. 생활양식의 변화는 문화나 삶의 방식이 변하는 것을 말합니다. 주 5일제로 인한 여가 시간의 증가, 더 아름다운 것을 추구하는 문화 등을 말합니다. 끝으로 이러한 변화를 기준으로 자신의 희망 직업을 간단하게 해석해 봅니다.

직업 사진	이 직업이 쇠퇴한 이유를 써 보세요.
 이발사	이제는 남자들도 미용과 외모에 관심을 가지는 시대가 되었다. 남자들을 위한 화장품도 많다. 과거에는 여자들이 주로 이용하던 미용실에 이제는 남자들도 편하게 방문한다. 그러다 보니 자연스럽게 과거 버전의 이발관과 이발사가 점차 사라지게 된 것이다.
 엿장수	아주 이상하게 생긴 가위를 흔들면서 리어카를 끌고 다니는 엿장수를 드라마에서 본 적이 있다. 정말 달고 맛있는 엿의 향기는 나도 알고 있다. 하지만 지금은 대형마트에 가면 엿보다 더 맛있는 음식이 많고, 엿조차도 대형 마트에 깔끔하게 진열되어 있다.
 전문주례사	결혼에서 주례가 사라지지는 않았다. 주례는 반드시 있다. 그런데 과거처럼 엄숙하고 나이 지긋한 전문주례사는 별로 없다. 결혼식도 문화 행사처럼 즐거운 분위기로 바뀐 경우가 많다. 주례도 신랑이나 신부의 직장 상사, 대학 교수, 목사 등 가까운 사람들이 주로 한다. 신랑과 신부를 잘 아는 분에게 부탁하는 방식으로 바뀌었다.

같은 기준으로 자신의 직업을 해석해 보세요.

나는 컴퓨터 프로그래머를 꿈꾸고 있다. 생활 방식의 변화를 공부했는데 나는 사실 조금 안심이 된다. 컴퓨터를 사용하는 생활 방식은 더욱 확산될 것으로 보이기 때문이다. 다만 한 가지는 걱정된다. 점차 데스크톱 중심의 생활방식이 모바일 기기로 변하고 있기 때문이다. 그래서 나는 컴퓨터와 모바일을 함께 다룰 수 있는 전문가를 꿈꾸고 있다.

인구 구조의 변화에 비춰 나의 희망 직업 바라보기

다음에 제시된 사진을 보고, 인구 구조의 변화에 따라 직업의 변화가 일어난 결과를 기술해 봅니다. 인구 구조의 변화는 출산율이나 고령화로 인한 변화를 말합니다. 끝으로 이러한 변화를 기준으로 자신의 희망 직업을 간단하게 해석해 봅니다.

직업 사진	이 직업이 쇠퇴한 이유를 써 보세요.
산부인과의사	
서커스단원	

같은 기준으로 자신의 직업을 해석해 보세요.

내친구 포트폴리오 살짝 엿보기

인구 구조의 변화에 비춰 나의 희망 직업 바라보기

다음에 제시된 사진을 보고, 인구 구조의 변화에 따라 직업의 변화가 일어난 결과를 기술해 봅니다. 인구 구조의 변화는 출산율이나 고령화로 인한 변화를 말합니다. 끝으로 이러한 변화를 기준으로 자신의 희망 직업을 간단하게 해석해 봅니다.

직업 사진	이 직업이 쇠퇴한 이유를 써 보세요.
산부인과의사	신문에서 보았다. 우리나라는 고령화 속도가 세계 최고 수준이라고 한다. 2050년에는 노인 인구가 세계에서 일본 다음으로 2위가 될 거라고 한다. 인구 고령화와 함께 출산율이 저하된다. 출산율이 점점 낮아지니 당연히 산부인과가 사라지고, 산부인과 의사들도 사라지게 되는 것이다.
서커스단원	아주 옛날 영화나 드라마 또는 책에서 본 적이 있는데, 서커스는 대부분 몸이 유연한 사람들이 한다. 그러다 보니 나이가 들어서 서커스를 하기는 힘들기 때문에 자연히 어린 아이들이나 청소년들이 많이 등장한다. 점차 출산율이 낮아져 아동 인구가 줄고, 교실의 아이들이 줄어드는 흐름이 서커스에도 영향을 주는 것 같다.

같은 기준으로 자신의 직업을 해석해 보세요.

나는 교사가 되는 꿈을 가지고 있다. 출산율이 낮아져 아동 인구가 줄고 있는 것은 알지만 정확하게 교사의 직업을 예측하기는 어렵다. 교실당 학생 수가 줄어드는 것은 교사의 입장에서 수업하기는 좋을 것 같다. 하지만 교실 수와 학교 수가 줄어들어 필요한 교사의 수가 줄어드는 것은 걱정이다. 이런 점들을 유심히 관찰하고 나의 꿈을 구체화해야겠다.

생생! 직업인 이야기

보이지 않는 길을 볼 수 있는 눈

항해사

도로 위의 자동차는 가야 할 길이 정해져 있습니다. 레일 위를 달리는 기차도 마찬가지이죠. 심지어는 사람들이 걸어 다니는 길도 정해져 있습니다. 그 길 한쪽에는 시각 장애인이 다니는 블록이 따로 있답니다. 하늘에도 항로가 있다는 사실을 알고 있나요? 지구의 하늘 위에는 모든 나라가 공유하는 항로가 있습니다. 그 항로를 지키지 않으면 충돌이 일어나기 때문입니다.

제가 주로 활동하는 바다도 마찬가지입니다. 보이지는 않지만 나름의 길이 있답니다. 중요한 것은 길을 찾고 목표를 향해 항해하는 것도 순전히 저의 몫입니다. 때로는 두렵지만 그래도 저에게는 믿음이 있습니다. 항해 지도가 있기 때문이죠. 그리고 방향을 잡아 주는 나침반이 있기에 든든합니다.

때로는 폭풍 속에서 항해 지도와 나침반도 소용없이 배가 길을 잃을 때가 있답니다. 정말 절망스러운 상황이죠. 사면이 바다만 보이는 망망대해에서 길을 잃는다는 것은 상상할 수 없는 공포입니다. 바로 그때 저는 밤하늘의 북극성을 찾습니다. 북극성은 여전히 그 자리에서 빛을 내고 있습니다. 여러분도 사면이 막힌 듯 답답할 때는 가끔 하늘을 올려다보세요. 거기에서 예기치 않은 희망을 찾을 수도 있습니다.

07 꿈과 현실을 함께 보는 지혜

이 직업에 정말 만족할까

우리들의 고민 편지

중학교 2학년 B양은 요즘 한창 진로 활동에 열을 올리고 있다. 다양한 탐색으로 자신에게 맞는 직업 후보군도 뽑았다. 이런저런 직업을 탐색하면서 몇 개의 희망 직업을 결정했다. 그 결과를 부모님께 말씀드렸더니, 뜻밖에 별로 달가워하지 않는다. 이유를 물었더니, 여자로서 힘들지 않겠냐는 것이다. 그냥 교사나 공무원을 하면 어떻겠냐는 말도 들었다. B양은 어른들이 좋아하는 직업이 무엇인지 알고 있다. 그리고 많은 청소년들도 그 직업을 좋아한다는 것도 알고 있다. 그런데 꼭 확인하고 싶은 게 있다. 많은 사람들이 좋아하는, 그 직업에 종사하는 사람들은 정말 행복할까? 교사, 공무원, 대기업 직원이 되기만 하면 사람들은 정말 기대만큼 행복하고 만족할까? 사람들은 각자 다 다른데 왜 하나같이 비슷한 직업을 꿈꾸는 걸까? B양은 정말 그것이 알고 싶다.

– 온라인 캠프에 올라온 진로 고민 편지

결국 머뭇거리다가 전송 버튼을 또 누르지 못했다. 벌써 세 번째였다. 진로 페스티벌 '세계 발견' 부스의 예행연습을 연거푸 2번이나 찬형이 혼자 진행했다. 물론 두 번째와 세 번째는 말하는 내용보다는 학생들이 직접 참여하거나 미술관 방식으로 전시된 내용이 많아서 그나마 다행이었다. 하지만 다음 네 번째 '직업의 미래상'은 하영이가 혼자 진행해야 할 활동이었다. 하영이가 몇 가지 내용을 수정해 오기로 했기에 찬형이는 더욱 애가 탔다. 까칠남 찬형이가 이렇게 마음을 졸이다니 자신이 생각해도 참 딱했다.

진로 페스티벌 예행연습 장소는 방학 중에 비어 있는 교실 2개를 사용한다. 실제 행사 때는 강당에 3개의 부스와 1개의 외부 미니 부스인 비전 출판사가 운영되지만, 예행연습에서는 '자기 발견' 부분을 제외한 '직업 발견'과 '세계 발견'의 두 개 부스만 예행연습을 진행하고 있다. '직업 발견' 예행연습은 승헌과 수희의 진행으로 잘 마무리되었고, 이제 두 번째 날 '세계 발견' 예행연습이 진행되고 있다.

[참고: 2010년 6월. 비상교육 자료]

순위	직업군	직업관 유형	분포
1위	돈을 많이 버는 직업	생계유지형, 물질추구형	42.6%
2위	자아실현 할 수 있는 직업	자기계발형	21.5%
3위	명예와 지위 얻는 직업	성공수단형	12.2%
4위	사회에 기여하는 직업	소명형	10.5%
5위	인기가 많은 직업	성공수단형	6.7%

청소년의 희망 직업군

앞에서 배운 직업관에 따른 청소년들의 희망 직업군에 학생들의 눈길이 머물렀다. 돈을 많이 버는 직업이 가장 높은 순위에 들어 있다. 그 다음으로 자아실현, 명예, 사회 기여 등의 순서로 나왔다. 일부 학생들은 자신이 생각하는 바와 비슷하다며 고개를 끄덕였다. 벽에 붙은 자료를 보며 승헌이와 교빈이가 이야기를 나눴다.

"교빈아, 이상해. 초등학교 때만 해도 방송에 나오는 연예인 같은 직업을 다들 좋아했는데, 학년이 올라갈수록 점점 더 희망 직업이 달라지네."

"승헌이 네 말이 맞아. 철이 들수록 더 현실적으로 보게 되는 거지."

"난 그게 나쁘지 않다고 생각해. 돈을 많이 버는 것도 분명히 중요한 가치거든."

"그게 나쁘다는 게 아냐. 많이 변했다는 거지."

벽에 걸린 패널들을 보면서 다른 학생들도 자연스럽게 대화를 나눴다. 자신이 꿈꾸는 직업과 또래 아이들이 꿈꾸는 직업을 비교하기도 하고, 공감하기도 하면서 자연스럽게 분위기를 만들었다. 옆으로 자리를 옮기자 청소년의 직업 선호도 순위가 들어 있는 두 번째 패널이 보였다.

[참고: 한국청소년상담원]

순위	1997년	2003년	2008년
①	교사 · 교수	경영 · 사무직	관료 · 법조인
②	회사 임직원 · 전문 경영인	미용 · 디자인 · 요리	교사 · 교수
③	–	언론 · 방송인	경영 · 사무직

청소년 직업 선호도 변화

패널에는 2008년까지의 내용이 나와 있었다. 바로 현재의 청소년들은 어떤 직종을 가장 선호하는가. 찬형은 참가한 학생들에게 직접 물어보았다. 학생들의 답변은 의외로 비슷하게 나왔다.

"돈 많이 버는 직업이요."

"안정적인 직업이요."

"돈 많이 벌고 안정적인 직업이요."

"돈 많이 벌고 안정적이고 그리고 내가 좋아하는 일을 할 수 있는 직업이요."

사실, 학생들은 앞에서 자신의 희망직업을 찾을 때, 이런 기준을 충분히 적용하였다. 직업 가치에서도 분명히 다른 적이 있었다.

직업 가치와 직업관으로 바라보는 기준

1. 커리어넷의 직업 가치 검사: 능력 발휘, 다양성, 보수, 안정성, 사회적 안정, 지도력 발휘, 더불어 일함, 사회봉사, 발전성, 창의성, 자율성
2. 워크넷의 직업 가치 검사: 성취, 봉사, 개별 활동, 직업 안정, 변화 지향, 몸과 마음의 여유, 영향력 발휘, 지식 추구, 애국, 자율, 금전적 보상, 안정, 실내 활동
3. 기본 욕구에 근거한 직업관: 생계 수단형, 성공 수단형, 자기 계발형, 소명형, 물질 추구형

학생들은 마치 미술관에 견학 온 기분으로 옆의 패널을 보기 위해 이동했다. 깔끔하게 그래프로 정리된 패널이 있었다. 학생들은 자신의 직업 가치를 고스란히 반영한 패널을 보며 다소 흡족해하는 듯했다.

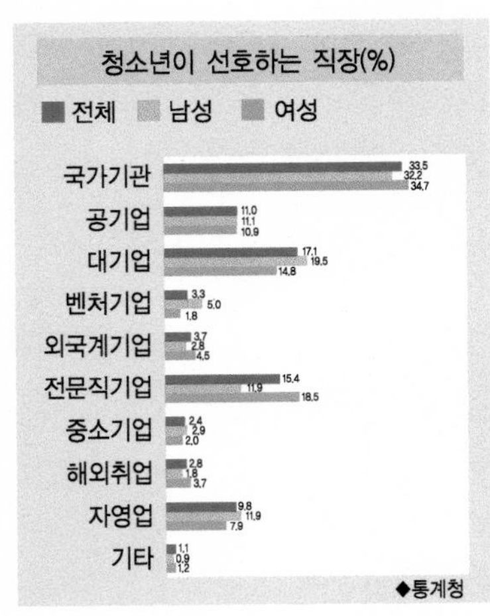

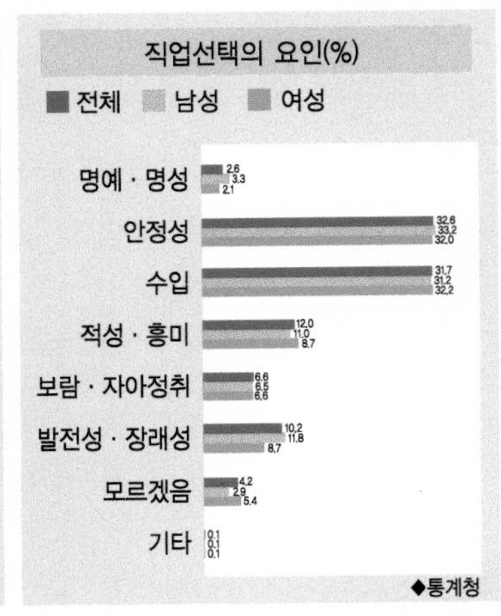

참가자들이 패널을 보며 이야기를 나누는 동안에도 찬형이는 틈만 나면 휴대폰을 만지작거렸다. 그리고 다시 문자를 눌렀다. 문자 내용을 또 다시 써 보지만 결국 비슷한 내용이다. 바로 그 시간, 진로 상담실에서는 민샘과 하영이가 치열하게 대치 중이었다.

"더 얘기하고 싶지 않아요! 제 기분은 몰라 주시고 지금 찬형이 편만 드시는 거잖아요. 저는 오늘 많은 친구들 앞에서 망신을 당했어요."

"네 기분 모르는 것은 아니야. 분명 지금 찬형이도 후회하고 있을 거야. 찬형이가 다소 성향이 너와 다르다는 것은 이미 MT 준비 모임 때부터

경험했잖니?"

"그런데 왜 선생님은 저와 찬형일 또 같은 조로 엮으셨어요?"

"그건, 그건 말이야."

"왜 말씀을 못 하세요. 같이 엮이지만 않았어도 이런 일은 없었을 거 아녜요. 승헌이와도 그렇고, 저는 꼭 누구와도 화합하기 어려운 사람처럼 찍히는 느낌이 들어요."

"미안하다, 하영아. 샘이 좀 더 신경을 쓰지 못했어."

"대답해 주세요. 왜 또 저와 찬형일 같은 조에 넣으셨는지."

"그건, 그건…… 아이 난처하네."

"왜 말씀을 못 하시는 건데요?"

"사실은 찬형이가 부탁을 했어."

"네! 정말이요, 왜요?"

"그건 나도 잘 모른다. 그냥 몇 번씩 부탁을 해 왔어."

"……."

"하영아, 돌아가자. 찬형이도 정말 후회하고 있을 거야. 그리고 부스 안에 너의 역할이 있잖니."

"이대로는 돌아갈 수 없어요. 오히려 더 화가 나요. 같은 조로 묶어 달라고 해 놓고선 이렇게 망신을 주는 법이 어디 있어요. 정말 기본이 안 됐어요. 후회는 무슨 후회요. 아마 지금쯤 통쾌해하고 있을 거예요."

하영이의 고집이 꺾이지 않자 일단 민샘은 자리에서 일어섰다. 하영이의 마음은 복잡했다. 자기와 같은 조가 되게 해 달라고 한 것은 뭐고, 이렇게 망신을 준 것은 또 뭐란 말인가. 정말 후회는 하고 있을까. 아무 일 없던 것처럼 다시 들어가는 모양새도 너무 우스꽝스럽다. 이러지도 저러지도 못하고 정말 답답하다.

냉정하게, 아프더라도 냉정하게

청소년의 직업관, 직업 선호도를 알아보았다. 그리고 바로 옆에는 대학생들이 가장 선호하는 직업군도 붙어 있었다. 학생들은 마치 자신의 미래를 보는 듯한 느낌으로 수군거리며 패널을 보고 있었다. 대학은 4년제 대학과 전문대로 나눠서 내용이 실려 있었다.

[참고: 한국고용정보원, 2008]

	4년제		전문대
1	중고등학교 교사	1	사회복지사
2	건축가 및 건축공학 기술자	2	안경사
3	국가 지방 행정 사무원	3	국가 지방 행정 사무원
4	무역사무원	4	건축가 및 건축공학 기술자
5	사회복지사	5	유치원 교사
6	경찰관	6	실내장식 디자이너
7	대학교수	7	경찰관
8	기계공학 기술자 및 연구원	8	기계공학 기술자 및 연구원
9	금융관련 사무원	9	한식주방장 및 조리사
10	회계사	10	기타 주방장 및 조리사

"승헌아, 정말 비슷하지 않냐?"

"뭐가 비슷한데?"

"지금 우리가 꿈꾸는 희망 직업 내용과 비슷하다고."

"돈을 많이 버는 것보다는 안정적인 직업이 더 강한 것 같은데."

"그러네. 대학에 입학하면서 생각이 바뀐 것일까?"

"교빈아, 사실 따지고 보면 그게 그거 아냐? 돈을 많이 벌어야 안정적인 거잖아."

"관련이 있기는 하지만 가치는 분명 달라. 많이 버는 직업 중에는 안정적으로 수입이 들어오지 않는 직업도 있잖아."

"듣고 보니 그러네. 반대로 안정적으로 수입이 들어오지만 액수가 많지 않는 직업도 있으니까, 교빈이 네 말이 맞긴 맞다."

학생들은 누구의 도움 없이도 자연스럽게 대화를 나누고 있었다. 순서대로 봐야 내용의 흐름이 이해가 된다는 안내 문구에 따라 걸으면서 담소를 나누었다. 그런데 진짜 궁금했다. 왜 대학에 들어가면서 다소 차이가 생길까? 어른이 되면 또 바뀔까?

"이상하지, 궁금하지?"

어느 새 민샘이 들어와서 살짝 옆에 서서 함께 패널을 보고 있었다.

"승헌아, 무슨 이야기를 교빈이와 그렇게 진지하게 나누고 있니?"

"직업에 대한 사람들의 기대감이 조금씩 바뀌는 것 같아서요."

"우리가 마음에 품은 직업상은 계속 바뀐단다. 나이에 따라, 성별에 따라, 그리고 상황에 따라 우리의 마음속에 상상하는 것과 실제 현실이 차이가 있다는 것을 지금 우리는 미리 느끼고 있는 거야. 많은 선배들과 어른들은 그런 것을 느끼지 못하고 현실에 맞닥뜨려야 했지."

"샘, 미리 알 수 있다면 미리 바꿀 수도 있어요?"

"승헌아, 바로 그거야. 그것 때문에 이런 '직업상'의 내용이 준비되어 있는 거지. 그리고 여기에 있는 정보조차도 매년 내용이 바뀔 수 있어. 시대가 변하기 때문이야."

"그럼, 계속 바뀌는 정보를 어떻게 따라가죠?"

"용어 자체를 익혀 두고 스스로 찾아보면 된다."

"어떤 용어요?"

"교빈이와 함께 이쪽 벽에 붙은 제목을 한번 따라가 보렴. 흐름이 보일 거야."

청소년 직업선호도　대학생 직업선호도　배우자 직업선호도　직업 만족도

크게 선호도와 만족도로 구분된다. 사람들의 마음속에 들어 있는 '직업상'은 선호도를 말한다. 위와 같은 단어로 검색을 하면 매년 새로운 조사 결과가 업데이트된다. 민샘은 학생들이 스스로 정보를 검색할 수 있도록 '투모라이즈, 한국고용정보원, 교육인적자원부, 청소년정책연구원, 한국청소년상담원, 한국직업정보시스템' 등과 같은 몇 개의 사이트를 직접 소

개해 주었다.

학생들은 열심히 메모를 했다. 그런데 갑자기 민샘이 왜 등장한 것일까? 사실 '세계 발견' 부스 담당자가 예행연습을 해야 하는 거니까 민샘은 개입해서는 안 된다고 생각했다. 그런데 지금은 민샘이 직접 학생들을 돕고 있다. 찬형이 역할을 지금 민샘이 대신하는 이유는 그에게 시간을 주기 위해서였다. 하영이에게 직접 화해를 청할 잠깐의 여유를 벌어 준 것이다. 같은 시간, 하영이의 휴대폰에 문자가 도착했다.

찬형이가 결국 용기를 내어 전송 버튼을 누른 것이다. 찬형이는 정말 미안했지만 차마 용기가 나지 않았었다. 어쩌면 자존심일 수도 있었다. 사실 방학 중 진로 페스티벌 일정이 공지된 직후 찬형이는 민샘을 찾아갔었다.

"샘, 진로 페스티벌 부스 말이에요. 담당 조를 결정하셨나요?"

"아니, 아직 결정 못했어. 왜?"

"부탁이 있어서요."

"녀석, 너답지 않게 뭘 그리 꾸물거려, 뭐 나한테 잘못한 거라도 있니?"

"아니요. 그건 아니고요. 같은 조가 되고 싶은 사람이 있어서요."

그랬다. 민샘은 학기 초보다 한결 부드러워진 찬형이를 보며 늘 흐뭇해했다. 그리고 찬형이가 하영이에게 호감을 가졌다는 것도 눈치 채고 있었다. 서로 비슷하여 잘 어울릴 것 같던 승헌이와 하영이는 MT를 계기로 멀어졌고, MT 전부터 치열하게 대립하던 찬형이와 하영이는 서로의 차이를 인정하게 되었다. 물론 지금처럼 찬형이가 사고를 치기 전까지만 해도 말이다.

찬형이가 어렵게 문자를 보냈지만 하영이에게서는 답장도 없고 나타나지도 않는다. 민샘은 찬형이에게 예행연습을 마저 진행하라고 신호를 보냈다.

연도	남성		여성	
	1위	2위	1위	2위
1996	교사(27.3)	전문직(21.2)	대기업(65.3)	금융직(17.9)
1997	교사(23.9)	전문직(19.8)	전문직(42.2)	공무원, 공사(13.7)
1998	교사(31.7)	전문직(25.1)	전문직(42.9)	공무원, 공사(15.2)
1999	교사(30.5)	공무원, 공사(27.4)	전문직(40.8)	공무원, 공사(20.5)
2000	교사(29.7)	일반사무직(24.0)	정보통신관련직 (35.5)	전문직(18.3)
2001	교사(28.0)	공무원, 공사(17.8)	전문직(43.3)	일반사무직(22.8)
2002	교사(32.8)	전문직(16.9)	전문직(52.0)	기술직(19.4)
2003	교사(37.7)	전문직(13.8)	전문직(54.2)	기술직(연구원, 엔지니어)(16.8)
2004	교사(53.1)	공무원, 공사(36.8)	공무원, 공사(42.0)	전문직(의사, 약사)(41.2)
2005	교사(52.8)	공무원, 공사(33.4)	공무원, 공사(42.4)	교사(22.4)
2006	교사(55.5)	공무원, 공사(48.9)	공무원, 공사(53.1)	의사(30.6)
2007	공무원, 공사 (60.9)	교사(58.7)	공무원, 공사(65.7)	금융직(37.0)
2008	공무원, 공사 (56.1)	교사(45.4)	공무원, 공사(50.6)	회계사, 변리사, 세무사(38.8)

배우자 직업 선호도

바로 옆에는 또 하나의 패널이 걸려 있었다. 청소년의 직업 선호도, 대학생의 직업 선호도를 지나 이제는 성인들이 배우자를 찾을 때의 직업 선호도였다. 학생들은 입을 벌리며 감탄사를 내질렀다. 결혼과 배우자 이야기가 나오니까 분위기가 술렁이기 시작했다.

"교빈아 이것 봐. 남자들은 여자 교사를 제일 좋아하는구나. 전부 1위야."

"승헌이 너 좋겠다. 여자들은 배우자를 찾을 때, 대기업과 공무원, 전문직의 남성을 좋아한다는데, 네가 꿈꾸는 직업이 바로 이런 일이잖아."

"어, 그러고 보면 청소년이나 대학생, 성인들이 전체적으로는 선호하는 직업이 비슷하네."

"진짜 그러네. 약간씩 차이가 있지만 대개 안정성과 높은 보수를 선호하는 것 같아."

학생들은 현실을 보면서 약간의 씁쓸함을 느꼈다. 자신들이 다양한 탐색을 통해서 꺼낸 직업군에는 나름의 다른 가치들도 넣었는데, 시간이 지나면서는 경제적 안정 쪽으로 계속 바뀌고 모두가 비슷한 가치를 추구하는 것 같아서였다. 이것을 받아들여야 하나. 자신들의 미래에 대한 예언을 보는 것 같아 불편했다. 한편으로는 지금의 가치를 끝까지 지키리라 결심해 보기도 했다. 바로 그때 뒤에서 누군가 큰소리로 말했다.

"마지막 반전이 기다리고 있어요!"

뒤쪽을 쳐다본 아이들의 표정이 갑자기 환해졌다. 구석에 있던 한 사람, 찬형이가 가장 크게 놀랐다. 하영이다. 하영이가 돌아왔다. 찬형이는 자신이 지금껏 구축해 온 까칠남의 이미지도 팽개친 채 쑥스럽게 웃었다. 하영이는 심호흡을 하고, 자신이 서 있어야 할 곳으로 갔다. 교빈이가 먼저 반갑게 물어보았다.

"하영 샘, 반전이 뭐예요?"

나의 직업상 설문

순위	상위	만족도	하위	만족도
1	사진작가	4.60	모델	2.25
2	작가	4.48	의사	2.84
3	항공기조종사	4.45	크레인 및 호이스트 운전원	3.00
4	작곡가	4.44	대형트럭 및 특수차 운전원	3.03
5	바텐더(조주사)	4.36	건설기계 운전원	3.04
6	인문과학 연구원	4.32	귀금속 및 보석세공원	3.16
7	상담전문가	4.28	애완동물 미용사	3.20
8	인문사회계열교수	4.24	금형원	3.21
9	성직자	4.24	상점판매원	3.24
10	환경공학기술자	4.24	자동차 정비원	3.24
11	인문계 중등학교 교사	4.20	연기자	3.26
12	플로리스트	4.20	세무사	3.28
13	이공학계열 교수	4.16	영양사	3.28

순위	상위	만족도	하위	만족도
14	경호원	4.16	건축공학 기술자	3.28
15	판사 및 검사	4.14	시스템 엔지니어	3.28
16	물리치료사	4.12	교도관	3.32
17	작업치료사	4.12	치과기공사	3.32
18	기자	4.12	안경사	3.32
19	특수교사	4.08	도시계획가	3.36
20	속기사	4.08	섬유공학 기술자(엔지니어)	3.36
	운동선수	4.08	네트워크 엔지니어	3.36
	자동차 공학기술자	4.08		

* 매우불만족 1. 불만족 2. 보통 3. 만족 4. 매우만족 5점 각각 부여 (자료제공 : 교육인적자원부)

직업의 만족도

하영이는 학생들에게 마지막 패널을 소개했다. 패널의 내용은 앞에서 다루었던 선호도와는 약간 다른 차원의 것이었다. 즉, 청소년과 대학생들의 직업 선호도는 그야말로 희망 직업에 대한 기대감을 반영한 것이었다. 또 배우자 선호도 역시 결혼한 뒤에 물어본 것이 아니라, 아직 결혼을 하지 않은 사람들의 기대감을 말하는 것이었다. 하영이는 먼저 그러한 차이를 설명해 주었다.

"제 설명 잘 들었죠? 그럼 이러한 선호도의 한계가 무엇인지 아세요? 교빈 학생!"

"알 것 같아요, 하영 샘. 아직 경험해 보지 않은 것이 한계라면 한계죠."

"맞아요. 바로 여기에 함정이 있을 수 있어요. 우리는 이러한 기대치만 보고 자신의 희망 직업을 결정해서는 곤란해요. 이제 마지막 패널을 함께 볼까요. 그런데 한 가지 주의하세요. 이런 통계는 조사하는 기관과 연도마다 다를 수 있으니 앞으로는 여러분이 직접 정보를 업데이트해야 해요."

"이 내용을 영원히 믿지는 말라는 거죠?"

"맞아요. 그래도 한번 보면 옆에서 봤던 패널에 대한 반전이 들어 있을 거예요."

"어, 승헌아 이상해. 여러 가지 선호도에서 1, 2위를 다투던 직업들이 상위 랭킹에 전혀 없어."
"에이, 농담하지 마. 어! 정말 그러네. 교사, 의사, 판사, 대기업 사원, 공무원 등의 직업이 10위 안에 하나도 없어."
그 순간 뭔가 중요한 메시지가 학생들의 뇌리를 스치고 지나갔다.
'모두가 희망하지만 모두가 행복한 것은 아닐 수 있다.'
'많이 벌고 안정될 수 있지만, 그것이 곧 만족과 행복을 보장해 주는 것은 아니다.'

반전이 맞다. 학생들이 더 크게 수군거렸다. 이게 사실이라면, 학생들은 고민이었다. 자신들의 다양한 직업관과 직업 가치를 찾았는데, 시간이 지나면서는 대부분 '안정성'과 '경제성'을 추구하게 된다는 결과를 만난다. 고등학생, 대학생, 성인이 되어서도 그 가치가 크게 바뀌지 않는 것 같다. 그런데 막상 그 직업에 종사하는 사람들의 만족도가 다르다. 뭔가 정리되는 듯하면서 혼란스럽다. 바로 그때 하영이가 마무리 멘트를 날렸다.
"여러분, 어쩌면 지금 여러분이 가진 아름다운 직업 가치가 정답일지도 몰라요. 많은 사람이 기대하는 바와 똑같이 가는 것이 행복의 길이 아닐 수도 있답니다. 그러니 여러분이 자기발견을 통해 찾아낸 자신만의 꿈을 지켜가라는 겁니다. 직업상에 대한 고민은 이렇게 균형 있는 정보로 비교해 봐야 해요."

청소년 직업 선호도를 통한 직업상 살피기

'직업상' 이라는 것은 자신이 희망하거나 가지고 있는 직업에 대해 마음속에 그리고 있는 '상' 을 말합니다. 직업인이 되기 전의 직업상은 '직업 선호도', '희망 직업군' 등의 단어로 표현하고, 직업인이 된 이후의 직업상은 '직업 만족도' 등으로 표현하기도 합니다. 아래에 제시한 세 가지 직업상은 청소년과 대학생의 '직업 선호도'를 표현한 것입니다. 공통점을 요약하고 자신의 현재 희망 직업과 비교해서 간단히 생각을 기술하세요.

순위	직업군	직업관 유형	분포
1위	돈을 많이 버는 직업	생계유지형, 물질추구형	42.6%
2위	자아실현 할 수 있는 직업	자기계발형	21.5%
3위	명예와 지위 얻는 직업	성공수단형	12.2%
4위	사회에 기여하는 직업	소명형	10.5%
5위	인기가 많은 직업	성공수단형	6.7%

청소년의 희망 직업군

순위	1997년	2003년	2008년
❶	교사 · 교수	경영 · 사무직	관료 · 법조인
❷	회사 임직원 · 전문 경영인	미용 · 디자인 · 요리	교사 · 교수
❸	–	언론 · 방송인	경영 · 사무직

청소년 직업 선호도 변화

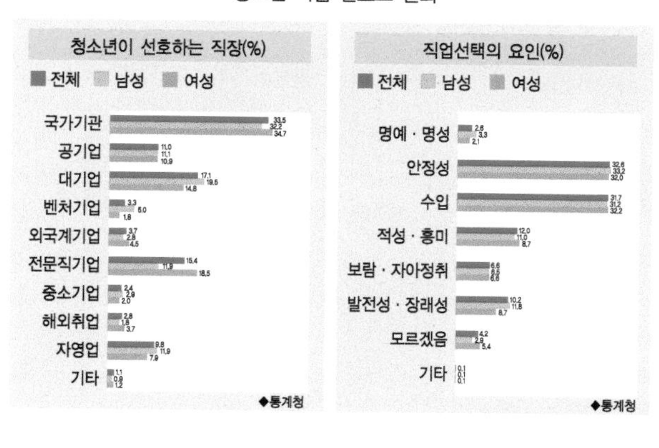

청소년 직업 선호도를 통한 직업상 살피기

'직업상'이라는 것은 자신이 희망하거나 가지고 있는 직업에 대해 마음속에 그리고 있는 '상'을 말합니다. 직업인이 되기 전의 직업상은 '직업 선호도', '희망 직업군' 등의 단어로 표현하고, 직업인이 된 이후의 직업상은 '직업 만족도' 등으로 표현하기도 합니다. 아래에 제시한 세 가지 직업상은 청소년과 대학생의 '직업 선호도'를 표현한 것입니다. 공통점을 요약하고 자신의 현재 희망 직업과 비교해서 간단히 생각을 기술하세요.

순위	직업군	직업관 유형	분포
1위	돈을 많이 버는 직업	생계유지형, 물질추구형	42.6%
2위	자아실현 할 수 있는 직업	자기계발형	21.5%
3위	명예와 지위 얻는 직업	성공수단형	12.2%
4위	사회에 기여하는 직업	소명형	10.5%
5위	인기가 많은 직업	성공수단형	6.7%

청소년의 희망 직업군

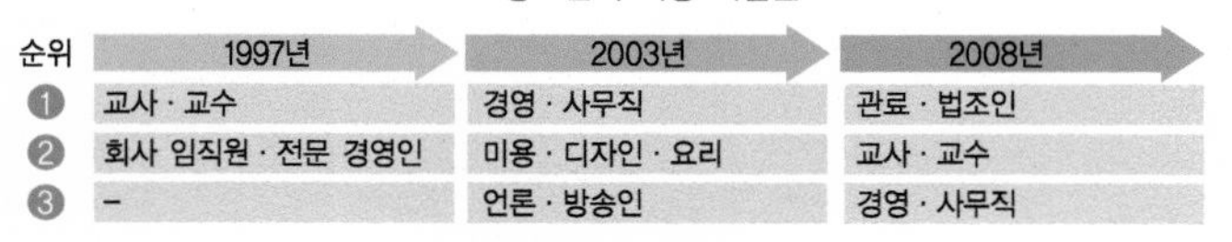

순위	1997년	2003년	2008년
❶	교사 · 교수	경영 · 사무직	관료 · 법조인
❷	회사 임직원 · 전문 경영인	미용 · 디자인 · 요리	교사 · 교수
❸	-	언론 · 방송인	경영 · 사무직

청소년 직업 선호도 변화

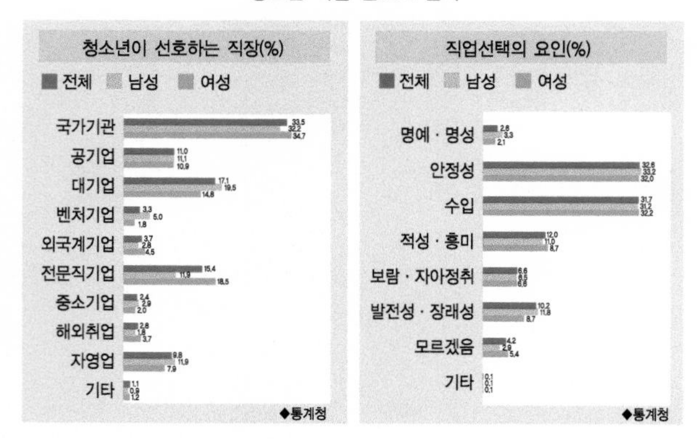

청소년들이 좋아하고 희망하는 직업은 주로 공기업, 공무원, 교사, 교수 등이다. 이러한 직업의 특징은 경제적으로 안정된 직업이라는 것이다. 이러한 직업들이 정말 자신의 심장을 뛰게 하는지는 모르겠다. 중요한 것은 청소년들이 어른들을 보면서 자연스럽게 이러한 직업을 희망하게 되었다는 점이다. 시대가 만들어 낸 청소년들의 모습이다.

대학생과 성인의 직업 선호도를 통한 직업상 살피기

다음은 대학생과 성인의 배우자 직업 선호도를 보여 주는 자료입니다. 2개의 자료를 보고 청소년의 직업 선호도와 비슷한 점, 그리고 약간의 차이점을 찾아 변화 요소를 기술하고, 왜 그러한 변화가 생겼는지 자신의 생각을 표현해 보세요.

	4년제		전문대
1	중고등학교 교사	1	사회복지사
2	건축가 및 건축공학 기술자	2	안경사
3	국가 지방 행정 사무원	3	국가 지방 행정 사무원
4	무역사무원	4	건축가 및 건축공학 기술자
5	사회복지사	5	유치원 교사
6	경찰관	6	실내장식 디자이너
7	대학교수	7	경찰관
8	기계공학 기술자 및 연구원	8	기계공학 기술자 및 연구원
9	금융관련 사무원	9	한식주방장 및 조리사
10	회계사	10	기타 주방장 및 조리사

연도	남성		여성	
	1위	2위	1위	2위
1996	교사(27.3)	전문직(21.2)	대기업(65.3)	금융직(17.9)
1997	교사(23.9)	전문직(19.8)	전문직(42.2)	공무원, 공사(13.7)
1998	교사(31.7)	전문직(25.1)	전문직(42.9)	공무원, 공사(15.2)
1999	교사(30.5)	공무원, 공사(27.4)	전문직(40.8)	공무원, 공사(20.5)
2000	교사(29.7)	일반사무직(24.0)	정보통신관련직(35.5)	전문직(18.3)
2001	교사(28.0)	공무원, 공사(17.8)	전문직(43.3)	일반사무직(22.8)
2002	교사(32.8)	전문직(16.9)	전문직(52.0)	기술직(19.4)
2003	교사(37.7)	전문직(13.8)	전문직(54.2)	기술직(연구원, 엔지니어)(16.8)
2004	교사(53.1)	공무원, 공사(36.8)	공무원, 공사(42.0)	전문직(의사,약사)(41.2)
2005	교사(52.8)	공무원, 공사(33.4)	공무원, 공사(42.4)	교사(22.4)
2006	교사(55.5)	공무원, 공사(48.9)	공무원, 공사(53.1)	의사(30.6)
2007	공무원, 공사(60.9)	교사(58.7)	공무원, 공사(65.7)	금융직(37.0)
2008	공무원, 공사(56.1)	교사(45.4)	공무원, 공사(50.6)	회계사, 변리사, 세무사(38.8)

대학생과 성인의 직업 선호도를 통한 직업상 살피기

다음은 대학생과 성인의 배우자 직업 선호도를 보여 주는 자료입니다. 2개의 자료를 보고 청소년의 직업 선호도와 비슷한 점, 그리고 약간의 차이점을 찾아 변화 요소를 기술하고, 왜 그러한 변화가 생겼는지 자신의 생각을 표현해 보세요.

	4년제		전문대
1	중고등학교 교사	1	사회복지사
2	건축가 및 건축공학 기술자	2	안경사
3	국가 지방 행정 사무원	3	국가 지방 행정 사무원
4	무역사무원	4	건축가 및 건축공학 기술자
5	사회복지사	5	유치원 교사
6	경찰관	6	실내장식 디자이너
7	대학교수	7	경찰관
8	기계공학 기술자 및 연구원	8	기계공학 기술자 및 연구원
9	금융관련 사무원	9	한식주방장 및 조리사
10	회계사	10	기타 주방장 및 조리사

연도	남성		여성	
	1위	2위	1위	2위
1996	교사(27.3)	전문직(21.2)	대기업(65.3)	금융직(17.9)
1997	교사(23.9)	전문직(19.8)	전문직(42.2)	공무원, 공사(13.7)
1998	교사(31.7)	전문직(25.1)	전문직(42.9)	공무원, 공사(15.2)
1999	교사(30.5)	공무원, 공사(27.4)	전문직(40.8)	공무원, 공사(20.5)
2000	교사(29.7)	일반사무직(24.0)	정보통신관련직(35.5)	전문직(18.3)
2001	교사(28.0)	공무원, 공사(17.8)	전문직(43.3)	일반사무직(22.8)
2002	교사(32.8)	전문직(16.9)	전문직(52.0)	기술직(19.4)
2003	교사(37.7)	전문직(13.8)	전문직(54.2)	기술직(연구원, 엔지니어)(16.8)
2004	교사(53.1)	공무원, 공사(36.8)	공무원, 공사(42.0)	전문직(의사,약사)(41.2)
2005	교사(52.8)	공무원, 공사(33.4)	공무원, 공사(42.4)	교사(22.4)
2006	교사(55.5)	공무원, 공사(48.9)	공무원, 공사(53.1)	의사(30.6)
2007	공무원, 공사(60.9)	교사(58.7)	공무원, 공사(65.7)	금융직(37.0)
2008	공무원, 공사(56.1)	교사(45.4)	공무원, 공사(50.6)	회계사, 변리사, 세무사(38.8)

대학생과 성인들의 배우자 직업 선호도를 보니 놀랍게도 청소년들이 희망하는 직업군과 비슷함을알 수 있다. 안정적이고 돈을 많이 벌 수 있는 직업이 많다. 한 가지 차이점은 대학생의 경우 전문대학이 있으며, 보다 전문적인 직업의 꿈을 가지고 있다는 것이다. 그런데 전문대학을 졸업해서도 공무원을 꿈꾸는 사람이 있다는 사실이 눈에 들어온다.

직업 만족도를 통한 직업상 살피기

앞에서 다룬 선호도 자료는 직업인이 되기 이전에 상상하고 기대했던 직업상을 말합니다. 한편 중요한 것은 해당 직업의 꿈을 이루었을 때 그 직업에 대한 만족도까지 살펴야 합니다. 그래야 우리는 균형 잡힌 직업상을 가질 수 있습니다. 다음의 직업 만족도 자료를 보고, 선호도와 만족도의 공통점과 차이점을 정리해 보세요. 그리고 그 차이를 통해 깨달을 수 있는 핵심이 무엇인지 표현해 보세요.

순위	상위	만족도	하위	만족도
1	사진작가	4.60	모델	2.25
2	작가	4.48	의사	2.84
3	항공기조종사	4.45	크레인 및 호이스트 운전원	3.00
4	작곡가	4.44	대형트럭 및 특수차 운전원	3.03
5	바텐더(조주사)	4.36	건설기계 운전원	3.04
6	인문과학 연구원	4.32	귀금속 및 보석 세공원	3.16
7	상담전문가	4.28	애완동물 미용사	3.20
8	인문사회계열 교수	4.24	금형원	3.21
9	성직자	4.24	상점판매원	3.24
10	환경공학기술자	4.24	자동차 정비원	3.24
11	인문계 중등학교 교사	4.20	연기자	3.26
12	플로리스트	4.20	세무사	3.28
13	이공학계열 교수	4.16	영양사	3.28
14	경호원	4.16	건축공학 기술자	3.28
15	판사 및 검사	4.14	시스템 엔지니어	3.28
16	물리치료사	4.12	교도관	3.32
17	작업치료사	4.12	치과기공사	3.32
18	기자	4.12	안경사	3.32
19	특수교사	4.08	도시계획가	3.36
20	속기사	4.08	섬유공학 기술자(엔지니어)	3.36
	운동선수	4.08	네트워크 엔지니어	3.36
	자동차 공학기술자	4.08		

* 매우불만족 1. 불만족 2. 보통 3. 만족 4. 매우만족 5점 각각 부여 (자료제공 : 교육인적자원부)

내친구 포트폴리오 살짝 엿보기

직업 만족도를 통한 직업상 살피기

앞에서 다룬 선호도 자료는 직업인이 되기 이전에 상상하고 기대했던 직업상을 말합니다. 한편 중요한 것은 해당 직업의 꿈을 이루었을 때 그 직업에 대한 만족도까지 살펴야 합니다. 그래야 우리는 균형 잡힌 직업상을 가질 수 있습니다. 다음의 직업 만족도 자료를 보고, 선호도와 만족도의 공통점과 차이점을 정리해 보세요. 그리고 그 차이를 통해 깨달을 수 있는 핵심이 무엇인지 표현해 보세요.

순위	상위		하위	
1	사진작가	4.60	모델	2.25
2	작가	4.48	의사	2.84
3	항공기조종사	4.45	크레인 및 호이스트 운전원	3.00
4	작곡가	4.44	대형트럭 및 특수차 운전원	3.03
5	바텐더(조주사)	4.36	건설기계 운전원	3.04
6	인문과학 연구원	4.32	귀금속 및 보석 세공원	3.16
7	상담전문가	4.28	애완동물 미용사	3.20
8	인문사회계열 교수	4.24	금형원	3.21
9	성직자	4.24	상점판매원	3.24
10	환경공학기술자	4.24	자동차 정비원	3.24
11	인문계 중등학교 교사	4.20	연기자	3.26
12	플로리스트	4.20	세무사	3.28
13	이공학계열 교수	4.16	영양사	3.28
14	경호원	4.16	건축공학 기술자	3.28
15	판사 및 검사	4.14	시스템 엔지니어	3.28
16	물리치료사	4.12	교도관	3.32
17	작업치료사	4.12	치과기공사	3.32
18	기자	4.12	안경사	3.32
19	특수교사	4.08	도시계획가	3.36
20	속기사	4.08	섬유공학 기술자(엔지니어)	3.36
	운동선수	4.08	네트워크 엔지니어	3.36
	자동차 공학기술자	4.08		

* 매우불만족 1. 불만족 2. 보통 3. 만족 4. 매우만족 5점 각각 부여 (자료제공 : 교육인적자원부)

놀라운 사실이다. 청소년, 대학생, 성인들의 직업 선호도와 배우자 선호도에서는 분명 안정적으로 돈을 많이 버는 직업을 가장 좋아했다. 그런데 직업인들의 만족도를 보니 그렇게 인기 있던 직업들이 상위 순위에 거의 없다는 사실이다. 오히려 사진작가, 작가 등 자신이 좋아하는 일을 선택한 사람들이 만족한다는 사실을 새롭게 발견했다.

생생! 직업인 이야기

비행기를 움직이는 힘은 연료가 아니라 사명감

항공기 조종사

각오가 되셨나요? 항공기 조종사를 꿈꾸는 학생에게 제가 하고 싶은 질문입니다. 항공기 조종사는 특별한 사명감이 필요한 일입니다. 수백 명의 생명을 책임지는 일이기에 그렇습니다. 예기치 못한 상황에 적절하게 대처하지 못하면 매우 치명적인 결과를 낳을 수도 있습니다. 그러한 사명감은 그냥 만들어지는 게 아닙니다. 철저하게 준비하고 자신을 관리하는 과정을 통해 형성된답니다.

항공기 조종사는 기본으로 수학과 과학을 열심히 공부해야 합니다. 대학에서는 항공학, 기상학, 항법 등도 연구해야 합니다. 대부분의 항공 자료가 영어로 되어 있고, 전 세계의 관제탑과 영어로 교신해야 하기에 영어 구사력도 탁월해야 한답니다. 그리고 가장 중요한 것은 오랜 시간 비행에 필요한 강인한 체력과 정신력입니다. 이런 노력과 과정을 잘 거친다면 그 과정에서 사명감이 만들어지는 것이죠. 사명감을 계속 유지하기 위해 조종사가 된 이후에도 매년 6~7차례의 시험을 보고 신체검사를 합니다. 어때요, 다시 한 번 물을게요. 각오는 되셨나요?

08 직업의 미래상

내 직업은 미래에 맞을까

우리들의 고민 편지

원주의 B중학교에 다니는 Y군은 주말에 서울에 와서 주말 진로 멘토링을 받고 있는 열정적인 학생이다. 주변에서는 힘들지 않느냐고 걱정하지만, Y군은 서울과 전철이 연결되어 있으니 힘들지도 않고 좋기만 하다고 한다. Y군은 작가를 꿈꾸는 학생이다. 서울에 갈 때마다 서점에 들러 다양한 책을 구경하고 온다. 오고가는 열차 안에서도 그는 전혀 지루하지 않다. 스마트폰이 있어서 여러 작가들의 작품을 이북(e-book)으로 읽기 때문이다. 많은 종이책이 이미 e북으로 바뀌고 있으며, 아예 처음부터 이북으로 나온 책도 있다. Y군은 이런 변화를 보면서, 자신이 작가를 꿈꾸면서도 미래의 변화에 대해 한 번도 생각해 보지 않았음을 깨닫게 되었다. 과연 자신이 성인이 되었을 때 작가라는 직업은 어떻게 변할 것인지를 생각하니 다소 답답했다. 빠르게 변하는 현재와 예측할 수 없는 미래가 이미 한 가지 꿈을 정해서 준비하는 그에게는 불안하다.

– 온라인 캠프에 올라온 진로 고민 편지

현재는 미래와 연결되어 있다

하영이는 먼저 사진 한 장을 보여 주었다. 가족사진이다. 참가자들은 궁금한 표정으로 하영이에게 집중했다. 하영이는 또 다른 사진 한 장을 보여 주었다. 역시 같은 가족사진인데, 그 중에 한 명이 사라진 사진이었다.

"어? 하영 샘. 사진 속의 남자아이가 없어졌어요!"

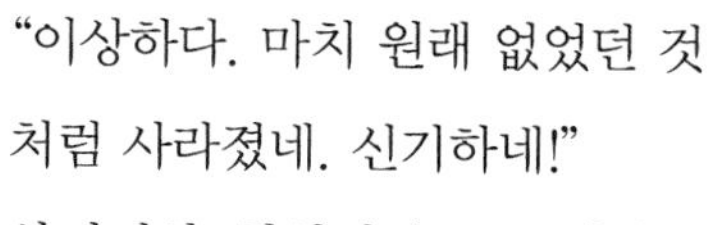

"이상하다. 마치 원래 없었던 것처럼 사라졌네. 신기하네!"

상민이와 희성이가 궁금해하며 큰 소리로 말했다. 학생들의 표정을 보면서, 준비한 내용이 잘 먹히고 있다는 확신이 들자 하영이는 내심 기뻤다. 바로 이것을 준비하려고 어제 밤을 꼬박 지새우고 학교에 온 것이다.

잠시 후 모니터에서 편집된 영화가 시작되었다. 타임머신을 타고 과거로 돌아간 주인공이 아름다운 여인과 약간의 로맨스를 경험하면서 복잡한 삼각관계가 생긴다. 그런데 바로 그때 이상한 일이 벌어진다. 자신이 품에 가지고 있던, 미래의 가족사진 속에서 자신의 모습이 조금씩 사라지고 있다.

"여러분의 상상력이 필요해요. 사진 속 자신의 모습이 왜 사라질까요?"

"하영 샘, 그 사진은 미래에서 들고 간 것이죠?"

"돌아간 과거가 주인공이 태어난 시기보다 더 이전인가요?"

"네, 맞아요. 아주 예리한 질문인데요. 수희 학생."

"혹시 말이죠. 과거로 가서 얽힌 그 가족 관계 속 여자가 자기 엄마 아닐까요?"

"우잉~ 무슨 소리야, 자기 엄마랑 삼각관계?"

"교빈아, 그게 아니고 영화적인 상상력으로 말하는 거야."

"정답이에요. 수희 학생! 대~단해요."

다시 영상을 더 보여 주었다. 그 여자가 바로 자신의 어머니라는 사실을 깨닫는 순간, 주인공은 자신의 행동이 미래를 바꾸고 있다는 사실을 알게 된다. 학생들은 넋을 잃고 영상에 몰입했다. 짧은 영화 상영이 끝나고, 하영이는 내용 해석을 생략한 채 바로 그 다음 내용을 진행했다. 누구보다도 소민이가 가장 호기심을 보이며 하영이의 말에 귀를 기울이고 있었다.

"동화책이네요."

"10분을 드릴 테니 동화책을 함께 넘기면서 읽어 보세요. 같은 책이 3권 정도 있으니 나눠서 읽어도 돼요. 특별히 소민 학생은 더 열심히 보세요. 발표를 부탁하려고요."

"네, 알겠어요. 하영 샘을 위해 제가 열심히 내용을 볼게요."

10분 정도 지나자 하영이는 벽면의 융판에 한 묶음의 그림 카드와 화살표를 붙여 주고, 이야기에 나오는 사람들의 관계를 화살표로 연결하는 미션을 주었다. 동화책이라 얕본 친구들은 은근히 어려운 미션이라며 너스레를 떨었다. 붙이는 과정에서 약간의 소란이 있었다. 서로 자기가 맞다면서 몇 차례나 수정을 했기 때문이다. 소민이는 전체 내용의 줄거리를 잘 요약했을 뿐만 아니라, 내용의 진행과정도 설명해 주었다.

『세상을 바꾼 아이』 줄거리

노먼이라는 아이는 옥수수 농장에서 자란다. 그의 아버지는 그가 세상을 바꿀 것이라고 격려한다. 노먼은 자라서 헨리라는 사람의 눈에 들어, 재능을 인정받고 슈퍼 식물을 연구하여 수많은 가난한 사람들을 살린다. 한편 헨리는 어린 시절 조지라는 형을 통해 많은 격려와 조언을 듣는다. 그런 헨리가 커서 노먼이 재능을 발견하도록 돕는 인물이 된 것이다. 헨리를 격려했던 조지는 어린 시절 부모를 잃고 모지스 카버 부부에게 양육되었다. 늘 조지는 부모에게서 자신이 세상을 바꿀 것이라는 칭찬과 격려를 듣고 자란다. 이 조지가 커서 헨리를 만나, 노먼에게 기회를 주는 사람이 된 것이다. 그런데 조지를 키운 모지스라는 사람은 어린 시절 유독 남을 배려하고, 작은 행동을 통해 변화를 만들던 아이였다. 엄마는 그런 모지스를 늘 격려했다. "모지스, 너의 작은 실천이 세상을 바꿀 거야. 넌 할 수 있어." 바로 이런 모지스는 조지를 변화시키고, 조지가 헨리를 변화시키고, 헨리가 노먼에게 기회를 주어 세상을 바꾼 것이다.

"노먼은 세상을 바꾸었죠. 노먼을 바꾼 것은 헨리였고, 헨리를 바꾼 것은 조지였으며, 조지를 바꾼 것은 모지스였습니다. 그리고 그런 모지스를 격려해 준 사람은 어머니였답니다."

"소민 학생, 고마워요. 내용을 너무 잘 정리해 주었어요. 한 사람이 세상을 바꾼 것이고, 그 한 사람을 바꾼 것은 또 작은 한 사람의 격려들이었죠. 이것이 바로 사소함의 힘이랍니다. 우리는 이것을 '나비 효과'라고 하죠."

"나비 효과요?"

하영이는 영상과 동화책의 내용을 연결하여 나비 효과를 이야기했다. 바

나비 효과란?

나비 효과는 나비의 날갯짓처럼 작은 변화가 폭풍우와 같은 커다란 변화를 유발시키는 현상을 말한다. 말하자면, 오늘 서울에서 공기를 살랑이게 한 나비의 날갯짓이 다음 달 파리에서 폭풍우를 몰아치게 할 수 있다는 것이다. 카오스 이론을 대신해서 부르기도 한다. 나비 효과는 1963년 미국의 기상학자인 에드워드 로렌츠가 컴퓨터로 기상을 모의 실험하던 중에 초기 조건 값의 미세한 차이가 엄청나게 증폭되어 판이한 결과가 나타난 것을 발견하면서 알려졌다.

로 지금 우리의 선택은 우리의 미래와 연결되어 있다는 것이다. 이것은 곧 지금의 선택도 중요하고, 미래에 대한 관심도 중요하다는 것이다.
"지금의 선택을 신중하게 하는 것이 이번 활동의 핵심입니다. 그런데 진로는 조금 다른 측면이 있어요."
"하영 샘, 그 다른 게 뭐예요?"
"지금의 선택을 잘하기 위해서 오히려 미래를 살펴야 한다는 것이에요."
"네? 하영 샘. 말이 꼬이는데요. 미래의 결과를 위해 지금의 선택을 잘해야 한다고 했는데, 지금의 선택을 잘하기 위해서 미래를 살핀다는 이야기는 계속 돌고 있잖아요."
"맞아요. 소민 학생이 핵심을 잘 찾아내었어요. 그래서 함께 고민해야 합니다."
"그런데 미래에 대해 고민한다는 게 뭐예요?"
"미래를 예측해 본다는 거죠."
"어떻게 예측하는 건데요?"
"현재를 자세히 분석하면 됩니다."
"뭐예요? 또 이야기가 돌잖아요. 현재를 잘 살기 위해 미래를 예측해야 하는데, 미래를 예측하기 위해 현재를 분석한다고요?"
"우리는 신이 아니라서 미래를 훤히 볼 수는 없어요. 하지만 현재를 잘 보면 미래가 어느 정도 보이거든요."
"하영 샘, 수준이 너무 높아요. 좀 쉽게 설명해 주세요."
"제 이야기를 이렇게까지 이해하고 질문하는 소민 학생의 수준도 대단합니다."

하영은 진로 페스티벌 예행연습 도중에 뛰쳐 나가 다시 돌아왔다. 너무 어색하였지만 그래도 소민이가 적극적으로 자신을 도운 것에 마음 깊이 고마워하고 있었다.

불편하지만 피할 수 없는 진실

"여러분! 스마트폰으로 할 수 있는 일은 뭐가 있을까요?"

"무료 문자 왕창 보내고, 서로 대화할 수 있어요."

"우리 아빠는 버스, 기차, 비행기 시간표 확인하고, 티켓도 예매해요."

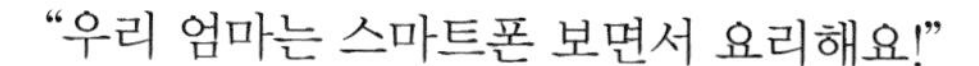

"우리 엄마는 스마트폰 보면서 요리해요!"

"우리 형은 사진 찍어서 메일로 보내요."

"말도 마요. 우리 언니는 피아노 쳐요!"

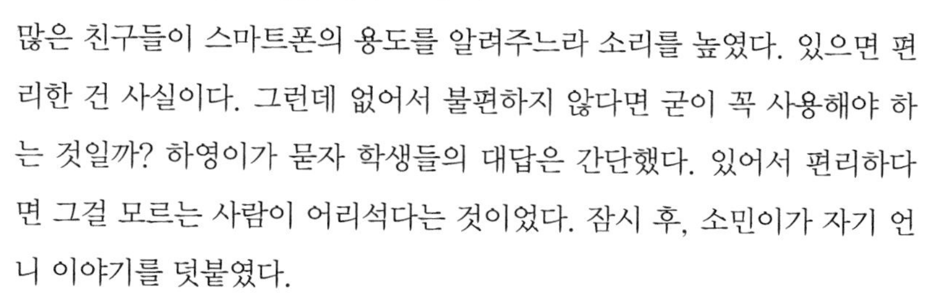

많은 친구들이 스마트폰의 용도를 알려주느라 소리를 높였다. 있으면 편리한 건 사실이다. 그런데 없어서 불편하지 않다면 굳이 꼭 사용해야 하는 것일까? 하영이가 묻자 학생들의 대답은 간단했다. 있어서 편리하다면 그걸 모르는 사람이 어리석다는 것이었다. 잠시 후, 소민이가 자기 언니 이야기를 덧붙였다.

"우리 언니는 대학생인데요. 대학 도서관이 장난 아니게 자리가 붐빈다고 해요. 그래서 새벽에 안 가면 도저히 자리를 잡지 못하는데, 늘 새벽에 다니던 언니는 어느 날 아주 충격적인 장면을 목격했대요. 해가 중천에 떴을 때 여유 있게 들어오던 한 학생이 스마트폰의 어플리케이션을 누르니까, 아 글쎄, 도서관의 빈자리가 깜박거리면서 보인다는 거예요. 언니는 쓰러졌죠. 당장 스마트폰 질렀잖아요. 글쎄."

학생들은 소민이의 이야기를 들으며, 우리가 지금 빠른 속도로 변하고 있는 현재를 살고 있다는 것을 조금씩 느꼈다. 현재의 작은 가능성과 미묘한 변화를 잘 관찰하면 미래의 직업 세계가 어떻게 달라지는지 조금은 보인다는 것이다. 변화를 알고 예측하면 그만큼 더 많은 것을 볼 수 있다는 것이 하영이가 말하는 취지였다.

"하영 샘, 우리가 무슨 미래 학자도 아니고, 어떻게 진로와 관련하여 미래를 보죠?"

"소민 학생, 할 수 있어요. 그리고 해야 해요. 왜냐하면 우리의 미래가 걸려 있기 때문이에요. 지금의 선택이 미래와 연결되어 있다는 것을 함께 살펴보았잖아요."

"그럼 어떻게 현실을 관찰하여 미래를 예측하죠? 아주 쉽게 설명해 주세요."

"일단, 현실의 정보를 더 관찰하면 됩니다."

[참고: 미래의 직업 세계 중 평생 직업 적절성 결과, 교육인적자원부(5점 만점)]

순위	상위		하위	
1	상담전문가	4.63	프로게이머	2.24
2	인문사회계열 교수	4.48	컴퓨터프로그래머	2.38
3	항공기 조종사	4.41	가수	2.40
4	성직자	4.38	데이터베이스 관리자	2.44
5	사회과학연구원	4.32	컴퓨터공학 기술자	2.48
6	이공학계열 교수	4.28	IT컨설턴트	2.50
7	플로리스트	4.25	웹디자이너	2.64
8	인문과학 연구원	4.20	건축공학 기술자	2.67
9	인문계 중등학교 교사	4.20	애완동물 미용사	2.68
10	약사 및 한약사	4.20	운동선수	2.68
11	자연계 중등학교 교사	4.16	대형트럭 및 특수차 운전원	2.71
12	사서	4.16	웹프로듀서(웹기획)	2.78
13	한의사	4.12	화가	2.79
14	번역가	4.09	시스템엔지니어	2.80
15	변리사	4.08	연기자	2.81

하나의 화면을 보여 주었다. 다양한 직업 가운데 '미래에 과연 평생 직업으로 삼기에 어떤 직업이 좋은가'를 조사한 결과이다. 만약 자신의 현재 희망 직업군이 있다면 이러한 정보를 바탕으로 미래를 예측해 보는 것이다.

"이건 현실의 정보입니다. 교육인적자원부에서 조사한 것이죠. 미래의 직업 세계 중에 과연 평생 직업으로 가장 적합한 게 무엇인지 설문 조사를 해 본 결과입니다. 소민 학생이 보기에는 어때요?"

"이전에 보았던 직업 만족도 조사와 결과가 약간 비슷하네요."

"비슷한 것도 있고, 그렇지 않는 것도 있죠."

"교수나 교사가 상당수 많이 들어 있는데요."
"왜 그럴까요?"
"안정성 때문이겠죠. 가장 안정적인 직업이라고 생각하니까요."
"그러니까 평생을 생각한다면 안정적인 것을 선호한다는 것이군요."
"그런데 다른 것도 있지 않나요? 플로리스트나 성직자 같은 것 말이에요."

안정성, 그 자체가 평생을 지탱해 줄 유일한 핵심 기준은 아니다. 보수의 안정성이 있다 해도 나에게 맞지 않거나 재미가 없으면 말 그대로 평생을 지루하게 살 것이다. 플로리스트는 평생 꽃과 함께 살겠다는 행복함에 대한 상징으로 보아야 하겠다. 성직자는 어떨까? 성직자는 직업관 중에서도 '소명형'에 해당한다. 즉, 그 직업을 자신의 존재 의미로 여기기 때문에 평생의 직업으로 받아들인다는 것이다.
"우리는 지금까지 과거와 현재의 직업에 관심을 가졌죠. 문제는 미래에 일어날 직업 세계의 변화도 함께 알아야 한다는 것이에요. 그러기 위해 몇 개의 정보를 살펴볼까요!"
"하영 샘, 그걸 어떻게 알아요?"
"소민 학생, 그래서 현재의 변화를 관찰하라고 했잖아요."
"현재의 변화요?"
"한번 쉽게 출발해 볼까요. 꼬리에 꼬리를 물고 대화를 이어가 보죠. 쉽게 가기 위해 신문의 섹션 주제별로 한번 변화를 이야기해 봐요. 먼저 '환경'의 변화 이슈는 뭐죠? 소민 학생이 먼저 이슈를 꺼내 주세요. 그리고 다른 친구들도 하나씩 의견을 꺼내 주면 좋겠어요."

10년 뒤, 전망이 좋은 직업 BEST 7

등위	직업 영역	관련자료
1위		유엔미래포럼 예측
2위		퓨처리스트 2005년 3월호
3위		
4위		켄디츠왈드, 퓨처리스트 2005년 7월호
5위		월드 트렌드 2005년 3월호
6위		데이빗피어스스나이더-퓨처리스트 2005년 7,8월호
7위		

"지구 온난화요."

"기상 이변이요."

"자연 재해요."

"에너지 고갈이요."

"쓰레기 문제요."

"그럼, 이러한 환경의 이슈가 점차 더 커진다면 어떠한 '필요'가 발생할까요?"

"환경 운동이요."

"기후 변화에 대한 연구요."

"새로운 대체 에너지나 재생 에너지를 개발하는 일이요."

미래에 대한 어려운 주제로 출발했지만 이제 조금씩 학생들의 생각이 풀리기 시작했다. 여러 가지 이야기가 나온다. 학생들이 발표한 '환경 이슈'에 따른 '새로운 필요'가 곧 새로운 직업의 전망이 되는 것이다.

"여러분이 말한 새로운 필요를 직업의 명칭으로 바꿔 볼까요?"

현재의 변화 이슈	변화에 따른 필요 발생	필요에 따른 직업군 전망
지구 온난화, 기상 이변, 자연 재해, 에너지 고갈, 쓰레기 문제 등	환경 운동, 기후 변화 연구, 새로운 대체 에너지나 재생 에너지 개발 등	환경 운동가, 기후 변화 연구원, 에너지 개발 연구원, 자연 재난 구호 전문가 등

"하영 샘, 조금 전에 내 주었던 퀴즈 한번 해 볼게요. 이제 조금 감이 왔어요."

주제가 어려워서인지 뒤쪽에서 조용히 구경하던 교빈이의 입이 드디어 열리기 시작했다.

"일단 환경 분야 직업군이 뜰 것 같아요. 특히 새로운 에너지가 절실하게 필요하니까. 그런 쪽의 직업군이 있지 않을까요?"

"딩동댕! 교빈 학생, 2위에 있습니다. 대단한데요."

"하영 샘, 제가 영화에서 보았는데요. 사람의 뇌를 연구한 뇌 과학 분야가 상당히 발전한 모습으로 미래가 그려지더라고요. 이런 쪽 직업군이 뜨지 않을까요?"

"와우! 승헌 학생, 3위 당첨입니다."

[참고: 세계미래학회, 2005]

등위	직업 영역	관련자료
1위	바이오BT, 나노IT, 인포IT, 인지공학CT, EC공학 관련 업종	유엔미래포럼 예측
2위	에너지, 풍력조력, 원자력, 태양열 등 솔라 산업 번창	퓨처리스트 2005년 3월호
3위	GPS, 감시공학(CCTV), 두뇌공학	
4위	노인의료사업, 노인학, 간호학, 대체 장기 산업, 방사선 전문가	켄디츠왈드, 퓨처리스트 2005년 7월호
5위	교육, 인력공급업, 개인인력매니저(개인정보관리, 개인능력 홍보, 구직)	월드 트렌드 2005년 3월호
6위	가상현실 네트워커(인구 절반이 가상 현실에서 일자리를 찾음)	데이빗피어스스나이퍼-퓨처리스트 2005년 7, 8월호
7위	신 사회 과학심리학 부상 (절반은 인간, 절반은 기계인 사회 구성원의 욕구 충족을 위한 심리학의 연구 필요)	

10년 후 보편화될 직업군

학생들은 현재의 변화를 관찰하여, 거기서 이슈를 꺼내고, 그것으로 미래의 변화를 예측하여 미래의 직업군을 상상해 보는 시간을 가졌다. 전문적인 미래 예측이라고 할 수는 없지만, 그래도 방법에 대해서는 약간의 통찰력을 배울 수 있는 시간이었다.

"미래의 변화는 우리가 생각하는 것보다 빠를 거예요. 그리고 우리의 상상을 뛰어넘겠죠. 그럼에도 불구하고 우리는 끊임없이 미래를 상상하고 예측하면서 살아야 해요."

"샘, 우리는 아직 어린데 굳이 이런 노력을 해야 할까요?"

"소민 학생, 노력해야 합니다. 왜냐하면 자신의 인생은 스스로가 결정하는 것이기 때문이에요. 판단과 정보를 타인에게 의존하는 순간 우리는 수동적으로 따라가게 됩니다. 우리는 이미 지금까지 지긋지긋하게 따라왔잖아요."

"그건 그래요. 무엇부터 시작하면 좋을까요. 지금은 공부할 것도 많고, 준비할 것도 많아요. 쉽고 꾸준한 방법이 없을까요?"

"있죠. 아주 간단한 방법이 있어요. 세계 최고의 미래 학자들이 모두 쓰는 공통적인 방법이기도 하고요."
"미래 학자들이 쓰는 방법을 우리가 쓴다고요?"
"소민 학생, 놀라지 마세요. 우리는 어쩌면 이미 그 방법을 경험하고 있을지도 몰라요."
"뜸들이지 말고 얘기해 줘요!"
"신문 읽기입니다."
"네? 정말 신문만 읽으면 미래를 예측하고 직업의 변화를 아는 데 도움이 될까요?"
"그럼요. 제가 계속 이야기하잖아요. 미래를 예측하는 방법은 바로 현실을 관찰하고 분석하는 것이라고요. 그 현실을 가장 잘 보여 주는 게 바로 신문이에요."
"아하! 그래서 아까 현실을 분석할 때도 신문의 섹션을 생각하라고 했던 거군요."

두려움을 이기는 방법

"알면 두렵지 않아요. 모르니까 두려운 거죠. 신문을 읽으면서 정보를 따라가다 보면 두려움이 사라질 거예요."
하영이는 한 가지 자료를 보여 주었다. 미래를 예측하지만 무작정 먼 미래를 생각하다가는 변화를 놓칠 수도 있기에 그 과정을 꼼꼼하게 살피는 것이 중요하다. 바로 그 부분을 상기시키기 위해 새로운 자료를 보여 준 것이다.

[참고: 세계미래학회, 2005]

등위	상 품 명	현재 달성된 수준을 O, △, ×로 점검해 보세요		
		○	△	×
1위	전기, 기름, 가스를 다중 연료로 쓰는 자동차			
2위	차세대 TV : 벽 전체크기 평면스크린의 고화질 TV			

등위	상 품 명	현재 달성된 수준을 ○, △, ×로 점검해 보세요		
		○	△	×
3위	전자지갑 : 스마트 카드로 의료보험, 주민등록, 신용카드를 하나의 칩으로 만들어 손등에 주입			
4위	홈 헬스 모니터 : 인체건강을 체크하여 병원과 연결			
5위	스마트맵 : 가까운 음식점, 꽃집 등 원하는 곳을 찾아주고 길안내			
6위	체중조절, 노화 방지용 과일 · 채소 개발 공급			
7위	컴퓨터, 냉장고 등 업그레이드해야 하는 모든 제품을 무소유로 접속 리스			
8위	맞춤식 PC : 자신이 원하는 대로 컴퓨터를 편리하게 재조립, 재구조			

10년 후 보편화될 상품(2005년 기준 예측)

"미래에 보편화될 상품에 대한 예측 자료예요. 2005년에 미래를 예측한 거죠. 이 중에는 이미 일부분 이루어진 것도 있겠죠?"

자료를 보는 학생들의 눈이 더욱 커졌다. 미래를 예측한 자료인데, 이미 현실에서 이루어진 것이 많이 보이기 때문이었다. 교빈이가 흥분해 큰 소리로 말했다.

"하영 샘, 전자지갑! 본 적 있어요. 이미 이루어졌어요."

"맞아요. 바로 그런 점을 살펴야 해요. 너무 먼 미래만 생각하다 보면 머리만 커질 수가 있어요. 중간 중간의 변화를 살펴야 해요. 우리 다 같이 한번 연습해 볼까요? 2005년의 예측된 미래의 상품들 중 이미 어느 정도 가능성이 보이거나 일부분 진행되는 게 있다면 오른쪽에 표시를 해 보는 거예요. 진구 학생이 번쩍 손을 들었네요."

"하영 샘, 빙고! 기름과 가스 겸용 자동차는 이미 우리 집에 있어요. 올해 차를 바꿨는데 '듀얼 연료 장치'를 장착한 차예요."

"벌써 어느 정도 달성이 된 거네요. 또 다른 건 어때요? 소민 학생."

"5위에 있는 스마트 맵은 이미 스마트폰으로 다 쓰고 있잖아요."

자료를 보면서도 너무 신기했다. 2005년에 10년 뒤를 예측한 자료인데 이미 상당 부분 이루어진 것이 많기 때문이었다. 생각보다 변화가 빠르다는 하영이의 말, 또 그 미래의 변화 과정을 살펴야 한다는 말을 실감하는 순간이었다.

학생들은 이번 활동을 통해, 정말 많은 생각을 하게 되었다. 자신의 현재 희망 직업군은 과연 10년 뒤에 살아남아 있을까? 어쩌면 더 멋진 직업군이 나타나지 않을까? 이런 고민을 하다 보니 순간 두려움이 엄습했지만 하영이의 말을 다시금 떠올렸다. 신문을 보면서 현재를 분석하다 보면 미래를 예측할 수 있고, 그것을 다른 누군가에게 의존하는 것이 아니라 자기 스스로 하는 것이 중요하다는 사실, 그리고 그런 노력을 할 때 결코 미래가 두렵지 않다는 말을 마음에 새겼다. '직업의 미래상' 설명을 마칠 무렵, 하영이는 찬형이를 보며 살며시 미소를 지어 보였다. 찬형이 역시 까칠함을 포기한 해맑은 미소로 화답했다.

꼭! 작성해 보세요 | 포트폴리오 활동 1

미래의 평생 직업에 비춰 나의 희망 직업 살피기

다음은 미래의 직업 세계 중 '평생 직업'으로 적절한 것이 무엇인지에 대한 조사 결과입니다. 도표를 보고, 미래의 직업군 중에 '평생 할 수 있는 직업'으로 선정된 직업의 기준이 무엇인지 생각하여 기술해 봅니다. 또 자신의 현재 희망 직업이 자신이 평생 할 수 있는 직업에 해당하는지 고민하여 그 가능성을 간단히 기술해 봅니다.

순위	상위		하위	
1	상담전문가	4.63	프로게이머	2.24
2	인문사회계열 교수	4.48	컴퓨터프로그래머	2.38
3	항공기 조종사	4.41	가수	2.40
4	성직자	4.38	데이터베이스 관리자	2.44
5	사회과학연구원	4.32	컴퓨터공학 기술자	2.48
6	이공학계열 교수	4.28	IT컨설턴트	2.50
7	플로리스트	4.25	웹디자이너	2.64
8	인문과학 연구원	4.20	건축공학 기술자	2.67
9	인문계 중등학교 교사	4.20	애완동물 미용사	2.68
10	약사 및 한약사	4.20	운동선수	2.68
11	자연계 중등학교 교사	4.16	대형트럭 및 특수차 운전원	2.71
12	사서	4.16	웹프로듀서(웹기획)	2.78
13	한의사	4.12	화가	2.79
14	번역가	4.09	시스템엔지니어	2.80
15	변리사	4.08	연기자	2.81

미래의 평생 직업에 비춰 나의 희망 직업 살피기

다음은 미래의 직업 세계 중 '평생 직업'으로 적절한 것이 무엇인지에 대한 조사 결과입니다. 도표를 보고, 미래의 직업군 중에 '평생 할 수 있는 직업'으로 선정된 직업의 기준이 무엇인지 생각하여 기술해 봅니다. 또 자신의 현재 희망 직업이 자신이 평생 할 수 있는 직업에 해당하는지 고민하여 그 가능성을 간단히 기술해 봅니다.

순위	상위		하위	
1	상담전문가	4.63	프로게이머	2.24
2	인문사회계열 교수	4.48	컴퓨터프로그래머	2.38
3	항공기 조종사	4.41	가수	2.40
4	성직자	4.38	데이터베이스 관리자	2.44
5	사회과학연구원	4.32	컴퓨터공학 기술자	2.48
6	이공학계열 교수	4.28	IT컨설턴트	2.50
7	플로리스트	4.25	웹디자이너	2.64
8	인문과학 연구원	4.20	건축공학 기술자	2.67
9	인문계 중등학교 교사	4.20	애완동물 미용사	2.68
10	약사 및 한약사	4.20	운동선수	2.68
11	자연계 중등학교 교사	4.16	대형트럭 및 특수차 운전원	2.71
12	사서	4.16	웹프로듀서(웹기획)	2.78
13	한의사	4.12	화가	2.79
14	번역가	4.09	시스템엔지니어	2.80
15	변리사	4.08	연기자	2.81

평생 갖고 싶은 직업의 순위를 보니, 일반적으로 안정적인 직업으로 생각하는 직업과 그렇지 않은 직업이 섞여 있는 것 같다. 상담가, 조종사, 성직자, 플로리스트 등은 정말 자신에게 맞고 좋아하는 직업으로 보인다. 그리고 교수, 교사, 약사 등은 안정적으로 평생갈 수 있는 직업의 목록이다. 따라서 평생의 직업을 생각한다면 자신이 정말 즐겁게 할 수있으면서 안정적인 직업인지를 함께 고민해야 하겠다.

꼭! 작성해 보세요 | 포트폴리오 활동 2

현재를 분석하여 미래 직업 예측하기

아래의 표는 현재 자신이 살고 있는 시대의 이슈를 꺼내서 변화의 필요를 생각하고, 이에 따라 가까운 미래에 더 주목받을 만한 직업군을 예측해 본 사례입니다. 아래의 표에 자신이 찾아낸 이슈를 더 꺼내 보고, 변화와 직업 전망을 기술해 보세요.

분야	현재의 변화 이슈	변화에 따른 필요 발생	필요에 따른 직업군 전망
	지구 온난화, 기상 이변, 자연 재해, 에너지 고갈, 쓰레기 문제 등	환경 운동, 기후 변화 연구, 새로운 대체 에너지나 재생 에너지 개발 등	환경 운동가, 기후 변화 연구원, 에너지 개발 연구원, 자연 재난 구호 전문가 등
교육			
과학			
문화			
가정			

내친구 포트폴리오 살짝 엿보기

현재를 분석하여 미래 직업 예측하기

아래의 표는 현재 자신이 살고 있는 시대의 이슈를 꺼내서 변화의 필요를 생각하고, 이에 따라 가까운 미래에 더 주목받을 만한 직업군을 예측해 본 사례입니다. 아래의 표에 자신이 찾아낸 이슈를 더 꺼내 보고, 변화와 직업 전망을 기술해 보세요.

분야	현재의 변화 이슈	변화에 따른 필요 발생	필요에 따른 직업군 전망
	지구 온난화, 기상 이변, 자연 재해, 에너지 고갈, 쓰레기 문제 등	환경 운동, 기후 변화 연구, 새로운 대체 에너지나 재생 에너지 개발 등	환경 운동가, 기후 변화 연구원, 에너지 개발 연구원, 자연 재난 구호 전문가 등
교육	학생 수 감소 교사 수 증가 교실의 첨단화	교실에 필요한 첨단 기술 온라인 또는 모바일 교육 자료 교사와 학생 간의 그룹 수업	교실 시스템 대여 업종 온라인 교육 콘텐츠 개발자 온라인 멘토링 전문 교사
과학	생명 공학 기술 발달 컴퓨터 기술 발달 로봇 기술 발달	생활 깊숙이 들어온 유비쿼터스 생활에 필요한 다양한 로봇 어디서나 사용 가능한 컴퓨터	컴퓨터 기반 건축 업종 로봇 공학 전문가 모바일 컴퓨터 개발자
문화	개인주의 문화 소비하는 문화 즐기는 문화	혼자 즐길 수 있는 모바일 문화 다양한 서비스 업종 다양한 문화 콘텐츠	여행 컨설팅 업종 모바일 프로그램 개발자 문화 콘텐츠 개발자
가정	결혼 기피 현상 혼자 사는 사람 출산율 저하	혼자 살 수 있는 주거 형태 혼자 쇼핑할 수 있는 쇼핑몰 낳지 않고 키우는 입양 문화	입양 컨설팅 업종 24시간 다양한 쇼핑몰 원룸 형태의 주거 건축가

꼭! 작성해 보세요 | 포트폴리오 활동 3

예측한 미래 추적하기

다음의 첫 번째 표를 보고 미래의 상품을 예측한 내용 중에 이미 이루어진 정도를 오른쪽에 표시합니다. 그런 뒤에 아래의 표에는 미래의 변화 요소를 예측하고, 이에 따라 새롭게 만들어질 상품군을 예측하여 적어 봅니다.

등위	상 품 명	현재 달성된 수준을 ○, △, ×로 점검해 보세요		
		○	△	×
1위	전기, 기름, 가스를 다중 연료로 쓰는 자동차			
2위	차세대 TV : 벽 전체크기 평면스크린의 고화질 TV			
3위	전자지갑 : 스마트 카드로 의료보험, 주민등록, 신용카드를 하나의 칩으로 만들어 손등에 주입			
4위	홈 헬스 모니터 : 인체건강을 체크하여 병원과 연결			
5위	스마트맵 : 가까운 음식점, 꽃집 등 원하는 곳을 찾아주고 길안내			
6위	체중조절, 노화 방지용 과일 · 채소 개발 공급			
7위	컴퓨터, 냉장고 등 업그레이드 해야 하는 모든 제품을 무소유로 접속 리스			
8위	맞춤식 PC : 자신이 원하는 대로 컴퓨터를 편리하게 재조립, 재구조			

미래 변화 요소	새롭게 창출될 상품
평균 수명 연장	
여가 시간 증대	
석유 고갈	
환경오염	
전자 상거래 활성화	
1인 1로봇 기대	
자가용 비행기 증가	
개인화, 1가족	
환경오염	

예측한 미래 추적하기

다음의 첫 번째 표를 보고 미래의 상품을 예측한 내용 중에 이미 이루어진 정도를 오른쪽에 표시합니다. 그런 뒤에 아래의 표에는 미래의 변화 요소를 예측하고, 이에 따라 새롭게 만들어질 상품군을 예측하여 적어 봅니다.

등위	상품명	현재 달성된 수준을 ○, △, ×로 점검해 보세요		
		○	△	×
1위	전기, 기름, 가스를 다중 연료로 쓰는 자동차		△	
2위	차세대 TV : 벽 전체크기 평면스크린의 고화질 TV	○		
3위	전자지갑 : 스마트 카드로 의료보험, 주민등록, 신용카드를 하나의 칩으로 만들어 손등에 주입			×
4위	홈 헬스 모니터 : 인체건강을 체크하여 병원과 연결		△	
5위	스마트맵 : 가까운 음식점, 꽃집 등 원하는 곳을 찾아주고 길안내	○		
6위	체중조절, 노화 방지용 과일 · 채소 개발 공급		△	
7위	컴퓨터, 냉장고 등 업그레이드 해야 하는 모든 제품을 무소유로 접속 리스			×
8위	맞춤식 PC : 자신이 원하는 대로 컴퓨터를 편리하게 재조립, 재구조		△	

미래 변화 요소	새롭게 창출될 상품
평균 수명 연장	노인들 생활 편의 로봇, 최첨단 건강관리 의류, 컴퓨터 주치의
여가 시간 증대	여가 컨설팅 업체, 자녀 위탁 놀이 여행 업체
석유 고갈	다양한 대체 에너지 상품, 에너지 절약 시스템
환경오염	에코 또는 그린 개념의 다양한 상품, 개인 호흡기 상품 및 의류
전자 상거래 활성화	광범위한 사이버 경찰 시스템, 온라인에서만 쓰는 공통 화폐
1인 1로봇 기대	아바타 로봇 등장, 로봇 대여 업체 등장
자가용 비행기 증가	수상 택시, 수상 버스, 공중 버스, 공중 택시, 비행기 대여 서비스
개인화, 1가족	모바일 개인 주택, 공동 주택, 자동차형 이동 주택
환경오염	개인 주치의 개념의 시스템 또는 의류 또는 로봇

생생! 직업인 이야기

무대 뒤에도 영웅이 있답니다

항공 관제사

우리는 모두 무대 위에서 스포트라이트를 받는 주인공이 되고 싶어 하지만 모두가 주인공이 될 수는 없습니다. 때로는 무대 뒤에도 아름다운 사람들이 있다는 것을 알아야 합니다. 공항에서 일하는 사람들 중에 항공기 조종사와 승무원은 그야말로 주인공입니다. 항공사의 얼굴이며 때로는 전 세계에 우리나라를 알리는 민간 외교관들이죠. 하지만 그런 분들이 안전하게 일할 수 있도록 돕는 사람들이 공항에는 너무나 많습니다.
그 중에서 제가 하는 일은 항공 교통을 책임지는 관제사입니다. 하늘 위의 교통경찰이라고 보면 더 쉽죠. 하늘 위의 교통을 관리할 뿐 아니라 공항의 교통도 관리합니다. 저는 비록 무대 뒤에 있지만 저의 영향력은 막강하답니다. 제가 이륙 또는 착륙 허가를 내리지 않으면 비행기는 뜰 수 없고 내려앉을 수도 없습니다.
이런 역할을 하다 보니 항공기 조종사 못지않은 긴장감을 유지해야 한답니다. 기상이 악화될 때에는 순간적인 판단을 내려 비행기를 우회시키는 결정도 해야 합니다. 이러한 역할에 저는 자부심을 가지고 있습니다. 관제사처럼 무대 뒤의 영웅이 되려는 태도를 가지고 있는 학생이 있다면, 그 친구는 어디에서든지 아름다운 영향력을 가진 진짜 주인공이 될 수 있을 겁니다.

3

09 나의 판단에 저울 달기

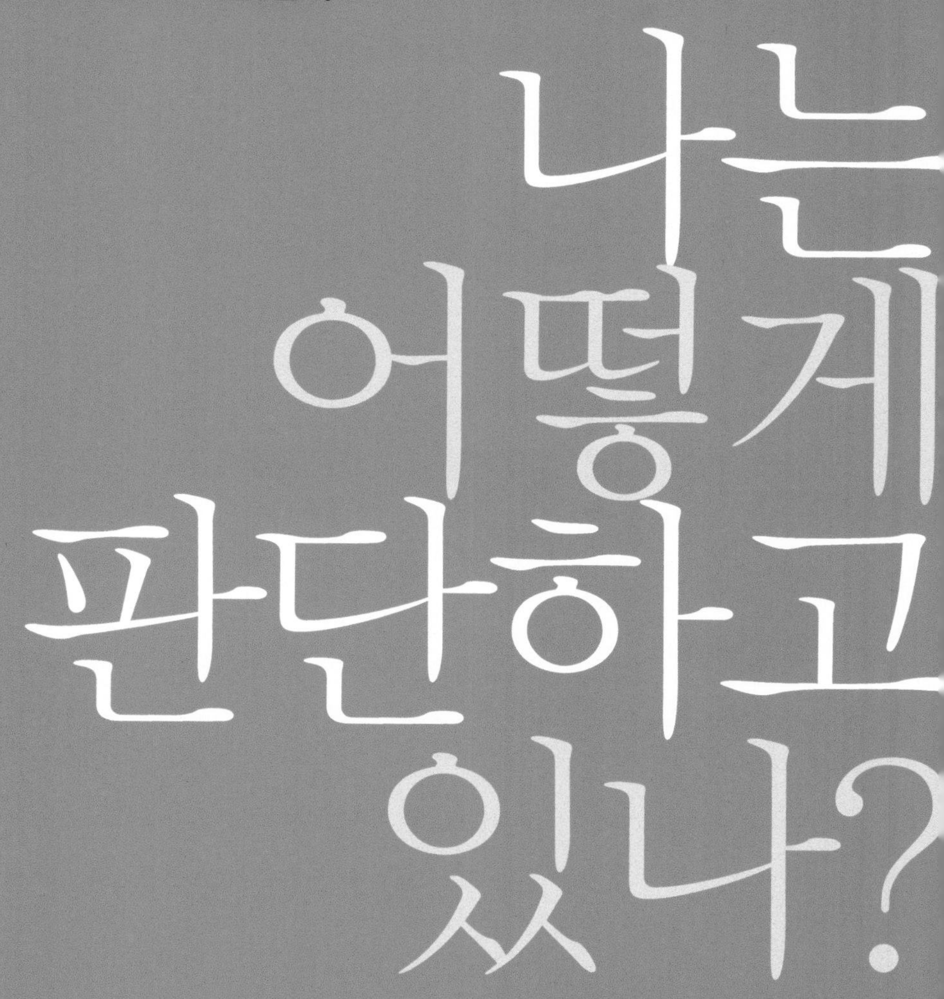

우리들의 고민 편지

늘 뭔가를 결정하고 나서 후회하곤 했던 S양. 중학교에 올라온 이후 진로 탐색을 하고 나름 자신의 꿈을 결정했다. 그런데 결정하고 나서도 마음이 불안하다. 제대로 결정한 걸까? 또 후회하는 것은 아닐까? 다른 것도 아니고, 진로는 나중에 후회하면 안 되는데……. 이래저래 S양은 고민이 많다. 자신의 판단이 최선인지 객관적으로 확인할 수는 없을까? 자신도 모르게 이미 습관처럼 몸에 밴 자신만의 결정 유형이 있었던 걸까? 좀 더 현명하게 판단하고 후회하지 않을 방법을 알고 싶다.

– 온라인 캠프에 올라온 진로 고민 편지

실제와 거의 유사한 예행연습 덕분이었을까? 동아리 학생들은 능숙하게 행사를 치렀다. 우려와는 달리 한껏 여유로운 모습으로 부스를 운영했다. 페스티벌에는 주변 지역의 진로 상담 교사들도 총출동했다. 특히 대박이 난 부스는 메인 부스보다도 승헌이가 제안한 '비전 출판사' 였다. 아이들은 진로 관련 자료와 책자를 볼 수 있고 메일 신청서도 작성할 수 있는 미니 부스로 몰려들었고, 결국 줄을 서서 기다리는 장면이 연출되었다. 승헌이의 제안으로 곁다리로 설치한 책상 하나가 이처럼 홈런을 날릴 줄은 아무도 예상하지 못했다.

동아리 회원들은 이날만큼은 동아리에 참여하는 학생이 아니라 선배 멘토의 역할을 멋지게 해냈다. 진로 페스티벌을 마칠 즈음, 교장 선생님은 진로 동아리 학생들과 부스를 운영한 리더들에게 특별 선물을 주었다. 봉사 활동 인증서였다.

"위 학생을 ○○학교의 '진로 멘토' 로 임명합니다."

철만과 교빈, 승헌과 수희, 하영과 찬형은 당당히 '진로 멘토' 임명장을 받았다. 강당에 모인 학생들은 진심으로 박수를 보냈다.

"우아! 이거 진로 포트폴리오에 넣을 수 있는 게 또 생겼네."

"교빈아, 마냥 좋아할 수만은 없게 되었어. 어쩌면 우리가 앞으로 후배들 상담을 맡아야 할지도 몰라."

"야! 승헌, 그럼 행복한 일이지. 내가 멘토가 되어 상담을 한다면 정말 근사할 것 같아. 헤헤헤!"

진로 페스티벌이 성공적으로 막을 내리고 동아리 회원들은 부스를 철수

하느라 분주했다. 바로 그때 민샘이 교무실에서 나와 급하게 강당으로 달려왔다.
"얘들아, 잠깐만. 부스 철수를 멈춰!"
"왜요? 샘."
"방금 교장 선생님과 논의했는데 중요한 결정을 하셨어."
"무슨 결정이요?"
"우리 학교에 진로 전시관을 만들기로 했단다."
"진로 전시관이요?"

주변 학교 진로 담당 교사들의 전화가 폭주했다. 자기 학교 학생들을 학년별로 보낼 테니 부스를 참관하게 해 달라는 요청이 쇄도한 것이다. 주변 학교의 학부모들도 이에 가세하여 참관을 연장해 달라는 요청을 해 왔다. 결국 2주간 부스를 연장 운영하기로 하고, 이후에는 증축된 도서관 건물의 일부를 비워 진로 전시관을 만들겠다는 것이다.
"와우! 완전 대박이에요, 민샘."
"승헌아, 마냥 좋을 수만은 없다. 걱정이 하나 있어."
"뭐가 걱정이세요?"
"진로 전시관을 만들면 그 관리를 우리가 함께 맡아야 할 거야."
"그게 뭐가 걱정이에요? 우리는 즐겁게 할 수 있어요. 시켜서 하는 거라면 분명 싫어하겠지만 우리가 자발적으로 하게 되면 아무 문제 없어요."
"고맙다. 그렇게 말해 주니. 이젠 한시름 놓았다."

진로 전시관 옆 진로 정보 센터

"민샘, 이건 어디에 붙일까요?
"진로 인식 부분이 가장 먼저니까, 입구 바로 왼쪽 벽에 놓으면 어떨까?"

진로 인식 전시관

	진로 구분			진로 점검				
	직업명	시기	지속	진로 정체감	가족 일치도	진로 합리성	정보 습득률	진로 준비도
1	축구 선수	초등	X	X	X	O	X	X
2	가수	중등	X	X	X	X	△	△
3	작가	중등	X	X	O	O	O	△
4	국어 교사	고등	O	O	O	O	O	O

멋진 교사
혁신적인 교장
현장을 누비는 교육 행정가
글로벌 리더를 키우는 대안학교 설립자

1st CAREER	2nd CAREER	3rd CAREER	4th CAREER
• 초등교사 • 최고의 수업 • 교사축구모임 • 교사밴드모임	• 수석교사승진 • 소통하는 교감 • 경청하는 교장 • 교장모임결성 • 나의 책 출간	• 교육정책참여 • 교육시장개방참여 • 교사들의 행복 • 교사페스티벌 • 자서전출간	• 해외 명문학교 순회탐방 • 해외 명문학교 단기 운영 • 꿈의 대안학교 설립 • 한국의 푸른들학교로 통합 • 정식학교로 국가 인증

우물 안 개구리의 세상은 하나!
1권만 읽은 친구 아무도 못 말린다
충격적인 반전!! 이런 직업이 있다니
현대판 맹모삼천지교

자신감의 크기/확신의 크기/선택의 폭
초등 / 중고등 / 대학 / 성인
정보력의 크기/좌절의 크기

"나는 이 직업에 대해 충분히 노력하는가?" 진로검증
"나는 어떤 일을 하면 행복하고 잘 할 수 있는가?" 진로결정
"나는 직업세계를 제대로 알고 있는가?" 직업이해
자기이해 "나는 무엇을 좋아하고 잘하는가?" (흥미, 재능, 강점, 성향)
존재발견 "나는 할 수 있다는 자신감이 있는가?"
진로점검 "나는 정말 진지하게 꿈꾸고 있는가?" (5가지 진로점검)
세계발견
자기발견

강당 부스 전시 기간이 끝나고, 작품은 모두 도서관에 새로 생긴 진로 전시관으로 옮겨졌다. 3층 건물의 도서관이 신축되었는데, 그 중 2층 전체를 진로 전시관이 차지하게 되었다. 이는 교장 선생님이 우리 학교의 진로 전시관을 얼마나 대견하게 여기시는지 알 수 있는 대목이었다. 진로 동아리 학생들은 다소 힘들긴 했지만 자신들의 작품이 학교의 역사로 남아 전시되고 길이 후배들에게 전해진다고 생각하니 뿌듯했다.

"샘, 존재 발견 부분을 모두 다 옮겼는데요. 순서로 보면 진로 인식 바로 옆 벽에 전시해야 하지 않을까요?"

"그게 낫겠다. 찬형아, 작품이 다치지 않게 조심해서 붙여야 한다."

학생들은 작품을 배열하면서 다시 한 번 배운 내용들을 떠올려 보았다. 이제는 너무나 익숙하다. 눈을 감고도 줄줄이 꿸 정도였다.

"야! 이 정도 되면 정말 '진로 멘토'라고 할 만한데요. 내용이 머릿속에 저절로 떠올라요."

"승헌아, 이제 나 없이도 너희들이 직접 후배들을 가르칠 수 있겠지?"

"어우, 아니에요. 그건 아니죠. 샘이 안 계시면 우린 앙꼬 없는 찐빵일 뿐이죠."

존재 발견 전시관

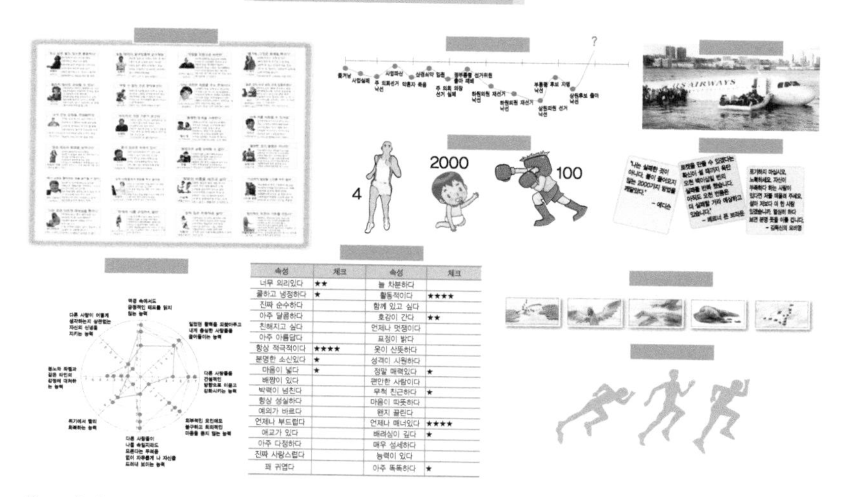

속성	체크	속성	체크
너무 의리있다	★★	늘 차분하다	
쿨하고 냉정하다	★	활동적이다	★★★★
진짜 순수하다		함께 있고 싶다	
아주 달콤하다		호감이 간다	★★
친해지고 싶다		언제나 멋쟁이다	
아주 아름답다		표정이 밝다	
항상 적극적이다	★★★★	옷이 산뜻하다	
분명한 소신있다	★	성격이 시원하다	
마음이 넓다	★	정말 매력있다	★
배짱이 있다		편안한 사람이다	
박력이 넘친다		무척 친근하다	★
항상 성실하다		마음이 따뜻하다	
예의가 바르다		왠지 끌린다	
언제나 부드럽다		언제나 매너있다	★★★★
애교가 있다		배려심이 깊다	★
아주 다정하다		매우 섬세하다	
진짜 사랑스럽다		능력이 있다	
꽤 귀엽다		아주 똑똑하다	★

"교빈아, 그쪽 벽은 모두 비워 두어야 한다."

"왜요? 그럼 균형이 안 맞아요. 이쪽만 휑하잖아요. 몇 개씩 더 당기면 얼추 채울 수 있을 것 같은데요."

"아냐. 거기는 꼭 놓아야 할 내용이 있어. 아직 배우지 않은 거란다."

"네? 배우지 않은 것인데 벌써 자리를 만들어 놓는다고요. 2학기 때 배울 내용은 따로 옆에 공간이 마련되어 있잖아요."

"2학기 때 배울 부분 말고 앞부분을 마무리하는 중요한 내용이 남아 있단다."

"그게 뭔데요?"

"진로 검증 부분이야."

진로 정보센터

민샘은 비워 둔 공간 위쪽에 '진로 정보센터'라고 제목을 붙였다. 아직 내용도 배우지 않았는데 미리 제목을 붙인 것이다.

진로 탐색 부분은 마무리되었는데, 한 가지 남은 단계가 무엇일까? 학생들은 궁금했다.

바로 그 주에 진로 동아리 수업을 시작하자마자 민샘은 조별로 3장의 카드를 나눠 주었다. 이상한 사진이 들어 있었다. 세 명의 여자 동상인데, 뭔가 비슷한 모습이다. 학생들의 눈에 호기심이 가득했다.

"조별로 한번 비밀을 밝혀 보렴. 이 3장의 카드가 어떤 비밀을 가지고 있는지 확인하고 발표해 보자. 검색은 가능하다. 힌트는 없다. 알아서들 해 봐."

"샘, 야박하게 왜 이러세요? 힌트 좀 주세요."

"교빈아, 힌트 구걸하지 말고 사진을 보면서 실마리를 찾아서 검색해 봐. 그것 자체도 오늘은 공부가 된다."

힌트가 없기에 그냥 무작정 토론할 수밖에 없었다. 일단 사진을 보면서 분석하기 시작했다. 그런데 막상 관찰을 하고 대화를 시작하니 의외로 쉽게 검색어가 나오기 시작했다.

"동상이다. 다 동상이야. 어딘가에 세워져 있어. 승현아, 뭐 특이한 거 없냐?"

"어? 교빈아, 모두 눈을 가리고 있어."

"정말이네. 누가 장난친 것일까?"

"그건 아닌 것 같아."

"또 있다. 또 있어! 모두 저울을 들고 있어."

"어라, 두 명은 칼도 들고 있어."

눈을 가리고, 칼과 저울을 들고 있다. 아이들은 거기서 검색어를 찾아 연관 검색을 하기 시작했다.

"칼, 저울.", "동상, 저울."

"동상, 눈가리개.", "빙고! 나왔다, 나왔어."

“유레카! 우리 조도 나왔다.”

여기저기서 탄성이 터졌다. 민샘은 수업을 진행하면서 학생들이 그 짧은 시간에 컴퓨터를 활용하여 수업을 주도적으로 이끌어 가는 모습을 자주 볼 수 있었다. 민샘은 컴퓨터를 사용하는 과정도 교육의 중요한 내용으로 생각했다.

‘아이들이 평소에도 컴퓨터를 이렇게 생산적으로 사용하면 참 좋을 텐데. 이 수업에서라도 그것을 충분히 느끼게 해 주자.’

발표할 시간이 되었다. 하영이가 동상의 이름을 큰 목소리로 말했다.

“정의의 여신입니다! 이름은 ‘디케’라고 해요.”

“어떤 스토리가 있지?”

“그리스 로마 신화 이야기예요. 사람들 사이에 갈등이 생기면서 디케가 옳고 그름을 저울로 재서 판결을 내려줍니다. 저울이 기우는 쪽이 유죄인 거죠.”

“그런데 그 동상이 왜 지금 이렇게 세계 곳곳에 세워져 있을까?”

“대부분 법원을 상징하는 동상이에요.”

“그럼, 눈은 왜 가리고 있는데?”

“선입견 없이 공정하게 판단하라고요.”

“판단을 공정하게 하는 것. 어떻게 하면 판단을 공정하게 할 수 있지?”

“샘, 눈을 가리면 돼요.”

“우잉, 내용이 돌고 있잖아. 하영이도 이런 농담할 줄 아니? 하하하!”

자기 발견까지 마치고 저마다 희망 직업군까지 찾은 마당에 왜 갑자기 ‘판단’이 등장한 걸까? 민샘은 ‘판단’을 공부하기 위해 일부러 ‘정의의 여신’ 디케를 꺼낸 것이다.

“너희들은 다양한 탐색을 통해 자신의 희망 직업군을 찾았다. 하지만 지금부터는 더 열심히 그것을 검증해야 해. 자신이 선택한 직업군이 정말 자신에게 최적임을 최종적으로 확신하는 과정에서 우리는 어떤 방법으로 이것을 검증할 수 있지? 하영이가 좀더 대답을 해 줄래?"

"음~ 일단 디케 여신처럼 자신이 공정하게 판단했는지를 점검해야 할 것 같아요. 그리고 선택한 직업의 주변 직업을 더 살펴야 할 것 같아요. 그래야 내가 선택한 직업이 더 선명하게 검증될 것 같아요."

찬형이가 하영이를 돕겠다며 손을 들었다.

"이건 어떨까요? 직업 현장의 사람들을 만나서 들어보는 거예요. 이게 제일 중요하지 않을까요?"

"그런데 만나기 쉽지 않을 때는?"

"그때는 다양한 인터뷰나 영상 같은 자료를 참고하면 되죠. 물론 직접 만나 보는 게 제일 좋겠지만요."

민샘은 학생들이 꺼낸 의견을 그대로 카드로 나열해서 보여 주었다. 먼저 우리 자신이 공정하고 객관적으로 판단했는지 점검한다. 그런 뒤 선택한 직업과 주변 직업의 정보를 더 알아보고 비교한다. 그 다음 현장 직업인의 의견을 들어본다. 그리고 가능하면 현장의 느낌을 직접 체험해 보되 그게 여의치 않을 때는 관련 자료를 활용해서 검증한다.

"그럼 오늘은 우리의 판단을 한번 점검하고 검증해 보자."

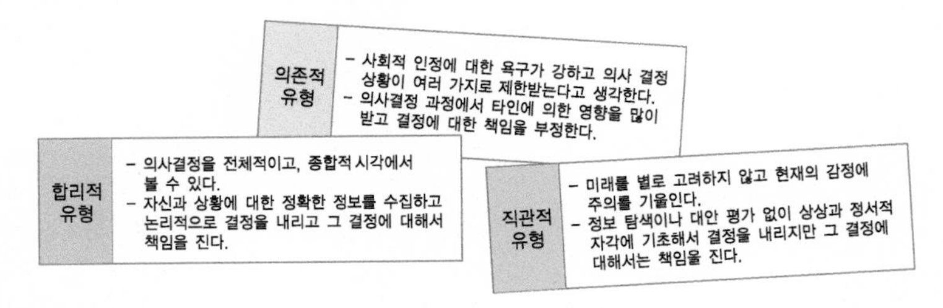

"3장의 카드를 보여 주마. 이 카드는 판단의 유형을 구분한 것으로 합리적 유형, 의존적 유형, 직관적 유형이다. 합리적 유형은 의사 결정을 전체적이고 종합적인 시각에서 하는 유형이야. 의존적 유형은 다른 사람에

게 인정받고 싶은 욕구가 강하지. 판단을 타인의 생각에 의존하기 때문에 결과에 대해 책임지지 않는 단점이 있다. 직관적인 유형은 미래보다는 당장 현재의 감정에 솔직한 판단 유형이다. 이런 친구들은 정보 탐색에 약하다. 그래도 자신의 감정에 충실하기 때문에 의존적 유형과는 달리 결과에 책임을 지려 한다."

학생들은 설명을 들으면서 어느 유형이 자신의 모습과 비슷한지 가늠하면서 공감하는 내용이 나오면 고개를 끄덕였다.

"샘, 저는 보나마나 의존적 유형입니다요."

"교빈아, 내가 봐도 그런 것 같다. 자, 그러면 자신이 의존적 유형이라고 생각하는 친구는 모두 교빈이에게로 모이면 돼. 나머지 2개 유형도 나름대로 판단해서 모이도록 하자."

학생들은 소란을 떨며 모이기 시작했다. 잘못 왔다고 쫓아내기도 하고, 떨어지지 말자고 껴안고 다니는 학생들도 있었다.

"끼리끼리 모인 거 같네. 그럼 좀 더 자세한 설명을 참고해 보자."

유형	일반적 특성	진로 결정의 특성
합리적 유형	- 의사결정을 전체적이고, 종합적인 시각에서 볼 수 있다. - 자신과 상황에 대한 정확한 정보를 수집하고 논리적으로 결정을 내리고 그 결정에 대해서는 책임을 진다.	- 의사결정이 신중하고 합리적이다. - 심리적 독립과 성장에 도움이 된다. - 잘못되거나 실패할 확률이 낮다. - 의사결정에 시간이 걸린다.
직관적 유형	- 미래를 별로 고려하지 않고 현재의 감정에 주의를 기울인다. - 정보 탐색이나 대안 평가 없이 상상과 정서적 자각에 기초해서 결정을 내리지만 그 결정에 대해서는 책임을 진다.	- 의사결정이 즉흥적이고 감정적이다. - 스스로의 선택에 책임을 진다. - 잘못되거나 실패할 확률이 높다. - 의사결정이 신속하다.
의존적 유형	- 사회적 인정에 대한 욕구가 강하고 의사 결정 상황이 여러가지로 제한받는다고 생각한다. - 의사결정 과정에서 타인에 의한 영향을 많이 받고 결정에 대한 책임을 부정한다.	- 의사결정이 수동적이고 순종적이다. - 개인적 독립이나 성숙을 방해한다. - 실패했을 때 남의 탓을 한다. - 결정을 내릴 때 정서적으로 불안을 느낀다.

학생들은 자신이 습관적으로 하는 판단이 어떤 유형에 속하는지 처음으로 이해하는 시간을 가졌다. 자신의 판단 유형의 특징을 이해하고 문제점도 이야기해 보았다. 그리고 어떤 점을 개선해야 하는지 진로 포트폴리오에 기록해 보았다.

"지금 했던 활동은 일반적인 의사 결정의 '유형'을 구분한 거야. 그럼 이번에는 자신의 의사 결정 '능력'이 어느 정도인지 한번 냉정하게 확인해 보렴. 조금 마음이 쓰리더라도 한번 꾹 참고 해 보자."

"민샘, 쏘~쿠~울! 저희는 괜찮아요. 더 무서운 것도 다 지나왔잖아요."

교빈이의 말에 민샘은 마음이 놓였다. 민샘은 진단이나 검사 등을 매우 조심스러워했다. 아이들이 가끔은 자신이 평가받는 느낌을 받기 때문이었다.

의사결정 능력의 자기 진단

다음은 평소 자신의 진로에 어떤 의사를 가졌는가를 알아보기 위한 것이다. 각 문항의 내용이 자신의 상태나 생각과 일치하면 ○, 일치하지 않으면 X, 어느 쪽도 아니면 △로 표시한다.

〈채점〉

○표는 2점, ×표는 0점, △표는 1점으로 환산하여 총점을 산출하고, 아래 판정표에 따라 자신의 의사 결정 능력의 단계를 확인해 본다.

	문항 내용 표시	표시
1	나는 장래에 어떤 직업을 가질 것인가 늘 생각하고 있다.	
2	나는 휴일을 이용하여 가사나 아르바이트를 잘한다.	
3	텔레비전이나 신문, 잡지를 볼 때 나의 진로에 대해 생각한다.	
4	직업은 운명적으로 결정되므로 운명이 다가올 때까지 기다린다.	
5	나는 어떤 학교에서 무엇을 배워야 좋을지 항상 생각한다.	
6	진학이나 취직에 대해 부모님이나 선생님과 상담하고 싶다.	
7	가업을 계승하여 발전시키려는 생각을 항상 한다.	
8	진학이냐 취직이냐는 자기가 결정할 수 있다.	
9	사람은 일하기 위해 태어난 것이므로 잘하는 분야에서 일해야 한다.	
10	취직해서 부모님으로부터 심리적 · 경제적으로 독립하는 것은 즐겁다.	
11	나의 장래는 가급적 경험이 많은 사람이 정해 주는 것이 좋다.	
12	내가 취업하고 싶은 직업이 있다면 어디든지 갈 예정이다.	

	문항 내용 표시	표시
13	타인의 의견은 참고로 하지만 나의 장래는 내가 책임질 작정이다.	
14	나의 능력이나 적성을 어떻게 해서든지 알려고 하고 있다.	
15	여하간 현재는 공부만 해 두면 장래 문제는 어떻게 될 것이라고 생각한다.	
16	내가 희망하는 대학, 직업을 타인의 의견이나 자료를 통해 정할 생각이다.	
17	지금 희망하고 있는 직업은 공상적이므로 불안한 기분이 든다.	
18	지금 나의 미래를 예상하는 것은 거의 불가능하다.	
19	내가 희망하는 직업에 필요한 자격(증) · 학력 등의 관계를 안다.	
20	나는 대학을 나의 직업과 연관 지어 선택하고자 한다.	

민샘은 진단 이후에 바로 의사 결정 능력 구간을 보여 주었다. 구간이 높게 나온 학생이 있는 반면 낮게 나온 학생도 있었다. 중요한 것은 그 이후에 어떤 방법으로 개선할지를 찾는 것이다.

단계	상	중상	중	중하	하
남	31 이상	30~24	23~21	20~17	16 이하
여	29 이상	28~22	21~19	18~15	14 이하

"승헌아, 의사 결정 능력을 향상시키려면 어떤 노력이 필요할까?"
"답은 이미 이전 활동에서 나온 것 같아요. 합리적 유형 쪽으로 계속 노력해야 할 것 같아요. 그러니까 신중하고 합리적으로 판단하는 훈련을 하는 것이죠."
"어떻게 하면 신중하고 합리적으로 판단하는 것일까? 한 가지씩 자유롭게 말해 볼까?"
"일단 즉흥적으로 결정하는 습관을 고쳐서 약간의 시간을 두고 생각해요."
"가능한 한 관련 정보를 많이 모아서 그 정보를 바탕으로 생각해요."
"신뢰할 만한 전문가의 의견을 들어봐요."
"좋다. 다들 잘 말했어. 그런데 정보를 통해 결정한다고 했는데, 어떤 정보를 어떻게 모아야 하는 거지?"
"진로 페스티벌에서 했던 직업 사전 같은 자료를 보면 되지 않을까요?"
"찬형아, 그것은 진로를 탐색하는 과정에서 필요한 기초 자료이다. 이번에는 진로를 검증하는 단계라서 보다 현장을 잘 알 수 있는 자료가 필요해."

"글쎄요. 어떤 정보일까요?"

세 가지 검증 패널 더하기

수업이 끝나고 민샘과 학생들은 진로 도서관에 가서 '진로 정보센터'의 첫 번째 칸에 '판단 점검'이라는 수업 내용을 함께 붙였다. 수업자료를 붙이던 교빈이가 말했다.

진로 정보센터

판단점검 | 정보점검 | 의견점검 | 현장점검

유형	일반적 특성	진로 결정의 특성
합리적 유형	- 의사결정을 전체적이고, 종합적인 시각에서 볼 수 있다. - 자신과 상황에 대한 정확한 정보를 수집하고 논리적으로 결정을 내리고 그 결정에 대해서는 책임을 진다.	- 의사결정이 신중하고 합리적이다. - 심리적 독립과 성장에 도움이 된다. - 잘못되거나 실패할 확률이 낮다. - 의사결정에 시간이 걸린다.
직관적 유형	- 미래를 별로 고려하지 않고 현재의 감정에 주위를 기울인다. - 정보 탐색이나 대안 평가 없이 상상과 정서적 자각에 기초해서 결정을 내리지만 그 결정에 대해서는 책임을 진다.	- 의사결정이 즉흥적이고 감정적이다. - 스스로의 선택에 책임을 진다. - 잘못되거나 실패한 확률이 높다. - 의사결정이 신속하다.
의존적 유형	- 사회적 인정에 대한 욕구가 강하고 의사결정 상황이 여러가지로 제한 받는다고 생각한다. - 의사결정 과정에서 타인에 의한 영향을 많이 받고 결정에 대한 책임을 부정한다.	- 의사결정이 수동적이고 순종적이다. - 개인적 독립이나 성숙을 방해한다. - 실패했을 때 남의 탓을 한다. - 결정을 내릴 때 정서적으로 불안을 느낀다.

"샘, 바로 이 내용들을 붙이려고 여기를 비워두신 거군요. 이제 3개의 패널을 더 붙이면 되겠네요?"

"그래. 그리고 합리적 의사결정 유형으로 바뀌려면 정보를 잘 모아야 하고, 어떤 정보를 어떻게 모을지는 다음 시간에 확인해 보자."

꼭! 작성해 보세요 | 포트폴리오 활동 1

나의 의사결정 유형 확인하기

다음은 의사결정 유형을 3가지로 구분한 것입니다. 내용을 읽어 보고 자신의 의사결정 유형은 어디에 속하는지 생각해 봅니다. 선택한 유형의 세부 내용을 한 번 더 읽고 그 내용을 토대로 자신의 의사결정 습관의 모습을 표현해 봅니다.

유형	일반적 특성	진로 결정의 특성
합리적 유형	– 의사결정을 전체적이고, 종합적인 시각에서 볼 수 있다. – 자신과 상황에 대한 정확한 정보를 수집하고 논리적으로 결정을 내리고 그 결정에 대해서는 책임을 진다.	– 의사결정이 신중하고 합리적이다. – 심리적 독립과 성장에 도움이 된다. – 잘못되거나 실패할 확률이 낮다. – 의사결정에 시간이 걸린다.
직관적 유형	– 미래를 별로 고려하지 않고 현재의 감정에 주의를 기울인다. – 정보 탐색이나 대안 평가 없이 상상과 정서적 자각에 기초해서 결정을 내리지만 그 결정에 대해서는 책임을 진다.	– 의사결정이 즉흥적이고 감정적이다. – 스스로의 선택에 책임을 진다. – 잘못되거나 실패할 확률이 높다. – 의사결정이 신속하다.
의존적 유형	– 사회적 인정에 대한 욕구가 강하고 의사 결정 상황이 여러가지로 제한받는다고 생각한다. – 의사결정 과정에서 타인에 의한 영향을 많이 받고 결정에 대한 책임을 부정한다.	– 의사결정이 수동적이고 순종적이다. – 개인적 독립이나 성숙을 방해한다. – 실패했을 때 남의 탓을 한다. – 결정을 내릴 때 정서적으로 불안을 느낀다.

〈포함할 내용〉
–어느 유형에 속하는지
–내가 보이는 유형의 특성
–유형과 관련하여 진로 결정에서 보이는 특성

나의 의사결정 유형 확인하기

다음은 의사결정 유형을 3가지로 구분한 것입니다. 내용을 읽어 보고 자신의 의사결정 유형은 어디에 속하는지 생각해 봅니다. 선택한 유형의 세부 내용을 한 번 더 읽고 그 내용을 토대로 자신의 의사결정 습관의 모습을 표현해 봅니다.

유형	일반적 특성	진로 결정의 특성
합리적 유형	– 의사결정을 전체적이고, 종합적인 시각에서 볼 수 있다. – 자신과 상황에 대한 정확한 정보를 수집하고 논리적으로 결정을 내리고 그 결정에 대해서는 책임을 진다.	– 의사결정이 신중하고 합리적이다. – 심리적 독립과 성장에 도움이 된다. – 잘못되거나 실패할 확률이 낮다. – 의사결정에 시간이 걸린다.
직관적 유형	– 미래를 별로 고려하지 않고 현재의 감정에 주의를 기울인다. – 정보 탐색이나 대안 평가 없이 상상과 정서적 자각에 기초해서 결정을 내리지만 그 결정에 대해서는 책임을 진다.	– 의사결정이 즉흥적이고 감정적이다. – 스스로의 선택에 책임을 진다. – 잘못되거나 실패할 확률이 높다. – 의사결정이 신속하다.
의존적 유형	– 사회적 인정에 대한 욕구가 강하고 의사 결정 상황이 여러가지로 제한받는다고 생각한다. – 의사결정 과정에서 타인에 의한 영향을 많이 받고 결정에 대한 책임을 부정한다.	– 의사결정이 수동적이고 순종적이다. – 개인적 독립이나 성숙을 방해한다. – 실패했을 때 남의 탓을 한다. – 결정을 내릴 때 정서적으로 불안을 느낀다.

〈포함할 내용〉
–어느 유형에 속하는지
–내가 보이는 유형의 특성
–유형과 관련하여 진로 결정에서 보이는 특성

나의 의사결정 유형은 직관적 유형에 가깝다. 감정에 매우 솔직하고 민감한 나의 성격 때문인 것 같다. 그래서인지 나는 어릴 적부터 꿈의 변화가 매우 심한 편이었다. 중학교에 올라온 뒤에도 3번이나 꿈이 바뀌었다. 그런데 알고 보니 나에게는 살짝 의존적 성향도 있는 것같다. 왜냐하면 내가 꿈이 바뀔 때마다 공통적으로 주변 사람, 부모, 친구의 영향을 받기 때문이다. 앞으로는 보다 합리적인 유형을 배우기 위해 정보를 꼼꼼하게 챙겨야겠다.

나의 의사결정 능력 자가진단

다음은 평소 자신의 진로에 어떤 의사를 가졌는가를 알아보기 위한 것입니다. 각 문항의 내용이 자신의 상태나 생각과 일치하면 ○, 일치하지 않으면 X, 어느 쪽도 아니면 △로 표시합니다. 그 결과를 바탕으로 채점을 하고, 아래의 구간에서 자신의 능력이 낮게 나왔을 경우 합리적 의사 결정 능력을 높이기 위한 방법이 무엇일지 생각해 보고 기록합니다.

	문항 내용 표시	표시
1	나는 장래에 어떤 직업을 가질 것인가 늘 생각하고 있다.	
2	나는 휴일을 이용하여 가사나 아르바이트를 잘한다.	
3	텔레비전이나 신문, 잡지를 볼 때 나의 진로에 대해 생각한다.	
4	직업은 운명적으로 결정되므로 운명이 다가올 때까지 기다린다.	
5	나는 어떤 학교에서 무엇을 배워야 좋을지 항상 생각한다.	
6	진학이나 취직에 대해 부모님이나 선생님과 상담하고 싶다.	
7	가업을 계승하여 발전시키려는 생각을 항상 한다.	
8	진학이냐 취직이냐는 자기가 결정할 수 있다.	
9	사람은 일하기 위해 태어난 것이므로 잘하는 분야에서 일해야 한다.	
10	취직해서 부모님으로부터 심리적 · 경제적으로 독립하는 것은 즐겁다.	
11	나의 장래는 가급적 경험이 많은 사람이 정해 주는 것이 좋다.	
12	내가 취업하고 싶은 직업이 있다면 어디든지 갈 예정이다.	
13	타인의 의견은 참고로 하지만 나의 장래는 내가 책임질 작정이다.	
14	나의 능력이나 적성을 어떻게 해서든지 알려고 하고 있다.	
15	여하간 현재는 공부만 해 두면 장래 문제는 어떻게 될 것이라고 생각한다.	
16	내가 희망하는 대학, 직업을 타인의 의견이나 자료를 통해 정할 생각이다.	
17	지금 희망하고 있는 직업은 공상적이므로 불안한 기분이 든다.	
18	지금 나의 미래를 예상하는 것은 거의 불가능하다.	
19	내가 희망하는 직업에 필요한 자격(증) · 학력 등의 관계를 안다.	
20	나는 대학을 나의 직업과 연관 지어 선택하고자 한다.	

○은 2점, X는 0점 △는 1점 합산

단계	상	중상	중	중하	하
남	31 이상	30~24	23~21	20~17	16 이하
여	29 이상	28~22	21~19	18~15	14 이하

내친구 포트폴리오 살짝 엿보기

나의 의사결정 능력 자가진단

다음은 평소 자신의 진로에 어떤 의사를 가졌는가를 알아보기 위한 것입니다. 각 문항의 내용이 자신의 상태나 생각과 일치하면 O, 일치하지 않으면 X, 어느 쪽도 아니면 △로 표시합니다. 그 결과를 바탕으로 채점을 하고, 아래의 구간에서 자신의 능력이 낮게 나왔을 경우 합리적 의사 결정 능력을 높이기 위한 방법이 무엇일지 생각해 보고 기록합니다.

	문항 내용 표시	표시
1	나는 장래에 어떤 직업을 가질 것인가 늘 생각하고 있다.	△
2	나는 휴일을 이용하여 가사나 아르바이트를 잘한다.	×
3	텔레비전이나 신문, 잡지를 볼 때 나의 진로에 대해 생각한다.	×
4	직업은 운명적으로 결정되므로 운명이 다가올 때까지 기다린다.	×
5	나는 어떤 학교에서 무엇을 배워야 좋을지 항상 생각한다.	△
6	진학이나 취직에 대해 부모님이나 선생님과 상담하고 싶다.	◯
7	가업을 계승하여 발전시키려는 생각을 항상 한다.	×
8	진학이냐 취직이냐는 자기가 결정할 수 있다.	×
9	사람은 일하기 위해 태어난 것이므로 잘하는 분야에서 일해야 한다.	◯
10	취직해서 부모님으로부터 심리적 · 경제적으로 독립하는 것은 즐겁다.	◯
11	나의 장래는 가급적 경험이 많은 사람이 정해 주는 것이 좋다.	◯
12	내가 취업하고 싶은 직업이 있다면 어디든지 갈 예정이다.	×
13	타인의 의견은 참고로 하지만 나의 장래는 내가 책임질 작정이다.	×
14	나의 능력이나 적성을 어떻게 해서든지 알려고 하고 있다.	×
15	여하간 현재는 공부만 해 두면 장래 문제는 어떻게 될 것이라고 생각한다.	◯
16	내가 희망하는 대학, 직업을 타인의 의견이나 자료를 통해 정할 생각이다.	△
17	지금 희망하고 있는 직업은 공상적이므로 불안한 기분이 든다.	◯
18	지금 나의 미래를 예상하는 것은 거의 불가능하다.	◯
19	내가 희망하는 직업에 필요한 자격(증) · 학력 등의 관계를 안다.	×
20	나는 대학을 나의 직업과 연관 지어 선택하고자 한다.	△

O은 2점, X는 0점 △는 1점 합산

단계	상	중상	중	중하	하
남	31 이상	30~24	23~21	20~17	16 이하
여	29 이상	28~22	21~19	18~15	14 이하

나의 합리적 의사결정 능력은 중간 정도의 수준으로 나왔다. 높은 수치는 아니지만 그렇다고 절망할 정도는 아닌 것 같다. 그런데 질문을 자세히 읽으면서 느낀 점이 있다. 진로에 대한 나의 고민이 진지하지는 않았구나 하는 생각이 들었다. 앞으로는 공부와 진학을 나의 진로와 연결하여 고민하고 이에 대해 부모님과 상의하는 시간을 자주 가지려 한다.

생생! 직업인 이야기

소심한 학생이 섬세한 전문가로 변하다

모델러

혹시 자신의 성격 때문에 고민해 본 적이 있나요? 저는 고민이 정말 많았습니다. 그리고 심각했어요. 친구들이 싫어하는 성격을 다 가지고 있었답니다. 소심한 아이, 답답한 아이, 그러면서도 사소한 것을 절대 지나치지 않는 완벽주의적인 아이로 낙인이 찍혔답니다. 이런 내가 무슨 직업을 가질 수 있을까. 참 아팠답니다. 유일한 낙은 정교한 장난감 모델을 조립하는 것이었어요.
그러던 어느 날 역사박물관에 현장학습을 갔다가 저의 인생이 뒤집어졌습니다. 실제 건물을 아주 작은 모델로 만든 미니어처 작품들을 본 거예요. '바로 이거다!' 그 순간 저는 꿈을 꾸기 시작했어요. 너무 섬세하고 예민하며 철저한 성격에 맞는 직업이 보인 것이랍니다. 저는 대학에서 산업디자인을 전공한 뒤, 지금 건축 모델과 역사 모델을 만드는 직업에 종사하고 있답니다. 멋지죠. 자신에게 맞는 자신만을 위한 일이 반드시 있다는 것을 믿어야 합니다. 바로 지금부터 찾아보세요. 자신의 몸에 꼭 맞는 옷을 찾을 수 있을 겁니다.

10 직업 옆에 직업

꿈의 주변을 충분히 살폈는가

우리들의 고민 편지

대구 Y여중 2학년 M양은 학교에서 진행하는 진로 활동을 거의 마무리할 무렵 새로운 갈등이 생겼다. 진로 활동을 하기 전에는 영역을 넘나들며 하고 싶은 게 많았는데, 지금은 한 분야로 정해져서 이전과 같은 갈등은 없다. 하지만 자신이 선택한 방송 분야 안에서도 약간의 차이를 두고 수많은 직업이 나뉜다는 사실을 새롭게 발견한 것이다. 알면 알수록 더 많은 세상이 보이는 것에 M양은 설렘과 동시에 갈등이 생긴다.

– 온라인 캠프에 올라온 진로 고민 편지

희망 직업 마인드맵

"샘, 어떤 키워드로 마인드맵을 해 볼까요?"

"키워드를 무엇으로 할 것인지가 중요하다. 일단 수희는 '청소년'을 주제로 마인드맵을 해 볼까."

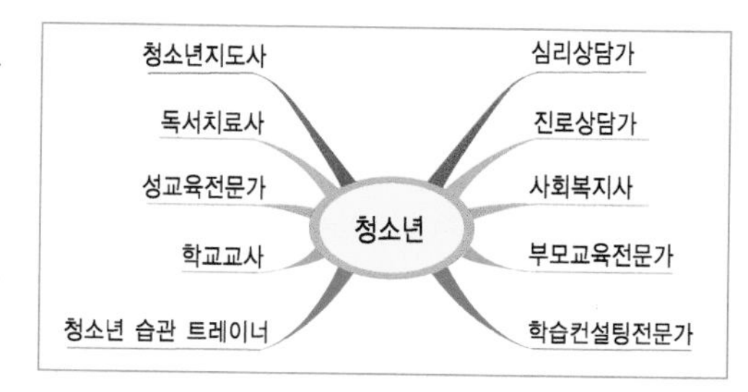

수업 시작과 함께 마인드맵 미션이 주어졌다. 자신이 희망하는 직업의 키워드로 관련 주변 직업군을 생각나는 대로 그려 보는 작업이었다. 민샘은 수희의 마인드맵을 화면에 띄우고 전체 의견을 모아 더 확장해 보았다.

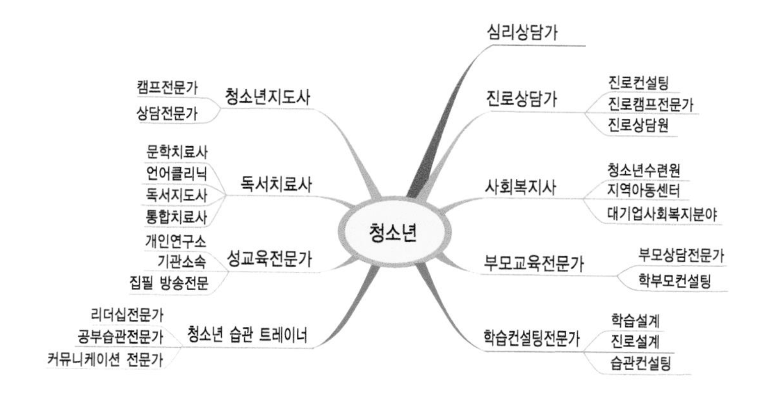

"수희는 다양한 진로 탐색의 과정을 통해 희망 직업군을 찾은 게 맞니?"

"네, 맞아요."

"주로 어떤 직업들이었지?"

"상담사, 사회복지사 그리고 유치원 교사요."

"우선순위대로 표현한 거니?"

"어느 정도 반영한 거예요."

"상담사나 사회복지사의 대상은 주로 청소년이라고 일전에 얘기한 기억이 나는구나."
"기억해 주셔서 고마워요."
"초기 마인드맵을 한 후 확장해 보았는데 느낌이 어때?"
"모두 마음에 와 닿아요. 마치 저에게 맞는 것을 전부 나열한 것 같아요. 이렇게 많은 줄 몰랐어요. 그리고 정말 직업들이 마음에 들어요."
수희의 샘플을 통해 자신의 희망 직업군과 주변 직업군을 들여다보는 연습을 해 보았다. 주변 직업을 탐색하는 것은 직업 탐색과 검증의 필수 요소이다.
"샘, 저 좀 도와주세요. 도대체 떠오르는 게 없어요."
"교빈이는 어떤 키워드로 마인드맵을 할 생각이니?"
"일단 물리치료사라는 희망 직업으로 하려는데, 도저히 떠오르는 단어가 없어요."

직업 옆에 직업을 보는 눈

민샘은 교빈이를 도울 겸 학생들에게 주변 직업을 꺼내는 방법을 먼저 자세히 설명할 계획이다. 일단 탐색을 통해 도출된 학생들의 현재 희망 직업군을 다시 한 번 상기했다.

찬형	승헌	하영	교빈	철만	수희
컴퓨터 관련 공학 연구원 엔지니어	CEO 헤드헌터 회계사	국어 교사 인문학 교수 작가	방송인 방송국 PD 물리치료사	체육 교사 경기 분석가 트레이너	상담사 사회복지사 유치원 교사

"교빈아, 직업 옆에 직업을 찾아보자."
"직업 옆에 직업?"
"한 가지 관심 직업으로 출발하여 주변 직업으로 정보를 확대하는 방식이야."
"그런데 아까 수희의 마인드맵을 보면, 정말 많은 직업군이 새로 나왔어요. 혹시 더 혼란스러워지지 않을까요?"

교빈이의 질문은 일리가 있었다. 차라리 아는 직업이 한정되어 있으면 고민하지 않고 그대로 갈 텐데, 너무 많은 것을 알게 되면 오히려 혼란스러울 수 있을 것 같다. 민샘은 수희를 바라보며 물었다.

"수희야, 혼란스럽니?"

"아니요. 그렇지 않아요. 아까 말씀드렸듯이 청소년, 상담 관련 직업이다 보니 모두 저의 적성에는 맞는 것 같아요. 다만 좀 더 알아봐야겠다는 생각은 들어요. 직업명만 보았는데, 실제 내용을 알아봐야 할 것 같아요."

교빈이는 수희의 긍정적인 답변에도 불구하고 여전히 시무룩해했다. 일단 자신의 마인드맵이 하나도 진전되지 않아 속이 상한 모양이었다.

"관련 직업을 확장할 수 있는 네 가지 방법을 소개하겠다. 먼저 직업명으로 접근해 보자. 직업명으로 관련 직업을 탐색할 때는 '투모라이즈' 나 '직업정보시스템' 사이트를 활용하는 것이 가장 쉽다. 수희의 샘플로 확인해 볼까?"

'청소년 지도사' 로 들어갔을 경우 주변 직업군

◎ 관련직업

직업명	직업명
» 취업알선원	» 사회복지사
» 청소년지도사	» 커리어코치
» 상담전문가	» 직업상담사
» 사회단체활동가	

'사회복지사' 로 들어갔을 경우 주변 직업군

◎ 관련직업

직업명	직업명
» 취업알선원	» 사회복지사
» 청소년지도사	» 커리어코치
» 상담전문가	» 직업상담사
» 사회단체활동가	

"어? 샘, 똑같은 결과가 나왔는데요?"

"아마 이 내용에 나와 있는 어떤 단어를 검색하더라도 똑같은 답변이 나올 거야."

"무작정 무한대로 확장되는 것은 아니군요."

"그래, 교빈아. 이제 좀 안심이 되니? 차근차근 하나씩 살펴 가다 보면 어느덧 관련 직업군을 다 탐색할 수 있단다. 그 과정에서 놀라운 변화를 경험하게 될 거야."

"어떤 변화를 경험하죠?"

"크게 두 가지인데, 하나는 원래 꿈꾸던 직업에 더욱 확신을 가지고 열렬히 추구하게 되고, 다른 하나는 관련 직업군 중에 다른 직업으로 진로를 바꾸는 것이다. 어떤 선택을 하든 검증을 통해 내린 결론이라면 존중받을 만하다."

민샘은 수희의 샘플로 이번에는 '학과'를 통한 접근을 시도해 보았다. 키워드는 '상담학'과 '사회복지학'이다.

'상담학'으로 들어갔을 경우 주변 직업군

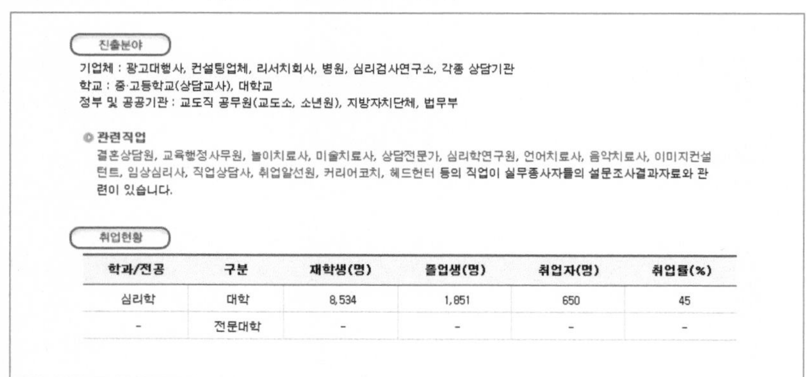

진출분야

기업체 : 광고대행사, 컨설팅업체, 리서치회사, 병원, 심리검사연구소, 각종 상담기관
학교 : 중·고등학교(상담교사), 대학교
정부 및 공공기관 : 교도직 공무원(교도소, 소년원), 지방자치단체, 법무부

관련직업

결혼상담원, 교육행정사무원, 놀이치료사, 미술치료사, 상담전문가, 심리학연구원, 언어치료사, 음악치료사, 이미지컨설턴트, 임상심리사, 직업상담사, 취업알선원, 커리어코치, 헤드헌터 등의 직업이 실무종사자들의 설문조사결과자료와 관련이 있습니다.

취업현황

학과/전공	구분	재학생(명)	졸업생(명)	취업자(명)	취업률(%)
심리학	대학	8,534	1,851	650	45
-	전문대학	-	-	-	-

'사회복지학과' 로 들어갔을 경우 주변 직업군

진출분야

기업체 : 기업체 사회공헌 관련 부서, 병원, 사회복지시설
연구소 : 사회복지연구소, 사회조사연구소, 사회정책연구원, 사회과학연구소
정부 및 공공기관 : 중앙정부 및 지방자치단체(사회복지직, 보호관찰직, 교정직, 소년보호직 공무원), 한국장애인복지진흥회, 한국청소년상담원, 한국청소년정책연구원, 한국보건사회연구원, 종합사회복지관, 노인복지관

◎ 관련직업

복지시설생활지도원, 사회복지관련관리자, 사회복지사, 소년보호관, 직업상담사, 취업알선원 등의 직업이 실무종사자들의 설문조사결과자료와 관련이 있습니다.

사이트의 검색 결과 중에 파랑색으로 활성화되어 있는 단어는 클릭이 가능하다. 따라서 곧바로 각각의 직업 설명을 읽고 이해할 수 있다. 따라서 일정한 시간을 정해 관련 직업을 탐색한다면 대강은 검증할 수 있을 것이다.

홍보 마케팅
출판기획
원고작성
인쇄제본
북 칼럼
신문기사
편집디자인
삽화작업
원고교정

"이번에는 하영이의 희망 직업인 '작가'를 주제로 관련 직업군을 탐색해 보자. 앞에서와는 다른 방법으로 찾아보자. '과정'을 추적하는 방법이다. 주어진 카드는 책이 출판되기까지의 과정이다. 조별로 순서를 잡아 볼까?"

"약간의 차이가 있을 수 있다는 사실을 기억하렴. 예를 들면 원고작성보다 출판기획이 먼저 들어갈 수도 있어."

이번에는 출판의 순서대로 필요한 관련 직업군을 배치해 보게 했다. 책이 한 권 나오기까지 이렇게 많은 관련 직업군이 필요하다는 것이 학생들에게는 매우 새로웠다.

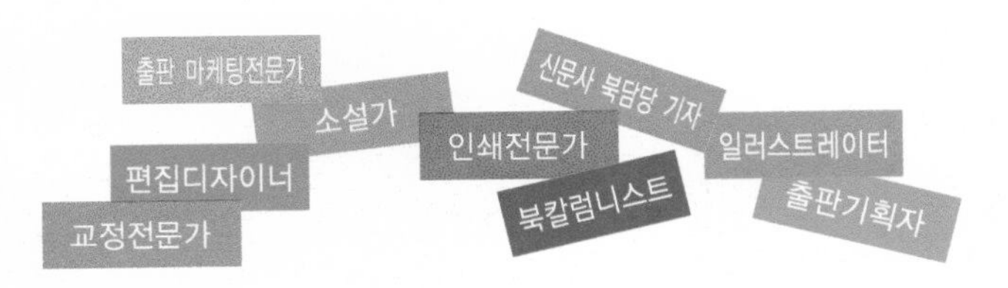

"어? 샘, 출판 과정을 나열하니 이렇게 많은 직업군이 숨겨져 있었네요!"

"그래, 교빈아. 이러한 방법이 바로 '과정'에 따른 관련 직업 탐색이야."

"그럼 아까 나왔던 카드 중에 '공간'은 어떤 방법이죠?"

"공간 안에서 함께 일하는 사람들이지."

"그럼 같은 분야의 일이 아닐 수도 있겠네요."

"때에 따라서는 그럴 수도 있다."

관련 직업을 확장하면서 자신의 희망 직업을 검증하는 작업은 학생들에게 또 다른 안목을 제공하는 활동이었다. 새로운 안목을 키우는 작업 과정에는 고통이 따르기 마련이다. 못 보던 것을 보기 때문이다. 지금 학생들은 바로 그런 과정을 거치고 있다. 직업명과 전공학과 등을 입력하여 관련 직업을 꺼내는 방법을 확인해 보고, 그 다음에는 어떤 결과물을 만들기까지의 과정을 생각하면서 관련 직업을 나열한다. 이제 끝으로 관련 직업을 떠올리는 방법은 바로 '공간'이다. 공간은 같은 장소에서 함께 관련된 일을 하는 사람들이다. 이 경우 공간의 개념으로 묶이는 직업들은 '직업명'이나 '전공' 또는 '과정'에서 겹치는 직업들이 나올 수도 있다.

"그럼 이제 샘이 단어를 던지면 공간적으로 관련이 있는 직종을 한번 말해 볼까? 도선사!"

"해양 경찰이요!", "어부!"

"해양학자!", "선박 엔지니어!"

민샘이 '법정' 그림 카드 한 장을 각 조에 던져 주었다. 공간 안에 관련된 모든 직업을 꺼내는 것이 조별 미션이다.

공간 안에서 찾아보는 조별 미션을 마치고, 그것을 확장하여 4가지 방법을 모두 사용한 마인드맵을 그려보게 하였다.

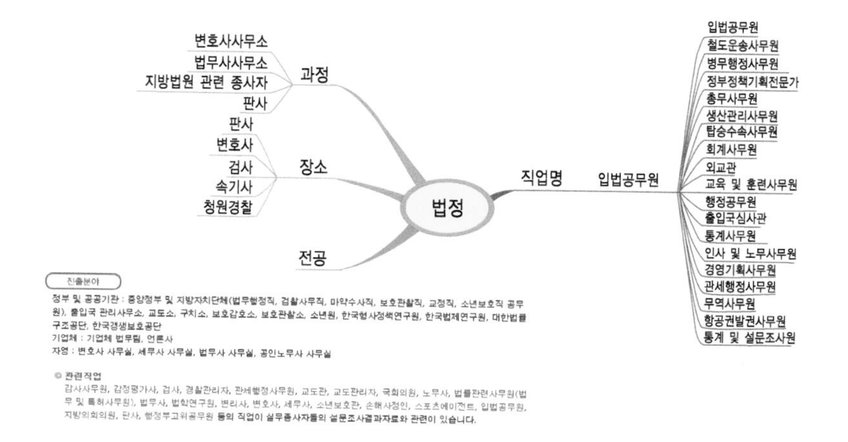

"샘, 이제 저 스스로 한번 해 볼게요. 방송인과 물리치료사 2개 모두 해 볼 거예요."

이제 교빈이도 방법을 터득했다. 자신의 희망 직업이 방송인과 물리치료사였는데 이것들과 관련된 직업을 꺼내 보겠다는 것이다.

방송 연출가라는 직업명으로 검색했을 때 나오는 직업명은 20개를 넘었

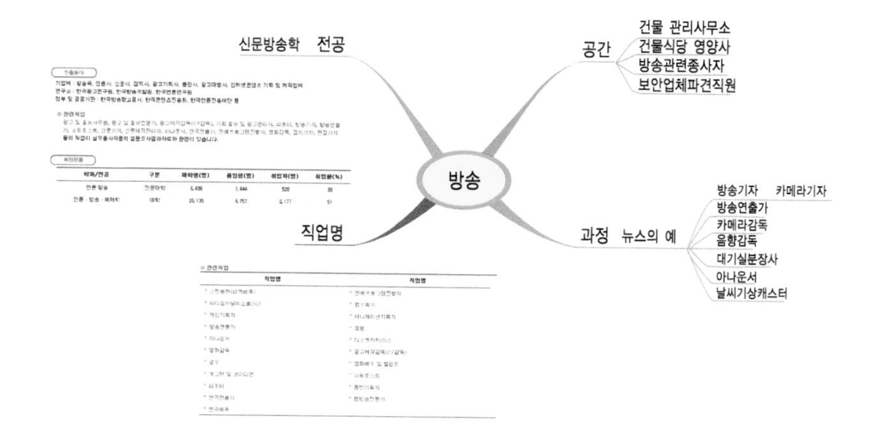

다. 방송 연출가들이 주로 전공한 신문방송학과로 검색했을 때도 비슷한 수의 관련 직업이 나왔다. 공간이라는 주제로 접근했을 때는 방송국의 식당 영양사까지 적어 놓았다. 그리고 뉴스를 예로 들어서 뉴스가 만들어지고 방송되기까지 필요한 직업군을 나열했다. 기상 캐스터나 아나운서의 대기실 분장사까지 표현해 보았다.

"와우~ 샘, 처음에는 아무것도 나오지 않아 좀 짜증이 났는데, 지금은 감당이 안 될 정도로 많아졌어요. 이렇게 많은 관련 직업이 있었네요."

"방법을 이해했기 때문에 가능한 거지."

"그런데 샘, 이 관련 직업들을 이제 어떻게 하나씩 알아보고 검증하죠?"

"기본적인 탐색 방법은 우리가 이전 탐색 수업에서 이미 진행했다."

"기본적인 직업 탐색이라면, 직업정보시스템을 활용하여 클릭하면서 내용을 읽는 것이죠."

"또 뭐가 있었지?"

"직업 사전이나 직업 전망 자료 등을 보는 거였죠?"

"그리고?"

"그리고 직업 분류 카드의 내용을 분류하면서 알아보는 작업이요."

"또 있었지?"

"또요……?"

옆에서 승헌이가 귓속말로 힌트를 주었다.

"영화를 통해 직업 알기, 직업 영상을 통해 알기……."

"거의 다 나왔구나. 그런 기본적인 방법으로 관련 직업의 세부 내용을 더 알아보면 된다. 그리고 몇 가지 핵심 직업, 그러니까 교빈이가 이미 결정했던 직업이나 관련 직업 중에서 새롭게 가슴이 뛰는 직업에 대해서는 다음 시간에 진행될 두 번의 검증 절차를 통과하면 더 좋을 거야."

교빈이는 이어서 '물리치료사'로 관련 직업을 확인해 보았다.

◎ 관련직업

직업명	직업명
» 물리치료사	» 언어치료사
» 향기치료사(아로마테라피스트)	» 웃음치료사
» 청능사(청능치료사)	» 임상심리사
» 놀이치료사	» 작업치료사
» 음악치료사	» 미술치료사

목록을 보고 각각의 단어들을 클릭하면서 세부 내용을 읽어 보았다. 그런데 보면 볼수록 고개가 갸우뚱해졌다. 이번에는 '물리치료학과' 라는 전공으로 관련 직업군을 검색해 보았다.

'종합병원, 대학병원, 한방병원, 스포츠 트레이너, 치료 관련 연구소, 재활 관련 연구소……. 어휴~ 보기만 해도 답답해. 사람을 만나고 돕는 것은 좋은데 이건 정말 나에게 맞지 않는 것 같아.'

이상한 일이다. 관련 직업들을 통해 그 분야를 자세히 알아갈수록 열정이 식어가는 느낌이었다. 물리치료사라는 직업이 처음 탐색할 때만큼 와닿지가 않았다.

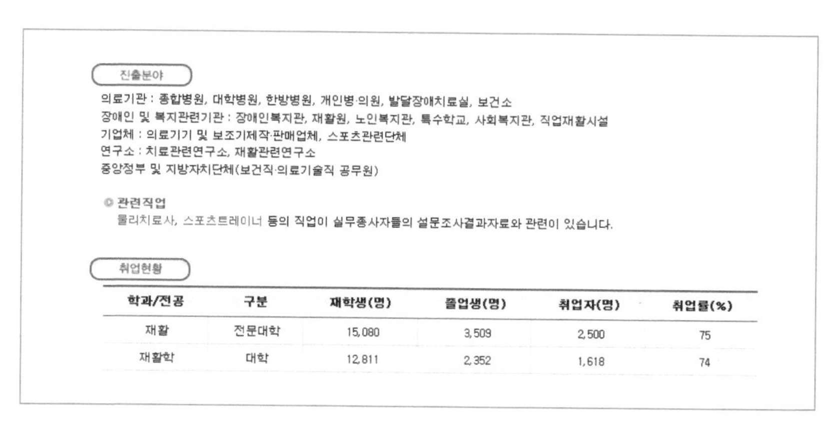

진출분야

의료기관 : 종합병원, 대학병원, 한방병원, 개인병·의원, 발달장애치료실, 보건소
장애인 및 복지관련기관 : 장애인복지관, 재활원, 노인복지관, 특수학교, 사회복지관, 직업재활시설
기업체 : 의료기기 및 보조기제작·판매업체, 스포츠관련단체
연구소 : 치료관련연구소, 재활관련연구소
중앙정부 및 지방자치단체(보건직·의료기술직 공무원)

◎ 관련직업

물리치료사, 스포츠트레이너 등의 직업이 실무종사자들의 설문조사결과자료와 관련이 있습니다.

취업현황

학과/전공	구분	재학생(명)	졸업생(명)	취업자(명)	취업률(%)
재활	전문대학	15,080	3,509	2,500	75
재활학	대학	12,811	2,352	1,618	74

"교빈아, 표정을 보아하니 물리치료사는 검증 과정에서 밀려날 것 같구나."

"이런 경우도 있나요?"

"우리는 지금 검증을 하고 있는 것이야. 검증의 결과로 두 가지 반응이 있다고 샘이 앞에서 얘기한 것 기억나니?"
"네, 더 확신이 생기기도 하고, 아니면 멀어지기도 한다고요."
"그러니 정보를 더 알아보면서 마음에서 멀어지는 것은 당연하다. 이것이 검증의 자연스러운 결과이지."

인생은 끝없는 검증의 길

"샘, 혹시 말이에요. 직업을 결정하고, 그에 따라 인생의 계획을 세우고 고등학교에 올라가 계열을 결정한 뒤에도 혹시 이런 검증이 있을 수 있나요?"
"물론이다."
"그럼, 대학의 학과를 결정하고 수능을 지나 대학에 입학해서도 검증이 있을 수 있나요?"
"충분히 그럴 수 있다."
"그럼 말이에요. 그렇게 해서 졸업하고 취직을 해서 그 직업에 종사하면서도 검증이 일어날 수 있나요?"
"당연하다. 물론 그런 시행착오를 최대한 줄이기 위해 우리가 지금 이처럼 검증을 하는 것 아니겠니? 하지만 샘은 점쟁이가 되고 싶진 않다."
"그게 무슨 말씀이세요?"
"지금 우리가 결정한 것이 인생의 전부이며 절대 불변이라고 단정할 수 없다는 것이야. 다만 스스로 판단할 수 있는 눈과 마음의 힘을 키워 주려는 거야."

꼭! 작성해 보세요 | 포트폴리오 활동 1

과정을 통해 관련 직업군 꺼내 보기

다음은 한 권의 책이 나오기까지 과정을 통해 관련 직업군을 꺼내 본 사례입니다. 자신의 희망 직업에 대해 그 직업의 유형 · 무형의 상품이 나오기까지의 과정을 살펴보고, 관련 직업군이 무엇인지 나열해 봅니다. 그리고 그 관련 직업을 통해 나의 원래 희망 직업에 더 확신이 생기는지 아니면 새롭게 희망 직업으로 선택할 만한 것이 있는지 확인하고 기록합니다.

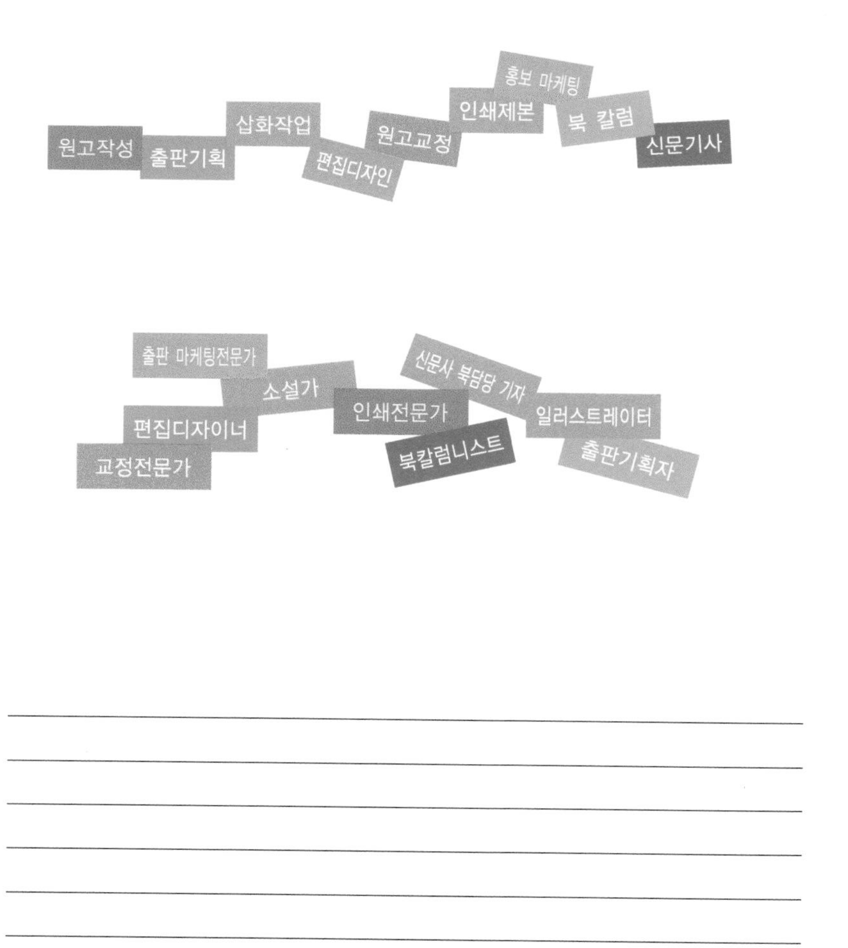

내친구 포트폴리오 살짝 엿보기

과정을 통해 관련 직업군 꺼내 보기

다음은 한 권의 책이 나오기까지 과정을 통해 관련 직업군을 꺼내 본 사례입니다. 자신의 희망 직업에 대해 그 직업의 유형 · 무형의 상품이 나오기까지의 과정을 살펴보고, 관련 직업군이 무엇인지 나열해 봅니다. 그리고 그 관련 직업을 통해 나의 원래 희망 직업에 더 확신이 생기는지 아니면 새롭게 희망 직업으로 선택할 만한 것이 있는지 확인하고 기록합니다.

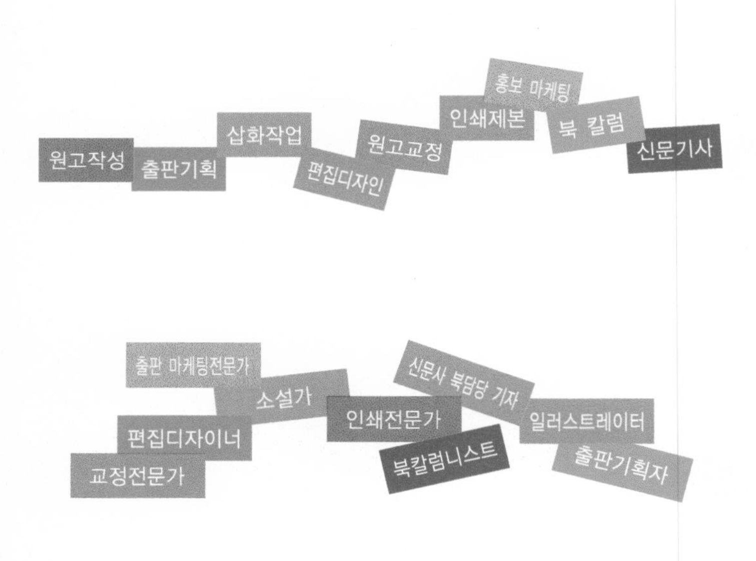

나의 꿈은 컴퓨터 관련 직종에서 일하는 것이다. 배웠던 대로 컴퓨터라는 도구의 상품 과정을 생각해 보았다. 컴퓨터 반도체 및 부품 개발자, 조립 전문가, 판매상, 마케팅 전문가, 광고 전문가, 그리고 컴퓨터를 수리하고 복구하는 전문가가 있다. 한편, 이러한 하드웨어뿐 아니라 다양한 소프트웨어 프로그램 개발자, 그리고 이러한 컴퓨터를 연결하는 네트워크와 시스템 전문가, 소프트웨어 중에 특히 교육, 게임 콘텐츠 개발자 등이 있다. 나는 이과정을 넘어 앞으로 가장 필요할 것 같은 컴퓨터 보안 전문가를 꿈꾸고 있다.

꼭! 작성해 보세요 | 포트폴리오 활동 2

네 가지 기준으로 관련 직업 더 살피기

다음 사례처럼 자신의 현재 희망 직업을 '과정, 장소, 직업명, 전공' 등의 기준으로 관련 직업 확장해 봅니다. 직업명과 전공은 직업정보시스템을 활용합니다. 마인드맵으로 그려 보고, 그 과정을 통해 앞으로 좀 더 알아보고 싶은 직업이 있는지 간단히 기록해 봅니다.

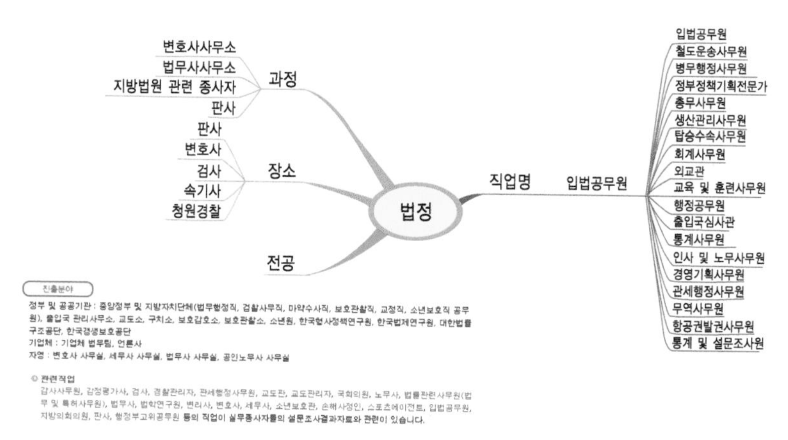

내친구 포트폴리오 살짝 엿보기

네 가지 기준으로 관련 직업 더 살피기

다음 사례처럼 자신의 현재 희망 직업을 '과정, 장소, 직업명, 전공' 등의 기준으로 관련 직업 확장해 봅니다. 직업명과 전공은 직업정보시스템을 활용합니다. 마인드맵으로 그려 보고, 그 과정을 통해 앞으로 좀 더 알아보고 싶은 직업이 있는지 간단히 기록해 봅니다.

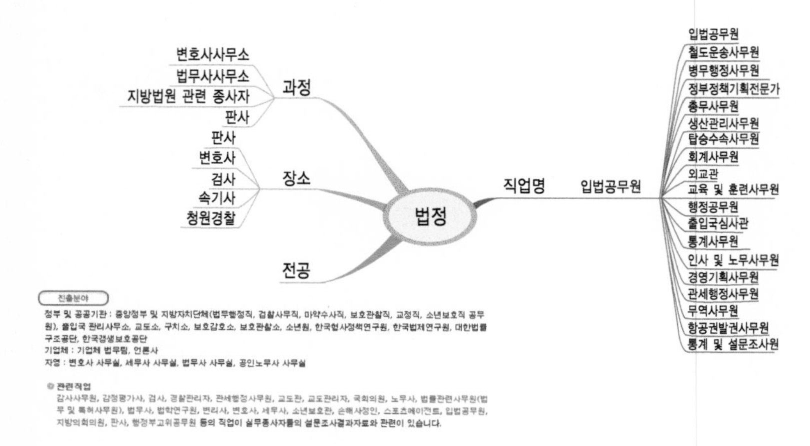

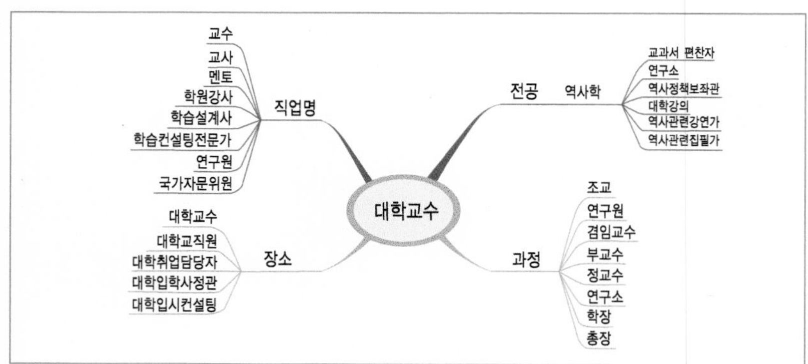

역사학을 전공한 교수가 되고 싶다. 주변 직업을 좀 더 확인해 보니, 꿈을 변경하기보다는 교수직에 있으면서 동시에 할 수 있는 일들이 눈에 많이 들어온다. 교과서 작업, 국가 자문위원, 그리고 집필과 강연 등 매우 다양한 일에서 나의 재능을 발휘할 수 있을 것 같다.

생생! 직업인 이야기

위험에 직면할 수 있는 용기

소방관

긴장을 해야 하는 일은 참 많습니다. 위험에 노출되는 직업도 적지 않습니다. 그러나 맞닥뜨리는 상황 전체가 위험인 직업은 드물죠. 저는 그런 일을 하고 있습니다. 바로 소방관입니다. 가장 일반적인 업무가 위험 그 자체입니다. 매일 접하는 상황이 최악의 상황입니다. 보통 사람이 평생을 살아도 만나지 않을 수 있는 끔찍한 장면을 저는 매일 봅니다. 몸이 많이 힘들겠죠.

그러나 정작 더 힘들 수 있는 것은 바로 '마음'입니다. 마음이 강하지 않다면 이 일을 하기는 어렵습니다. 물론 소방관의 세계에는 직접 화재를 진압하거나 생명을 구하는 일을 하지 않고 함께하는 일들이 많이 있습니다. 그러나 직·간접적으로 두려움과 맞서야 하는 것은 같습니다.

제가 생각하기에는 꼭 소방관이 아니더라도 어떤 직업이든 마음의 힘이 필요한 것은 비슷할 거라 생각합니다. 두려움과 맞서는 힘, 포기하고 싶은 생각을 다시 일으키는 힘은 누구에게나 필요합니다. 청소년 시기부터 마음을 키우는 연습이 필요합니다. 지식으로 머리를 채우는 것, 손으로 하는 기술을 익히는 것, 다양한 것을 보며 경험을 쌓는 것만큼이나 마음의 용기를 쌓고, 두려움과 맞서는 힘, 실패 앞에서 다시 스스로를 격려하고 일어나는 힘을 키우세요. 여러분의 미래에 어떤 직업을 선택하든 마음이 강한 사람은 두려울 게 없습니다.

11 생생한 현장의 소리

나는 직업인을 만나 보았는가

우리들의 고민 편지

경기도 의정부 T중학교에 다니는 C군은 학교에서 진행하는 진로 활동을 모두 수료하였다. 단 한 번의 결석도 없이 참여한 그는 진로상담 교사가 가장 아끼는 수제자이다. 모든 과정을 마치고, 수료식에서 단상에 올라가 자신의 진로 활동 후기를 발표한 그는 누가 보아도 꿈이 선명하고 믿음이 가는 학생이다. 그런데 정작 본인은 자신의 진로 활동 결과에 대해 한 가지 아쉬움을 가지고 있다. 실제 직업인을 만나서 현장의 목소리를 듣는 인터뷰를 아직 진행하지 못했기 때문이다.

– 온라인 캠프에 올라온 진로 고민 편지

결정적인 만남이 있다

"세 번째 직업 검증의 방법은 '만남' 이다."

"만남이요? 누구를 만나요?"

"직업인과의 만남이지."

"입사 면접도 아니고, 무슨 학생이 직업인을 만나요?"

"만남이 있어야 현장의 느낌과 소리를 들을 수 있단다."

"사이트, 책, 영화 등으로 우리는 이미 충분히 직업 검증을 했는데요. 굳이 번거롭게 만나기까지 해야 할까요?"

민샘과 대화하는 찬형이의 말투가 다소 퉁명스러웠다. 찬형이가 예전과 달리 많이 부드러워졌다고 생각했던 민샘은 다소 의외였다. 사실 찬형이는 진로검증에 있어서 직업인과의 만남까지 있어야 한다는 사실이 불필요하다고 생각하였다. 너무 현실과는 떨어진 것이라고 여긴 것이다.

한동대학교를 명문대 반열에 올려놓은 김영길 총장의 사진이다. 그리고 옆에는 웬 비행기 사진이 있다. 일단 김영길 총장에 대한 자료 조사를 미션으로 주었다. 그리고 비행기와 이 사람이 도대체 무슨 관련이 있는지 알아보도록 했다.

"찬형이가 한번 말해 보렴. 찬형이의 꿈과 김영길 총장의 어릴 적 꿈이 같은 계열이란다."

"네, 미우주항공국(NASA) 연구원 출신의 과학자인데, 지금은 한동대학교 총장이에요. 너무 짧은가요?"

"아니다. 사실 위주로 간명하게 표현하는 게 찬형이의 매력 아니겠니. 그런데 찬형아, 비행기는 무슨 관련이 있을까?"

"그건 못 찾았어요."

"그렇구나. 너를 도와 줄 구원 투수를 한 명 추천해 다오."

"하영이요."

"좋아. 하영이가 한번 말해 보렴."

"김영길 총장은 깊은 산골짜기에 살았어요. 주변에 학교가 없어서 아버지가 세운 임시 학교에 다녔다고 해요. 바로 그 시절 그는 하늘을 나는 거대한 쇠붙이를 보았다고 합니다. 바로 비행기죠. 그리고 꿈을 꾸었어요. 비행기를 만들고 연구하겠다고 말이죠. 그런데 비행기 정도가 아니라 우주선을 연구하게 되었어요."

민샘은 사진 한 장을 더 보여 주었다. 세계 정상급 골프 선수 신지애가 우승 트로피를 들고 있는 모습이다. 그리고 오른쪽에는 역시 세계적인 골프 선수 박세리가 연못에 빠진 골프공을 치고 있다. 학생들은 자동으로 조별 토론에 들어갔다. 항상 그렇듯이 토론을 먼저 해서 키워드를 찾는다. 찾아낸 키워드로 검색 능력이 가장 뛰어난 한 명이 바로 검색에 들어가고 나머지는 컴퓨터에 둘러섰다.

"신지애+박세리? 어, 아무것도 안 나오네."

"……."

"연못? 이것도 아닌데."

"유레카!"

이번 미션은 철만이가 먼저 찾아내 발표를 했다. 체육 교사를 꿈꾸는 철만이에게 기회를 준 것이다.

"신지애 선수는 박세리 키드입니다. 박세리 키드는 1988년 무렵에 태어나 1998년 10살에 TV에서 감동적인 장면을 보게 되죠. 박세리 선수가 연못에 빠진 골프공을 치기 위해 양말을 벗고 들어가서 샷을 날리는 장면이에요. 결국 박세리는 이 경기에서 우승을 합니다. 그 당시 박세리가 양말을 벗었을 때, 다리 피부색과는 너무 다른 하얀 발이 나와서 많은 사람들이 놀랐어요. 그만큼 연습을 많이 해서 다리가 햇볕에 그을린 거였죠. 그 장면을 본 10살의 어린 여학생들이 골프를 시작하게 되고, 이후 10년 뒤 신지애를 비롯하여 여러 명의 박세리 키드가 세계무대를 휩쓸게 됩니다. 10년 전의 그 장면 하나가 이들을 세계적인 골프 선수로 키운 셈이죠."

"이건 또 뭐예요? 괴물이잖아요. 왼쪽은 봉준호 감독이고요."

"『괴물』은 1,000만 명이 본 영화니까 모두 알 거야. 승헌이도 이미 알고 있었구나."

"당연하죠. 심지어는 할리우드에서 「Host」라는 제목으로 리메이크도 되었어요. 그뿐 아니에요. 할리우드가 선정한 최고의 괴물 영화 베스트 10에 올랐습니다."

거기서 잠시 멈췄다. 그리고 침묵이 흘렀다. 승헌이가 알고 있는 정보는 거기까지이고, 그 다음에는 할 이야기가 없다. 인터넷 검색 미션이 아니라서 더 이상은 꺼낼 정보가 없었다.

"샘, 그 다음은요? 검색해서 뭔가 스토리를 찾아볼까요?"

"승헌아, 그럴 필요 없다. 샘이 할 이야기는 검색한다고 나오는 이야기가 아냐. 앞에서 이야기한 2세트의 카드에서 공통점을 찾아 그 공통점을 토대로 세 번째 카드의 특징을 추론해 보도록."

이미 학생들은 민샘의 수업 방식을 훤히 꿰고 있었다. 수업 시작과 함께 '만남' 에 대해 이야기를 했으니까 키워드가 '만남' 일 것이라고 단정하고 이야기를 시작했다. 꼭 사람과의 만남을 이야기하는 것이 아니라면, 김영길 총장이 초등학교 때 만난 것은 비행기, 신지애 선수가 10살 때 만난 것은 박세리의 연못 스윙 장면이다. 그렇다면…….

"결정적인 만남이요."

"무엇과의 만남?"

"꿈과의 만남이요."

"그럼 봉준호 감독도 괴물과 만난 것일까?"

"당연하죠. 분명히 어린 시절 언젠가 괴물을 만났을 거예요."

"교빈이 너, 지금 넘겨짚고 있구나. 아주 황당하게 들리지만 사실은 정답이다. 봉준호 감독이 고등학교 때 창밖으로 한강 다리를 보고 있다가 뭔가 검은 물체가 다리를 기어 올라가는 것을 보았단다. 괴물이라고 확신한 거지. 그 이야기를 주변에 얘기했는데 아무도 믿어 주지 않았다. 그리고 그때부터 꿈을 꾼 거지. 반드시 괴물이 나오는 영화를 만들겠다고 말이야."

"그럼 공통점은 '만남'이 맞겠네요. 꿈과의 만남."

"그렇다. 그것도 결정적인 만남이다. 평생 동안 마음에 품을 한 장면을 만난 것이지. 그리고 바로 그 만남에서 '직업'에 대한 확신이 든 거야."

사람을 통해 직업의 확신이 서다

"앞에서도 보았듯이, 직업의 꿈을 발견하게 하는 만남의 유형은 매우 다양하다. 이번에는 또 다른 결정적 만남을 소개하지."

"누굴까?"

"글쎄요. 모르겠는데요. 체조 선수인가 보죠? 아직까지는 워낙 비인기 종목이라 모르겠어요."

"그럼 사진 한 장을 더 보여 줄게."

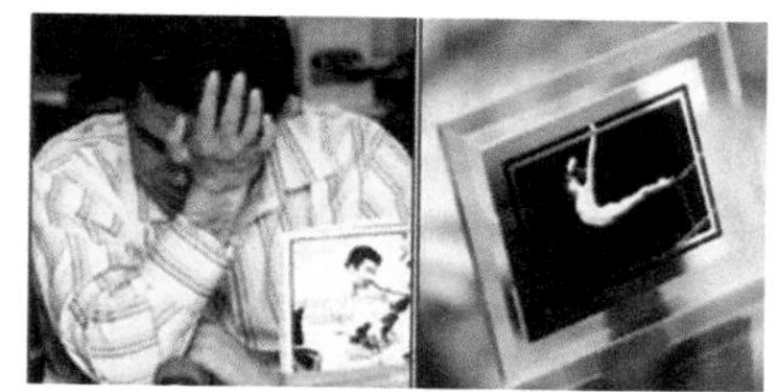

"어? 이 사람! 사진 속에 저 책은 이승복 씨네요. 존스 홉킨스 병원의 의사."
"그래, 철만이가 먼저 알아보는구나. 체조 선수의 꿈을 꾸다가 사고로 전신 마비가 된 사람이지."
"사진에서 울고 있어요."
"지난 과거를 생각하면서 우는 거야. 너무나 힘겹게 공부했기 때문이란다. 책을 낼 당시에는 의사였는데, 지금은 존스 홉킨스 대학의 교수님이 되셨다."

이승복 교수는 처음 시체처럼 누워 있을 때, 간호조무사가 건넨 하워드 러스크(재활의학의 아버지)의 자서전을 읽고 그는 다시 새로운 인생으로 깨어난다.
그리고 재활 의학을 공부하여 자신처럼 망가진 몸을 가진 사람들을 다시 움직이게 하는 삶을 살겠다는 결심을 하게 된다.
"그가 확신하게 된 직업의 꿈은 뭘까?"
"재활 의학 전문가요."
"철만아, 그에게 일어난 결정적인 꿈과의 만남은 무엇을 통해 이뤄졌지?"
"한 권의 책이요."

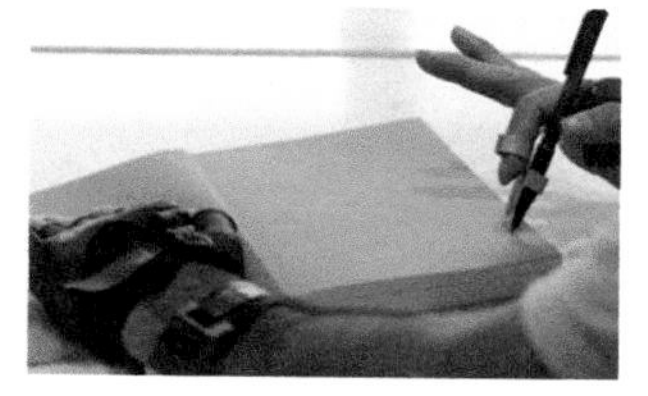

책을 통해 인생이 바뀐 이승복 교수는 자신도 책을 쓰는 일을 포기하지 않고 있다. 그가 글을 쓰려면 펜 홀더의 도움을 받아야 한다.
재활 훈련 시절에 펜을 쥘 힘이 없는 그를 위해 재활 치료사가 고안하여 개발한 물건이다. 이렇게 해서라도 그는 글을 쓰고, 자신이 쓴 글로 누군가에게 희망을 심어 주려고 한다.

"꺅! 박지성이다."
일부 학생들이 소리를 질렀다. 표정이 별로 없는 철만이조차 입이 귀에 걸렸다.
"결정적인 만남들이 많지만 역시 가장 중요한 것은 사람과의 만남이다. 특히 직업의 꿈을 꾸어야 하는 청소년 시기에는 더없이 중요하다. 박지성에게는 여러 위대한 스승과의 만남이 있었다. 그 중에 가장 결정적인 만남은 누구였을까?"
"히딩크 감독이요!"
"역시 축구를 좋아하는 철만이가 답하는구나. 왜 그렇지? 왜 유독 히딩크일까?"
"히딩크 감독이 박지성 선수에게 한 말 때문이에요."
철만이가 또박또박하게 말했다. 드림 중학교 최고의 스트라이커 철만이에게 박지성은 우상이다. 물론 축구 선수의 꿈은 바뀌었지만 박지성에 대한 열광에는 변함이 없다. 화려하지 않지만 정말 열심히 뛰는 박지성에게 어느 날 히딩크 감독이 통역관에게 통역을 부탁했다. 그리고 이렇게 이야기했다. 철만이는 히딩크 감독이 한 말을 크게 들려주었다.
"박지성 선수는 정신력이 뛰어나요. 그 정신력이면 앞으로 정말 훌륭한 선수가 될 겁니다!"
결정적인 만남 중에서도 가장 아름다운 만남은 '사람'과의 만남이고, 사람과의 만남 중에서도 얼굴을 보고 그 음성을 귀로 듣는 것은 최고의 축복이다. 민샘은 오늘 동아리 학생들에게 바로 그것을 말해 주고 싶었다.

"여기 독특한 2장의 사진이 있다. 이 사진 속 숨은그림찾기를 해 보자. 우리가 아는 사람이 각각 사진 속에 있는데 한번 찾아볼까?"

"케네디 대통령이요."

"빌 클린턴이요."

"……."

"또 있어요?"

"또 있다. 왼쪽 사진에 한 명 더 있어. 캐네디는 하영이가 맞혔고, 클린턴은 승헌이가 맞혔네. 혹시 교빈아, 뭔가 보이지 않니?"

"어? 그러고 보니 저기 가운데 한국 사람이 한 명 있는 것 같은데요?"

"맞다. 누굴까?"

반기문 유엔사무총장의 고등학교 시절 사진이다. 외교관의 꿈에 '확신'을 더한 날이었다. 빌 클린턴도 대통령이 되고자 했던 꿈에 '확신'을 더한 날이 바로 케네디 대통령과 악수한 날이다. 가까이서 얼굴을 보고 목소리를 듣는 것이야말로 직업의 꿈을 검증하고 확신하는 데에 매우 중요하다. 학생들은 마음 깊이 공감했다.

"샘, 이제 알겠어요. 직업의 꿈을 확인하는 과정에서 사람과의 만남을 통해 검증하고 의견을 듣는 것이 얼마나 중요한지 깨달았어요."

"좋아, 교빈아. 진심으로 깨달은 거 맞지?"

"네."

"오늘 해야 할 중요한 활동의 한 가지는 바로 '직업인과의 인터뷰'이다."

"직접 인터뷰를 하는 거죠?"

"어떤 사람을 선정해야 할까?"

대상선정 / 예상질문 / 방법결정 / 실제만남 / 결과정리

"당연히 자신의 희망 직업에서 일하고 있는 사람이겠죠."

"그렇지. 그런데 대부분의 친구들은 직업인과의 만남을 갖지 못하고 있어. 왜 그럴까? 두 가지 결정적인 걸림돌이 있다. 교빈이가 그 이유를 이

야기해 볼까?"

"용기가 없어서 아닐까요? 처음부터 만나지 못할 거라는 생각을 하는 거죠."

"정확하게 말했다. 그럼 또 하나는 뭘까?"

"글쎄요. 승헌아, 좀 도와줘."

"현실적으로 만나기 너무 어려운 대상을 선정하기 때문이죠."

"그렇다. 그 두 가지가 문제야. 그렇다고 너무 쉽게 만날 수 있는 사람을 찾다가, 도리어 자신의 일에 불만이 있는 직업인을 만나면 오히려 꿈이 사라질 수도 있으니, 이 부분은 꼭 진로 상담 교사나 부모님의 조언을 들어야 한다."

직업인과의 인터뷰에서 가장 중요한 것이 바로 인터뷰 질문이다. 인터뷰 질문은 미리 구성하는 게 기본이다. 어떤 질문이 좋을까? 민샘은 학생들에게 샘플을 보여 주었다.

- 평소에 주로 하는 일이 무엇입니까?
- 최근에 기술 향상이나 시장의 변화 등으로 일이 달라진 점이 있습니까?
- 직업은 어떻게 구하셨습니까?
- 이 직업의 미래 전망은 어떻다고 생각하십니까?
- 당신이 하는 일이 회사나 조직의 목표에 어떤 방식으로 기여한다고 생각합니까?
- 일을 계속해 나가는 데 있어서 따라야 할 길이 있습니까?
- 이 일에 종사할 사람에 대한 수요는 계속 있습니까?
- 이 직업을 가지기 위해서 미리 준비해야 할 것은 무엇입니까? 자격 요건은요?
- 하는 일이 좋은 이유와 싫은 이유는 무엇인가요?
- 처음에 사회에 진출할 때는 어떤 종류의 일을 하는 것이 가장 배울 것이 많다고 생각하십니까?

- 초봉은 얼마이고 승진함에 따라 연봉이 어떻게 달라집니까?
- 일을 하고 의사 결정을 내리는 데 얼마만큼의 자유가 주어집니까?
- 이 분야에서는 승진 기회가 많습니까?
- 이 직업에서 가장 힘든 점은 무엇이며 가장 만족스러운 점은 무엇입니까?
- 이 분야에서 성공하기 위해서는 어떤 성격 특성을 지니는 것이 유리합니까?
- 이 분야의 전망이 쇠퇴할 만하다고 여겨지는 부분이 있습니까?
- 이 분야에서 일하는 것에 대하여 어떤 부정적인 견해가 있을 수 있는지 의견을 듣고 싶습니다.
- 이 분야에 종사하려고 생각하는 사람이 있다면 어떤 충고를 해 주고 싶나요?
- 어떤 지식 기술 경력이 일자리를 구하는 데 도움이 되었습니까?
- 이 일을 하기 위해서는 어떤 교육 과정이 필요합니까?
- 이 일에 대해 더 자세히 알고 싶다면 어떤 자료나 기관을 이용하면 됩니까?
- 더 많은 의견을 구하기 위해 또 다른 분을 찾아뵙고 싶은데 소개해 주실 수 있습니까? 그리고 그 분을 찾아뵐 때 선생님께서 소개시켜 주셨다고 얘기해도 될까요?
- 저의 학력, 기술, 지식, 성격 등에 대해서 말씀드렸는데 이 일 말고도 추천해 주고 싶은 분야가 있는지요?

"이제 한번 실습을 해 볼까? 여기 가장 기본적인 인터뷰 주제가 있다. 자신이 현재 꿈꾸는 직업 비전이 이미 이루어졌다고 가정하고, 2명씩 인터뷰를 번갈아 가면서 해 보자. 단, 질문을 창의적으로 바꿔도 되지만 카드에 있는 다섯 가지는 기본적으로 꼭 들어가야 한다. 그리고 빨강색으로 보이는 카드는 그 직업의 내용에 대해 질문을 하는 거야. 실제 인터뷰할 때는 어떻게 해당 직업의 내용을 미리 알아보고 질문을 만들어야 한다. 자, 그럼 실습시작!"

어떤 직업인가요?

어떻게 그 꿈을 가지게 되었어요?

제 입장에서 지금 무엇을 준비해야 할까요?

일하시면서 어떤 점이 가장 힘들어요?

해당 분야에 대한 내용에 대한 질문준비

실습 이후, 인터뷰 방법에는 직접 면접, 이메일, 전화, 팩스 등이 있다는 것을 간단히 말해 주었다. 민샘은 한 가지 중요한 주의 사항을 더 이야기 했다.

"인터뷰는 매우 조심스러운 작업이에요. 직업인들이 여러분들을 만나기 위해 시간을 내는 것은 매우 어려운 결정입니다. 그러므로 인터뷰 예절을 잘 지켜야 합니다. 어떤 예절이 필요할까요?"

"미리 인터뷰 예약을 해야겠죠. 일정과 장소 등도 인터뷰 대상이 편하도록 정해야 하고요."

"수희는 인터뷰를 좀 해 본 것 같구나. 또 다른 예절은 뭐가 있을까?"

"예상 질문을 미리 짜야 해요."

"예상 질문을 미리 짜는 것으로 다 될까?"

"예상 질문을 미리 보내요. 그래야 준비할 수 있죠."

"또 어떤 점을 조심해야겠니? 이번에는 찬형이가 이야기해 보렴."

"직장으로 찾아갈 경우는 더더욱 자신의 신분을 밝히고 조심해야 해요."

"인터뷰가 다 끝나고 헤어진 이후에 주의해야 할 점은."

"인사하고 헤어지면 끝난 거죠. 무슨 예절이 또 있겠어요?"

"정말 그럴까, 다른 의견 있는 사람 없니?"

"나중에 인터뷰 결과를 메일로 보내고 감사의 인사를 드리는 게 기본이죠."

"마무리도 수희가 하는구나."

"사실 저도 인터뷰를 해 본 것은 아니에요. 이제 그렇게 하겠다는 거죠. 호호호!"

눈을 감으면 귀가 열린다

민샘은 마무리를 하면서 「보디가드」라는 영화의 한 장면을 보여 주었다. 킬러로부터 고객(유명 가수)을 지켜야 하는 최고의 보디가드 이야기이다. 깊은 겨울밤 킬러가 가수의 집에 들어와 가수의 언니에게 총을 쏘고 달아난다. 보디가드는 범인을 추격한다. 아무것도 보이지 않는 칠흑 같은 밤, 보디가드와 범인은 쫓고 쫓기는 활극을 벌인다. 한참을 뛰어가던 보디가드가 갑자기 멈춰 선다. 그리고 무릎을 꿇는다. 범인도 멈춘다. 보디가드는 눈을 감는다.

"이상해요. 왜 갑자기 눈을 감죠? 봐야 총을 쏘죠?"

"철만이 네 생각에는 왜 눈을 감았다고 생각하니?"

"글쎄요. 어차피 어두워서 보기가 쉽지 않으니....소리를 들으려고 했던 것은 아닐까요."

민샘은 그 다음 장면을 이어서 보여주었다. 바로 그때 범인이 다시 도망치려고 발을 살짝 떼는 순간 그 미세한 발자국 소리가 보디가드의 귀에 들린다. 보디가드는 눈을 감은 채 소리에 의존하여 그 방향으로 총을 쏜다. 놀랍게도 총알은 범인이 숨은 나무 앞에 박힌다.

"듣는 것은 매우 중요하다. 타인의 음성을 듣는 것이든, 자신의 내면의 소리에 귀를 기울이는 것이든 우리에게는 듣는 것이 중요하다. '직업인과의 만남' 은 바로 이런 '경청' 의 철학이 담겨 있는 과정이란다. 명심하렴."

꼭! 작성해 보세요 | 포트폴리오 활동 1

내 인생의 결정적인 만남

아래의 사례처럼 자신의 인생 중에 마음에 남는 결정적인 장면이 있습니까? 혹은 자신의 꿈을 갖게 되는 과정에서 영향을 받은 장면이 있습니까? 그러한 만남의 기억을 간단하게 기술해 보세요. 그 장면의 내용, 느낌 등을 담아 봅니다.

내친구 포트폴리오 살짝 엿보기

내 인생의 결정적인 만남

아래의 사례처럼 자신의 인생 중에 마음에 남는 결정적인 장면이 있습니까? 혹은 자신의 꿈을 갖게 되는 과정에서 영향을 받은 장면이 있습니까? 그러한 만남의 기억을 간단하게 기술해 보세요. 그 장면의 내용, 느낌 등을 담아 봅니다.

나는 로봇 공학자를 꿈꾸고 있다. 이 꿈에 영향을 준 사람이 있다. 한국의 스티븐 호킹이라 불리는 이상묵 교수님이다. 교통사고로 전신마비 지체장애 1급이 되었지만, 컴퓨터와 기계를 통해 다시 꿈을 펼치고 있다. 나는 장애인들이 일상생활에서 마음껏 행복을 누릴 수있는 개인용 로봇을 개발하고 싶다.

아름다운 책과의 만남

당신의 인생에 이승복 교수처럼 생각과 삶을 바꾼 아름다운 한 권의 책이 있습니까? 결정적인 책이 아니더라도 감동을 받았거나 재미있게 읽은 책도 괜찮습니다. 그 책의 제목, 읽게 된 시기와 계기, 간단한 내용, 느낌 등을 담아서 소개해 봅니다.

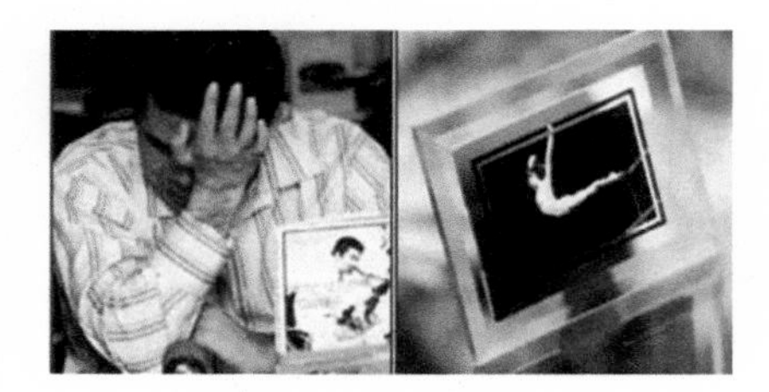

내친구 포트폴리오 살짝 엿보기

아름다운 책과의 만남

당신의 인생에 이승복 교수처럼 생각과 삶을 바꾼 아름다운 한 권의 책이 있습니까? 결정적인 책이 아니더라도 감동을 받았거나 재미있게 읽은 책도 괜찮습니다. 그 책의 제목, 읽게 된 시기와 계기, 간단한 내용, 느낌 등을 담아서 소개해 봅니다.

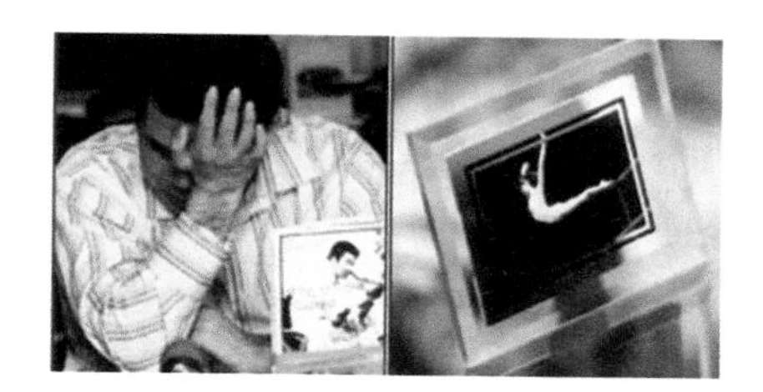

최근에 감동을 받은 책이 있다. 『꿈이 있는 거북이는 지치지 않습니다』라는 '달인' 김병만의 자서전이다. 나는 평소에 책을 잘 읽지 않는 편인데, 친구가 읽고 있어서 빌려 읽었다가 이 책에서 숨기고 싶던 나 자신을 보았다.

키가 작고, 가난하며, 뭐 하나 내 세울 것 없었기에 늘 의욕 없는 삶을 살아온 내게 한 줄기 희망을 주었다. 꿈을 포기하지 않고, 한 걸음 한 걸음 가다 보면 어느 순간 결승점에 도착해 있는 나 자신이 조금은 그려진다. 희미하지만 아나운서의 꿈이 있었다.

내 마음속에만 꼭꼭 숨겨둔 그 꿈을 이제 꺼내려 한다.

꼭! 작성해 보세요 | 포트폴리오 활동 3

나의 직업 비전에 영향을 준 만남과 격려

자신이 직업의 꿈을 갖게 되었을 때 영향을 준 사람과의 만남 또는 그 사람에게 들은 격려의 말이 있습니까? 혹은 누군가에게 들었던 조언 중에 지금도 마음에 새겨져 있는 멘트가 있습니까? 그 사람이 누구인지, 시기와 계기, 내용, 느낌을 담아 서술해 주세요.

나의 직업 비전에 영향을 준 만남과 격려

자신이 직업의 꿈을 갖게 되었을 때 영향을 준 사람과의 만남 또는 그 사람에게 들은 격려의 말이 있습니까? 혹은 누군가에게 들었던 조언 중에 지금도 마음에 새겨져 있는 멘트가 있습니까? 그 사람이 누구인지, 시기와 계기, 내용, 느낌을 담아 서술해 주세요.

나는 애니메이터를 꿈꾼다. 그런데 주변의 반대가 많다. 처음부터 지금까지 줄곧 그랬다. 처음이 꿈을 갖게 된 것은 만화 박람회장에서, 뽀로로를 그린 작가의 강연을 듣고 나서부터였다. 나는 긴 줄의 거의 끝에 서서 오래 기다린 끝에 그분을 가까이서 만났다.
당시에는 꿈이 선명하지 않았지만, 만화와 그림을 좋아하긴 했다. 그분은 사인하느라 팔이 아파 힘들 텐데도 마지막 사람까지 밝게 웃어주면서 격려의 글을 또박또박 적어 주었다. 나는 그 모습에 반해 그날 바로 나의 꿈을 새겨 넣었다. 나도 언젠가 많은 사람에게 꿈을 새겨 주는 사람이 되고 싶다.

가장 높은 곳에서 겸손을 배우다

국회의원

저의 양복에는 무궁화 모양의 국회위원 배지가 달려 있습니다. 많은 사람들이 저를 부러워하죠. 출세했다고 합니다. 명절에 고향에 내려가면 현수막에 제 이름이 붙어 있습니다. 마을의 자랑이라고 다들 반가워하십니다. 저는 대한민국의 그 누구라도 증인으로 불러서 질문을 하며 대답을 요구할 수 있습니다. 전화를 걸어 자료를 요청하면 그 어떤 기관이라도 자료를 제출해야 합니다. 수년 전에는 대한민국의 대통령을 탄핵하는 투표 자리에도 앉아 있었습니다. 이것이 제가 가진 힘입니다.
그런데 그런 제가 두려워 떠는 곳이 있습니다. 저의 사무실이 있는 지역의 시장에 갈 때입니다. 상인들과 인사를 하려 하면 저를 외면하는 분들이 있습니다. 악수를 하려고 손을 내밀었더니 손을 뿌리치기도 합니다. 대한민국의 쟁쟁한 그 누구도 머리를 숙이게 하는 제가, 시장의 상인들 앞에서는 고개를 들 수가 없습니다. 그분들은 저에게 이렇게 말하는 것 같습니다. '나의 생각을 대변해 달라고 당신에게 한 표를 던진 사람이 바로 나요. 그러니 제발 우리 보통사람을 위해 일해 줘요.' 그래서 저는 그분들 앞에서 다시 겸손을 배웁니다.

12 예리한 질문 앞에 서 보기

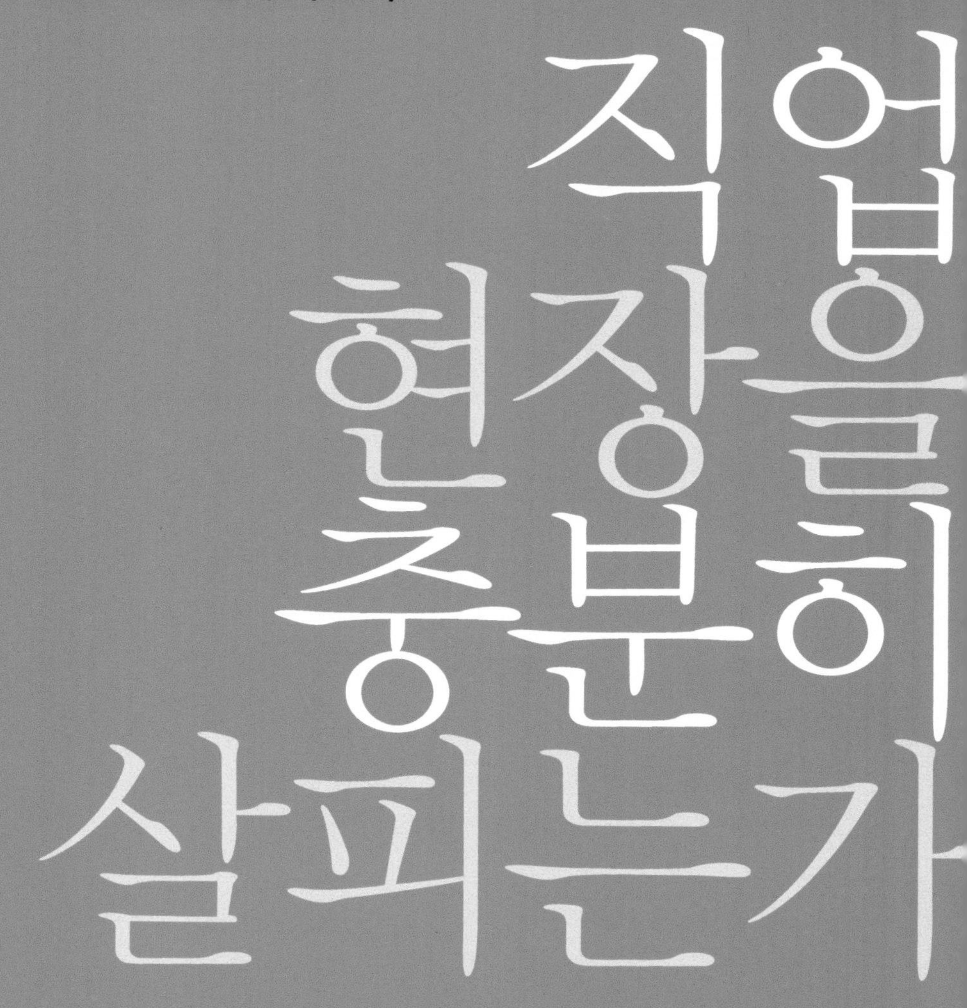

우리들의 고민 편지

여수 P중학교 3학년 N양은 최근 엄마와 갈등을 겪고 있다. 서울에서 진행하는 진로 프로그램에 보내 달라고 조르지만 시간도 맞지 않고 형편도 어려워서 부모님의 허락을 얻지 못했기 때문이다. 직업 현장 탐방까지 있는 프로그램이기에 N양은 이 기회를 놓치고 싶지 않다. 그러나 냉정하게 보면, N양은 이미 목표도 선명하고, 정작 그 목표를 위해 지금 공부를 더 해야 하는 상황이다. 자신도 그것을 인정하지만 직업 현장 탐방을 통해 자신의 직업 목표를 검증하고 싶은 마음이 더 크다. 만약 이번에 서울에 못 가게 된다면 다른 방법은 없는 걸까?

– 온라인 캠프에 올라온 진로 고민 편지

배움과 현실의 차이

아이들의 표정이 어둡다. 왜 그럴까? 일주일 새에 무슨 일이 있었을까? 여기저기서 학생들의 불만이 터져 나왔다.

"왜 이렇게 표정들이 어둡지?"

"샘, 속상해요."

"뭐가?"

"외교관을 만나게 해 달라고 했는데 아빠가 시큰둥해요."

"디자이너를 만나고 싶은데, 도무지 만날 길이 없어요."

"샘, 정말 답답해요. 호텔리어를 만나고 싶어서 부모님과 상의했더니 뭐라고 하신 줄 아세요?"

"뭐라고 하셨는데?"

"저녁에 고깃집에 가서 식당 사장님과 대화하게 해 주겠대요."

분위기를 알아차렸다. 지난 시간 '만남' 에 대해 수업을 하고 '인터뷰' 를 배운 이후 벌써 적용을 하려고 했다가 실망하게 된 것이다.

"샘, 할 말이 있어요."

"승헌아, 무슨 얘기니?"

"사람을 만나고, 의견을 듣고, 현장을 느끼는 검증은 시간이 좀 걸려도 괜찮은 건가요?"

"샘이 그 부분을 이야기하지 않았나 보구나. 혹시 너도 시도해 보았니?"

"네. 저는 직접 몇 곳 회사에 전화를 했어요. 그리고 메일도 보내고. 그런데 쉽지 않더라고요."

"승헌이는 아버지에게 부탁해 보지 그랬니? 요즘은 대화가 잘 되지?"

"물론이죠. 당연히 말씀드렸어요. 도와주시려고 했는데, 제가 스스로 한번 해 보겠다고 말씀드렸어요. 노력해 보다가 안 되면 말씀드리겠다고요."

"승헌이 답구나!"

민샘은 한 사람의 사진을 보여 주었다. 김형섭이라는 사람이라고 한다. 민샘은 사진을 보여 주면서 처음부터 이름을 이야기해 주는 경우가 드물지만, 친절하게 격려해 주기로 했다.

"『단 한 줄의 승리학』이라는 책의 저자란다. 대학 시절 전 세계의 리더들에게 편지를 보낸 사람이지."

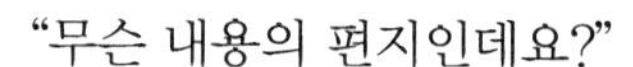

"무슨 내용의 편지인데요?"

"핵심은 간단해. '꿈을 향해 달려가는 한 대학생에게 인생의 선배로서 격려해 주십시오.' 하는 내용이야."

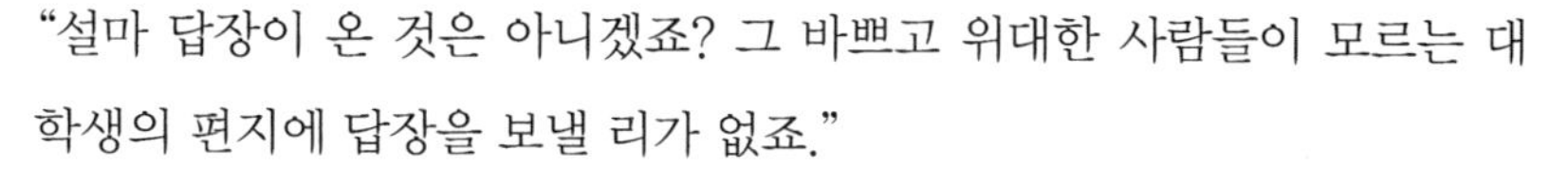

"설마 답장이 온 것은 아니겠죠? 그 바쁘고 위대한 사람들이 모르는 대학생의 편지에 답장을 보낼 리가 없죠."

"책의 차례를 보여 주마."

PART 1: CEO들이 보낸 편지

001 마키하라 미노루 · 미쓰비시 그룹 회장 **002** 리처드 브랜슨 · 영국 버진 그룹 회장 **003** 아키오 모리타 · 소니 회장 **004** 워렌 버핏 · 버크셔 해서웨이 회장 **005** 마사하루 마츠시타 · 마츠시타 그룹 회장 **006** 메리 존 던햄 · P&G 회장 **007** 모리 요시히로 · 닌텐도 회장 **008** 더글러스 아이베스터 · 코카콜라 회장 **009** 잭 웰치 · 제너럴 일렉트릭 회장 **010** 로드 핸슨 · 핸슨 인더스트리 회장 **011** 빌 게이츠 · 마이크로소프트 회장 **012** 조지 피셔 · 코닥 그룹 회장 **013** 앨런 그린버그 · 베어스턴스 회장 **014** 윌리엄 폴라드 · 서비스 마스터 사장 **015** 딕 드보 · 암웨이 사장 **016** 레이먼드 맥코나기 · 그린우드 크레디트 유니언 은행 사장 **017** 로널드 다니엘 · 맥킨지 앤드 컴퍼니 뉴욕 디렉터 **018** 제임스 에릭슨 · 뮤츄얼 라이프 생명보험 회장 **019** 안드레 소리아노 · 산 미구엘 회장 **020** 톰 스미스 · 푸드 라이언 사장 **021** R. W. 르보예프 · PPG 산업 사장 **022** 앤서니 번즈 · 라이더 회장 **023** 로렌스 풀러 · 아모코 주식회사 회장 **024** 존 체

PART 2: 정치인들이 보낸 편지

상원 의원 **074** 다니엘 이노우에 · 상원 의원 **075** 로버트 버드 · 상원 의원 **076** 토마스 석 · 상원 의원

PART 3: 예술가와 그 밖의 사람들이 보낸 편지

077 예후디 메뉴인 · 바이올리니스트 **078** 요요마 · 첼리스트 **079** 하버드대학 야구팀 코치 **080** 윌리엄 코클리 · 네바다 하버드 클럽 회장 **081** 제이미 폭스 · 영화배우 **082** 셀든 톨 호니그맨 · 밀러 슈워츠 앤드 콘 법률 사무소 소장 083 티모시 머피 · 하버드 대학교 풋볼 팀 코치 **084** 제임스 키니 · 클라크 앤드 키니 로펌 사장 **085** 에즈라 보글 · 하버드 대학교 아시아 센터 교수 **086** 마이라 메이맨 · 하버드 대학교 아트 디렉터 **087** 캐롤라인 리프 · 하버드 대학교 애니메이션 학과 교수 **088** 존 디비아지오 · 미국 터프츠 대학교 총장 **089** 찰스 베스트 · MIT 공대 총장 **090** 닐 루덴스타인 · 전 하버드 대학교 총장 **091** 네이던 퓨지 · 전 하버드 대학교 총장 **092** 존 해네시 · 스탠퍼드 대학교 총장 **093** 엘리자베스 돌 · 미국 적십자사 총재 **094** 마이클 아이즈너 · 월트 디즈니 사장 **095** 루스 시몬스 · 브라운 대학교 총장 **096** 빌 코스비 · 코미디언 **097** 짐 캐리 · 영화배우 **098** 빌리 조엘 · 마리타임 뮤직 **099** 폴 사이먼 · 사이먼과 가펑클 **100** 스티븐 스필버그 · 영화감독 **101** 조지 루카스 · 영화감독

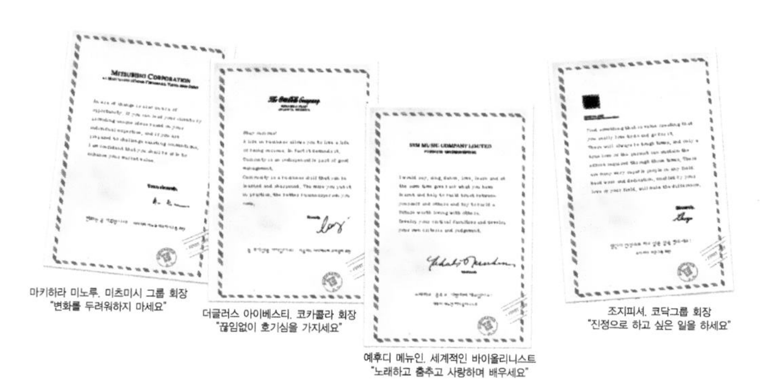

마키하라 미노루, 미츠비시 그룹 회장
"변화를 두려워하지 마세요"

더글러스 아이베스터, 코카콜라 회장
"끊임없이 호기심을 가지세요"

예후디 메뉴인, 세계적인 바이올리니스트
"노래하고 춤추고 사랑하며 배우세요"

조지피셔, 코닥그룹 회장
"진정으로 하고 싶은 일을 하세요"

"허걱!"

동아리 멤버들은 꿀꺽 침을 삼켰다. 정말 놀란 것이다. 이 많은 글로벌

리더들이 답장을 보냈다는 사실이 정말 충격이었다. 아이들의 주먹에 힘이 들어갔다.

'일주일 도전했다가 포기할 일이 아니구나. 나도 용기를 내 봐야지!'

10개의 날카로운 질문 앞에 서 보기

민샘은 다시 긴장하고 있는 아이들의 표정을 살폈다. 장거리 경주에 대해서는 어느 정도 용기가 붙은 것 같았다. 하지만 그렇다고 무작정 기다릴 수는 없다. 간접적으로라도 직업 현장의 목소리를 들을 수 있는 방법은 분명 있기 때문이다.

"투모라이즈, 커리어넷, 워크넷, 직업정보시스템 같은 홈페이지를 알고 있지? 몇 번 소개해 주기도 했고."

"네. 자주 들어가고 있어요."

민샘은 '커리어넷(www.careernet.re.kr)-직업사전' 을 클릭했다.

"오늘은 여기 있는 직업 영상을 통해 직업 현장의 소리를 듣고, 자신의 직업 비전을 검증하는 방법을 소개할 거다. 그리고 그 과정에서 사용할 수 있는 자료 구성을 소개할 거야. 특히 오늘 활동 이후에는 사이트와 영상, 자료들을 스스로 활용할 수 있도록 메모해 주었으면 한다."

민샘은 영상을 함께 감상한 후에, 학생들에게 질문을 던져 영상의 기본적인 내용을 파악했는지 확인했다. 그리고 질문과 답변이 적힌 자료를 나눠 주었다.

Q 경영 컨설턴트는 어떤 일을 하는 사람인가요?

A 경영 컨설턴트는 기업 경영에 관한 문제점을 분석하고 대책을 연구하며, 사업 추진에 관한 상담과 자문을 제공하며, 효율적인 경영을 위해 사업 및 조

직 체계를 검토 · 분석하고 개선점을 제안하기도 하지요.

Q 경영 컨설턴트에게 필요한 능력에는 무엇이 있나요?

A 논리적 사고방식과 판단력, 해결을 위한 창의력 등이 필요합니다. 또 다양한 사람들과 접촉하며 원활하게 업무를 수행해야 하기에 사교성, 유연한 의사소통 능력, 외국어 실력도 갖추어야 하지요.

Q 경영 컨설턴트가 되려면 어떻게 준비해야 하지요?

A 경영 컨설턴트가 되기 위해서는 특정한 학과를 전공해야 하는 것은 아니지만 대학에서 경영학, 경제학, 산업 공학, 컴퓨터 및 정보 관련 등의 전공을 하는 것이 유리합니다. 특정 분야의 전문가로서 3년 또는 5년 이상의 경력이 있는 경우는 대학 졸업으로 채용될 수 있으나 일반적으로 국내 · 외 석사 학위 또는 박사 학위 소지자를 요구하지요. 관련 자격증으로는 국가 자격증으로서 경영 지도사와 기술 지도사가 있습니다.

Q 경영 컨설턴트의 앞으로 전망은 어떠한가요?

A 정보 기술의 발달과 전자 상거래, 국제 경영이 성장함에 따라 새로운 경영 환경이 조성되고 있습니다. 또 국제 · 국내 시장의 경쟁이 더욱 치열해지고 있어 이러한 환경에 능동적으로 대응하고 경영 전반의 문제점에 대해 조언해 줄 수 있는 전문적 지식을 가진 경영 컨설턴트의 수요가 늘어나고 있지요. 이에 따라 향후 10년간 경영 컨설턴트의 고용은 다소 증가할 것으로 전망됩니다.

"이런 방식으로 영상을 시청한 후에는 기본적이고 객관적인 정보를 정확하게 이해했는지 확인해야 한다."

"질문은 거의 공통이죠?"

"당연하지. 이 질문은 가장 기본적인 것이다. 수희야, 이 정도의 질문은 스스로 만들 수 있겠지?"

"네."

Q 경영 컨설턴트는 어떤 일을 하는 사람인가요?

Q 경영 컨설턴트에게 필요한 능력에는 무엇이 있나요?

Q 경영 컨설턴트가 되려면 어떻게 준비해야 하지요?

Q 경영 컨설턴트의 앞으로 전망은 어떠한가요?

“어, 이거 어디서 많이 본 것 같은데요?”

“교빈아, 어디서 본 것 같니?”

“직업 분류 카드에 나온 기본 정보 아닌가요, 또 직업인과 인터뷰할 때 확인하는 기본 질문이잖아요. 그리고 또 직업 사전이나 직업 전망 자료에도 꼭 있는 기준들이에요.”

“기억력이 대단하구나. 이 작업은 자신의 희망 직업명으로 바꾼다면 얼마든지 적용이 가능하겠지?”

“네. 문제없을 것 같아요.”

“그 다음에는 해당 직업의 관련 직업을 확인해 보는 거야.”

“네, 2주 전 수업 시간에 했잖아요.”

“영상 속에 나온 경영 컨설턴트 관련 직업을 좀 볼까? 승헌이가 좋아할 만한 자료인데.”

직 업 명	하는 일
마케팅전문가	특정상품과 경재 상품에 대한 시장 분석을 실시한 상품이나 서비스에 대한 홍보와 판매전략을 계획하고 실행한다.
감정평가사	동산(공장, 자동차, 항공기 등) 부동산(토지, 건물, 아파트, 임야 등), 무형자산 등의 경제적 가치를 평가하여 그 결과를 화폐가치로 산정한다.
물류관리사	물류에 관한 전문지식을 가지고 화물의 수송 · 보관 · 하역 · 포장 등의 물류체계를 합리적으로 구축하거나 이에 대한 상담과 자문업무를 담당한다.
증권분석가	기업의 실적 예상, 증권 평가, 기업의 자금조달 여건의 조사 및 분석, 증권의 가격 변동과 수익률 추세 분석 등에 대한 업무와 고객에게 유용한 투자정보를 제공한다.
회계사	개인이나 기업, 공공시설, 정부기관 등의 경영상태, 재무상태, 지급능력 등의 다양한 재무보고와 관련하여 상담을 해 주거나 관련 서류를 작성한다.

직 업 명	하는 일
기업 고위 임원	기업을 대표하여, 사업체 경영의 능률과 경제성 제고, 이익의 극대화를 위한 조사연구나 홍보, 판매 등을 계획하고 관리한다.
시장 및 여론조사 전문가	기업의 마케팅 전략이나 공공기관의 정책에 대한 조사 전반을 기획, 실시하고 자료를 수집, 분석하여 전략 또는 정책 방향을 제시한다.
보험 계리인	보험, 연금, 퇴직연금 등에 대한 보험료 및 보상지급금을 계산하고 보험상품을 개발하여, 보험회사의 전반적인 위험을 평가하고 진단한다.
금융자산운용가	투자신탁, 연금 등의 기관투자가나 개인투자가의 자산이 최대한의 투자수익을 올릴 수 있도록 투자전략에 대한 정보를 제공하여 계획을 세워 운용한다.

"그 다음 단계부터가 정말 중요하다. 해당 직업에 필요한 적성과 흥미에 관련된 날카로운 심화 질문 10개를 만들어야 한다. 이게 매우 중요해."

"어떻게 만들어요?"

"역시 경영 쪽이라, 승헌이가 적극적이구나. 일단 우리가 본 영상 속 '경영 컨설턴트' 에 해당하는 질문을 보자."

〈비교적 가까우면 ○, 거리가 멀면 ×〉

1. 경영학을 전공할 생각을 해 본 적이 있다. (　　　)
2. 문제 상황에서 가장 효과적인 해결 방법이 무엇인지 생각하는 것을 즐기는 편이다. (　　　)
3. 다른 사람과 쉽게 친해지고 좋은 관계를 유지하는 편이다. (　　　)
4. 자신의 생각을 다른 사람에게 잘 표현하는 편이다. (　　　)
5. 외국어를 배우고 말하는 것을 좋아한다. (　　　)
6. 외국 사람과 함께 일하는 근무 환경을 좋아한다. (　　　)
7. 정해진 기간 내 꼭 해결해야 할 일이 생긴다면 밤을 새울 만큼 체력이 튼튼하다. (　　　)
8. 숫자 계산하는 것을 즐기는 편이다. (　　　)
9. 자신의 성과만큼 보수를 받는 일을 좋아한다. (　　　)
10. 나의 능력을 인정해 주는 곳이 있다면 언제든지 직장을 옮길 것이다. (　　　)

"이런 질문에 답변하는 것인데, 우리가 해야 하는 것은 단순히 질문에 답변하는 것이 아니라 적극적으로 질문을 만들어 보는 것이다. 10개 정도가 적절하고, 질문은 날카로울수록 좋다."
"샘, 방법을 가르쳐 주세요."

민샘은 승헌이의 적극적인 요청에 보답하듯, 사이트를 열어 과정을 하나씩 시연해 주었다.

한국직업정보시스템(https://know.work.go.kr) 홈페이지에 들어가서, '외교관' 이라는 단어를 입력하고 클릭한다.

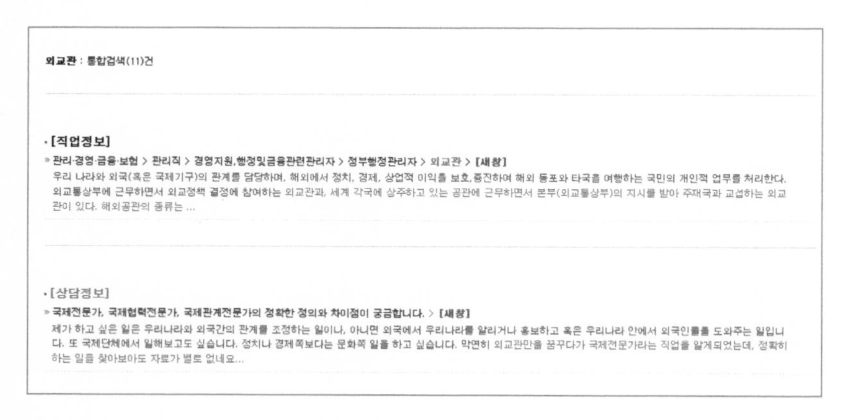

그 다음 '직업 정보란' 에서 직업명이 굵고 붉은색으로 활성화되어 있는 '외교관' 을 클릭한다.
화면에 보이는 내용 중에 '능력, 지식, 환경' 또는 '성격, 흥미, 가치관' 등에 나온 단어들을 가지고 심화 질문을 만든다. 예를 들어 '글쓰기 능력' 이 있다면, 그 능력이 있는지 날카로운 질문을 만드는 것이다.

'당신은 평상시에 글쓰기를 좋아하며, 특히 논리적인 글을 잘 쓴다는 칭찬을 들어본 적이 있습니까?'

능력/지식/환경

◎ 업무수행능력
▸글쓰기 ▸듣고 이해하기 ▸논리적 분석 ▸추리력 ▸읽고 이해하기

◎ 지식
▸영어 ▸국어 ▸역사 ▸사회와 인류 ▸법

◎ 업무환경
▸앉아서 근무 ▸업무처리 신속성 ▸업무량 과부하 ▸자동화 정도 ▸역할모호

성격/흥미/가치관

◎ 성격
▸리더십 ▸꼼꼼함 ▸성취/노력 ▸신뢰성 ▸정직성

◎ 흥미
▸관습형(Conventional) ▸진취형(Enterprising)

◎ 직업가치관
▸고용안정 ▸애국 ▸신체활동 ▸이타 ▸타인에 대한 영향

"샘, 질문이 너무 날카로워요."
"승헌아, 질문은 날카로울수록 좋다. 그래야 냉정하게 점검이 되는 거야."
"알겠어요."
민샘은 조별로 대표 직업 하나를 정하여 직업정보시스템을 탐색한 뒤, 가장 날카로운 질문을 만드는 미션을 주었다. 미션 이후 매우 중요한 마지막 자료를 하나 보여 주었다.

판단	나의 선택	앞으로의 계획
적합하지 않은 편이다.	그래도 나는 경영컨설턴트가 되고 싶다.	어떻게 노력할 것인가요?
	나의 적성과 흥미에 맞는 다른 직업을 찾아보겠다.	그렇게 생각한 이유와 나에게 적합한 직업은 무엇인가요?
적합한 편이다.	나는 경영컨설턴트가 되기 위해 더 노력하겠다.	어떻게 더 노력할 것인가요?
	적합하지만 나는 다른 직업을 선택하고 싶다.	그렇게 생각한 이유와 나에게 적합힌 직업은 무엇인가요?

"끝으로 검증 결과를 기록해 보는 것이다. 아주 무섭지?"
"네, 정말 무서워요. 이렇게 냉정하게 해야 된다는 거죠?"
"물론이다. 그래야 검증이라는 이름에 어울리는 것이지. 그리고 이것은 순수하게 자신의 판단이므로 결과에 대해서는 진로 상담 교사나 부모님과 함께 공유하고, 또 시간을 두고 좀 더 점검하는 과정을 거칠 필요가 있다. 아직 한 가지가 남아 있기 때문에 시간은 필요하다."
"또 남아 있어요?

그래도 여전히 목마르다

"직업인을 직접 만나는 일."

"아~ 그거요."

"샘은 그 어떤 정보를 통한 검증도 현장 직업인의 만남을 넘어설 수 없다고 생각한다. 설령 심화 질문을 통해 능력에 다소 자신이 없다는 생각이 들었어도, 직업인을 만나 마음에 불이 붙고 용기가 생기면 그 모든 장애를 넘어설 신념이 생기고 열정을 만들어 내며, 그 열정이 고스란히 노력으로 이어진다. 그러면 처음에 낮게 나왔던 심화 질문 결과가 모두 역전되어 있을 것이다."

"네. 어떤 것이 더 중요한지 잘 알겠어요."

"승헌이는 기회가 된다면 꼭 기업경영가를 만나보렴."

"그럴게요."

꼭! 작성해 보세요 | 포트폴리오 활동 1

세상을 향해 외치는 선포

김형섭 씨가 용기를 내어 세계의 리더들에게 편지를 보내고 답장으로 받은 샘플입니다. 만약 당신도 용기를 내어 이런 편지를 쓴다면 누구에게 어떤 내용으로 보내고 싶습니까? 가장 기대되는 대상 한 사람을 정하고, 그 사람에게 쓰는 편지를 써 봅니다. 어쩌면 실제로 답장을 받을 수도 있습니다.

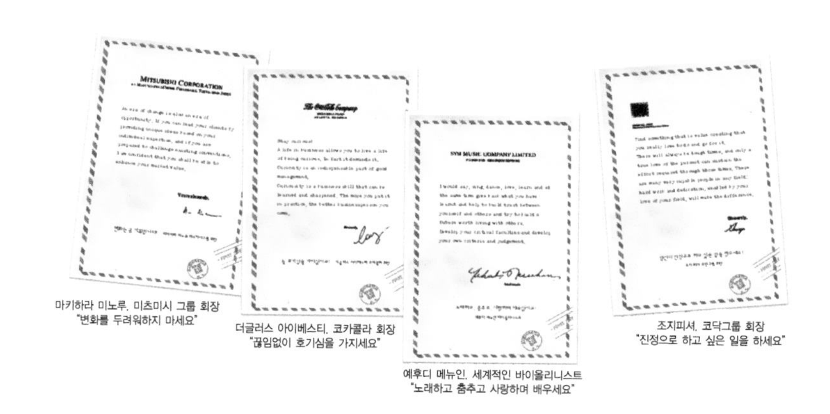
MITSUBISHI CORPORATION

SYM MUSIC COMPANY LIMITED

마키하라 미노루, 미츠미시 그룹 회장
"변화를 두려워하지 마세요"

더글러스 아이베스티, 코카콜라 회장
"끊임없이 호기심을 가지세요"

예후디 메뉴인, 세계적인 바이올리니스트
"노래하고 춤추고 사랑하며 배우세요"

조지피셔, 코닥그룹 회장
"진정으로 하고 싶은 일을 하세요"

To.

내친구 포트폴리오 살짝 엿보기

세상을 향해 외치는 선포

김형섭 씨가 용기를 내어 세계의 리더들에게 편지를 보내고 답장으로 받은 샘플입니다. 만약 당신도 용기를 내어 이런 편지를 쓴다면 누구에게 어떤 내용으로 보내고 싶습니까? 가장 기대되는 대상 한 사람을 정하고, 그 사람에게 쓰는 편지를 써 봅니다. 어쩌면 실제로 답장을 받을 수도 있습니다.

마키하라 미노루, 미츠미시 그룹 회장
"변화를 두려워하지 마세요"

더글러스 아이베스티, 코카콜라 회장
"끊임없이 호기심을 가지세요"

예후디 메뉴인, 세계적인 바이올리니스트
"노래하고 춤추고 사랑하며 배우세요"

조지피셔, 코닥그룹 회장
"진정으로 하고 싶은 일을 하세요"

To. 에드워드 권

안녕하세요, 아저씨. 저는 세계적인 요리사를 꿈꾸는 학생입니다. 저의 마음속 꿈인 에드워드 아저씨에게 용기를 내어 편지를 보냅니다. 어쩌면 저의 편지가 아저씨에게 전달되지 않을 수도 있겠지만 저는 용기를 냈습니다. 아저씨의 인생과 눈빛을 볼 때마다 저의 꿈은 더욱 활활 불타오릅니다. 저는 아저씨가 출연한 TV 프로그램을 모두 보았습니다. 요리뿐 아니라 사람을 가르치는 언어도 배우고 있어요. 아저씨에게 부탁 하나 해도 될까요?

아저씨를 롤모델로 미래의 요리사를 꿈꾸는 저를 격려하는 아저씨의 답장을 받고 싶습니다.

저는 앞으로도 아저씨를 바라보며 제 꿈을 키워 나갈 것입니다.

저는 아저씨가 자랑스러워요. 늘 저의 꿈, 저의 우상으로 남아 주세요. 감사합니다.

꼭! 작성해 보세요 | 포트폴리오 활동 2

직업 정보에 대한 기본 질문 소화하기

다음은 모든 직업을 이해하는 데 필요한 기본적인 질문입니다. 이 질문을 자신의 희망 직업에 대한 질문으로 바꾸고 스스로 답변하는 글을 적어 보세요.

Q : 경영 컨설턴트는 어떤 일을 하는 사람인가요?
Q : 경영 컨설턴트에게 필요한 능력에는 무엇이 있나요?
Q : 경영 컨설턴트가 되려면 어떻게 준비해야 하지요?
Q : 경영 컨설턴트의 앞으로 전망은 어떠한가요?

Q : ______________________________

____

____

____

Q : ______________________________

____

____

____

Q : ______________________________

____

____

____

Q : ______________________________

____

____

____

____

____

____

직업 정보에 대한 기본 질문 소화하기

다음은 모든 직업을 이해하는 데 필요한 기본적인 질문입니다. 이 질문을 자신의 희망 직업에 대한 질문으로 바꾸고 스스로 답변하는 글을 적어 보세요.

Q : 경영 컨설턴트는 어떤 일을 하는 사람인가요?
Q : 경영 컨설턴트에게 필요한 능력에는 무엇이 있나요?
Q : 경영 컨설턴트가 되려면 어떻게 준비해야 하지요?
Q : 경영 컨설턴트의 앞으로 전망은 어떠한가요?

Q : 항공관제사는 어떤 일을 하는 사람인가요?

A : 항공교통관제사는 할당된 관제 범위 내의 항공교통을 지휘하고, 공항에서 이동하는 항공기와 서비스 차량을 통제하는 역할을 한다.

Q : 항공관제사에게 필요한 능력에는 무엇이 있나요?

A : 항공관제사가 되려면 반응속도가 뛰어나고 시력이 좋아야 한다. 또 집중력이 뛰어나야 하고 청력도 좋아야 한다. 계속 들으면서 정보를 파악하고 판단해야 하기 때문이다.

Q : 항공관제사가 되려면 어떻게 준비해야 하지요?

A : 항공관제사가 되려면 항공관제 관련 학과를 졸업하고 자격증을 취득해야 한다. 또는 국토해양부 지정 전문교육기관 등에서 소정의 과정을 이수하거나 실무 경력 등이 있으면 항공교통관제사 자격시험에 응시할 수 있다.

Q : 항공관제사의 앞으로 전망은 어떠한가요?

A : 항공관제사의 전망은 좋은 편이다. 3가지 전망 통계를 살펴보면 증가 전망이 43퍼센트, 현상유지 전망이 50퍼센트인데 반해 감소 전망은 6퍼센트에 불과하다.

직업 적합도를 점검하는 심화 질문 만들기

다음은 직업정보시스템의 '능력, 지식, 환경' 또는 '성격, 흥미, 가치관'을 참고로 작성한 직업 검증 질문입니다. 자신의 희망 직업에 대해 정보를 확인하고 심화 질문을 만들어 적어 보세요. 적은 내용을 바탕으로 답변을 말해 보세요.

1. 경영학을 전공할 생각을 해 본 적이 있다. (　　)
2. 문제 상황에서 가장 효과적인 해결 방법이 무엇인지 생각하는 것을 즐기는 편이다. (　　)
3. 다른 사람과 쉽게 친해지고 좋은 관계를 유지하는 편이다. (　　)
4. 자신의 생각을 다른 사람에게 잘 표현하는 편이다. (　　)
5. 외국어를 배우고 말하는 것을 좋아한다. (　　)
6. 외국 사람과 함께 일하는 근무 환경을 좋아한다. (　　)
7. 정해진 기간 내 꼭 해결해야 할 일이 생긴다면 밤을 새울 만큼 체력이 튼튼하다. (　　)
8. 숫자 계산하는 것을 즐기는 편이다. (　　)
9. 자신의 성과만큼 보수를 받는 일을 좋아한다. (　　)
10. 나의 능력을 인정해 주는 곳이 있다면 언제든지 직장을 옮길 것이다. (　　)

직업 적합도를 점검하는 심화 질문 만들기

다음은 직업정보시스템의 '능력, 지식, 환경' 또는 '성격, 흥미, 가치관'을 참고로 작성한 직업 검증 질문입니다. 자신의 희망 직업에 대해 정보를 확인하고 심화 질문을 만들어 적어 보세요. 적은 내용을 바탕으로 답변을 말해 보세요.

1. 경영학을 전공할 생각을 해 본 적이 있다. (   )
2. 문제 상황에서 가장 효과적인 해결 방법이 무엇인지 생각하는 것을 즐기는 편이다. (   )
3. 다른 사람과 쉽게 친해지고 좋은 관계를 유지하는 편이다. (   )
4. 자신의 생각을 다른 사람에게 잘 표현하는 편이다. (   )
5. 외국어를 배우고 말하는 것을 좋아한다. (   )
6. 외국 사람과 함께 일하는 근무 환경을 좋아한다. (   )
7. 정해진 기간 내 꼭 해결해야 할 일이 생긴다면 밤을 새울 만큼 체력이 튼튼하다. (   )
8. 숫자 계산하는 것을 즐기는 편이다. (   )
9. 자신의 성과만큼 보수를 받는 일을 좋아한다. (   )
10. 나의 능력을 인정해 주는 곳이 있다면 언제든지 직장을 옮길 것이다. (   )

〈방송연출가를 꿈꾸는 학생 사례〉

1. 주의를 산만하게 하는 자극에도 불구하고 원하는 일에 집중하는 편이다. (   )
2. 글을 통해서 다른 사람과 효과적으로 의사소통을 한다. (   )
3. 모니터링을 통해 자신과 타인 혹은 조직의 성과를 점검하고 평가한다. (   )
4. 주어진 주제나 상황에 대하여 독특하고 기발한 아이디어를 산출할 수 있다. (   )
5. 문제를 해결하기 위해 체계적으로 이치에 맞는 생각을 해 낸다. (   )
6. 다른 사람이 말하는 것을 집중해서 듣고 상대방이 말하려는 요점을 이해하거나 적절한 질문을 한다. (   )
7. 자신만의 방식대로 일을 하는 방법을 개발하며 관리감독이 없이도 스스로 일하는 방향을 설정하고 타인에게 의지하지 않는다. (   )
8. 자신에게 주어진 책임을 기꺼이 받아들이고 도전하려 한다. (   )
9. 다른 사람들의 욕구나 느낌에 민감하며 타인을 이해하고 도와주려 한다. (   )
10. 방송제작의 환경에서 사소한 부분까지도 주의 깊게 관찰하고 철저하게 완수한다. (   )

나의 직업 적합도 고민하기

자신의 희망 직업에 대한 탐색과 질문 생성 및 답변을 통해 주관적인 적합도를 확인해 봅니다. 아래의 사례를 참고로 자신에게 해당하는 질문을 넣은 뒤 간단하고 담담하게 답변해 보세요. 이 결과는 검증 과정의 기본 자료로 사용하고, 최종적인 결정을 보다 종합적으로 해야 한다는 사실을 당부합니다.

판단	나의 선택	앞으로의 계획
적합하지 않은 편이다.	그래도 나는 경영컨설턴트가 되고 싶다.	어떻게 노력할 것인가요?
	나의 적성과 흥미에 맞는 다른 직업을 찾아보겠다.	그렇게 생각한 이유와 나에게 적합한 직업은 무엇인가요?
적합한 편이다.	나는 경영컨설턴트가 되기 위해 더 노력하겠다.	어떻게 더 노력할 것인가요?
	적합하지만 나는 다른 직업을 선택하고 싶다.	그렇게 생각한 이유와 나에게 적합한 직업은 무엇인가요?

판단	나의 선택	앞으로의 계획
적합하지 않은 편이다.		어떻게 노력할 것인가?
		그렇게 생각한 이유와 나에게 적합한 직업은 무엇인가?
적합한 편이다.		어떻게 노력할 것인가?
		그렇게 생각한 이유와 나에게 적합한 직업은 무엇인가?

내친구 포트폴리오 살짝 엿보기

나의 직업 적합도 고민하기

자신의 희망 직업에 대한 탐색과 질문 생성 및 답변을 통해 주관적인 적합도를 확인해 봅니다. 아래의 사례를 참고로 자신에게 해당하는 질문을 넣은 뒤 간단하고 담담하게 답변해 보세요. 이 결과는 검증 과정의 기본 자료로 사용하고, 최종적인 결정을 보다 종합적으로 해야 한다는 사실을 당부합니다.

판단	나의 선택	앞으로의 계획
적합하지 않은 편이다.	그래도 나는 경영컨설턴트가 되고 싶다.	어떻게 노력할 것인가요?
	나의 적성과 흥미에 맞는 다른 직업을 찾아보겠다.	그렇게 생각한 이유와 나에게 적합한 직업은 무엇인가요?
적합한 편이다.	나는 경영컨설턴트가 되기 위해 더 노력하겠다.	어떻게 더 노력할 것인가요?
	적합하지만 나는 다른 직업을 선택하고 싶다.	그렇게 생각한 이유와 나에게 적합한 직업은 무엇인가요?

판단	나의 선택	앞으로의 계획
적합하지 않은 편이다.	그래도 나는 보안전문가가 되고 싶다.	어떻게 노력할 것인가?
	나의 적성과 흥미에 맞는 다른 직업을 찾아보겠다.	그렇게 생각한 이유와 나에게 적합한 직업은 무엇인가?
적합한 편이다.	나는 보안전문가가 되기 위해 더 노력하겠다.	어떻게 노력할 것인가? 나는 보안전문가가 되기 위해, 컴퓨터공학과에 입학할 것이고, 그러기 위해 기본 내신공부뿐만 아니라, 지금부터 보안전문가에 대한 정보를 수집하고 관리할 것이다.
	적합하지만 나는 다른 직업을 선택하고 싶다.	그렇게 생각한 이유와 나에게 적합한 직업은 무엇인가?

생생! 직업인 이야기

찾아가는 서비스는 원래 우리 이야기

일반 공무원

교통사고가 나면 먼저 달려오는 차가 있죠. 견인차량입니다. 잠시 후에 자동차보험 직원이 도착합니다. 이런 장면을 떠올리면 '찾아가는 서비스' 라는 단어가 따라오지 않습니까. 그런데 사실은 이 칸의 주인공은 바로 접니다. 일반 공무원이요. 500대 1의 경쟁률을 뚫고 공무원이 된 저는 안정적인 직장을 찾아 온 것이 아닙니다. 진심이에요.
사회복지학을 공부하고 지역의 공무원이 되어, 구석구석을 다니며 주민들의 삶을 돌보고 싶은 꿈이 있었습니다. 주민센터에 하루 종일 앉아서 서류를 만들어 주는 일이 전부는 아니랍니다. 적극적으로 지역의 어려움을 살피고 해결해 주려는 의지가 필요합니다. 특히 혼자 사는 노인들이 너무나 많은 지금은 그 누구도 그 분들의 삶을 책임지지 않으려 합니다. 그래서 이렇게 지역의 공무원이 그 분들의 안부를 묻고 도움을 주는 것입니다. 공무원에 대한 따가운 시선도 이제는 바뀌고 있어요. 제가 그 역할을 앞서서 하고 있습니다. 그래서 저는 명함도 만들었어요. 필요할 때는 언제든 전화를 부탁 드린다고요. 발상의 전환, 찾아가는 서비스. 이게 보험업계의 이야기가 아니라, 이제는 공무원의 트레이드 마크가 될 거예요.

4

13비전의 다른 옷 입기 14비전을 넘어 사명과 소명으로! 15부분을 모아야 전체가 보인다 16기록으로 만들어가는 미래

13 비전의 다른 옷 입기

진로와 비전을 구분하는가

우리들의 고민 편지

이제 막 중학교에 올라온 A군은 요즘, 초등학교 때는 듣지 못했던 '비전'이라는 단어를 유독 많이 듣고 있다. "꿈이 뭐야?"라는 질문에 익숙했는데, 중학교에 올라오니 "비전이 뭐야?"라는 질문을 더 많이 받는다. 비전의 정확한 뜻도 모르는 상황에서 어떻게 대답할지 모르겠다. 그런데 놀라운 것은 비전이라는 단어에 눈을 뜨는 순간 온 세상에 그 단어가 가득했다. 왜 사람들은 이 단어를 이렇게 많이 사용할까? 모두 같은 뜻으로 사용하는 걸까?

– 온라인 캠프에 올라온 진로 고민 편지

진로 박람회에 가다

"교빈아, 봤어? 교문에 현수막 걸린 거."

"무슨 현수막?"

"교문 입구에 걸린 현수막 말이야."

"못 봤는데……. 현수막이 너무 높이 걸렸나."

"무슨, 교문 위에 바로 있던데. 하늘 좀 보고 다녀라, 제발!"

"승헌아, 그런데 무슨 내용이야?"

"대한민국 진로 박람회 '퀸 부스' 선정이라고 적혀 있어."

"진로 페스티벌은 이미 끝났잖아. 한 번 더 한다는 거야?"

"진로 페스티벌이 아니고 진로 박람회라고!"

동아리 학생들이 삼삼오오 모여 현수막 이야기를 나누고 있었다. 진로 박람회는 무엇이고, '퀸 부스'는 무엇인지 서로 해석이 분분했다.

잠시 후 민샘이 동아리 교실로 들어왔다. 그런데 민샘과 함께 기쁨을 나누려던 학생들은 교실에 들어온 민샘의 표정을 보고 흠칫 놀랐다. 민샘의 얼굴빛이 너무나 창백해 보였기 때문이다.

"샘, 어디 아프세요? 얼굴색이 창백해요."

"그, 그래? 아프긴, 괜찮아. 그러나 저러나 너희들도 봤지?"

"네! 현수막 이야기하시는 거죠. 그런데 뭐가 뭔지 잘 모르겠어요."

"모르긴, 교빈이 네가 본 그대로야. 연말에 개최하는 대한민국에서 제일 큰 진로 박람회에 우리 진로 동아리가 초청받았다."

바로 그때 어디선가 까칠한 목소리가 들렸다.

"제가 알기로는 그런 박람회에 참가하고 싶으면, 돈만 내면 부스를 얻을 수 있는 거 아닌가요? 이렇게 현수막까지 걸 일은 아닌 것 같은데요."

목소리가 나는 쪽으로 모든 친구가 고개를 돌렸다. 말투는 과거의 까칠한 찬형이와 비슷한데 목소리가 달랐다. 2학기에 새로 전학 온 경수라는 친구다. 경수는 특별한 목적을 가지고 진로 동아리에 들어왔다. 전학을 오자마자 동아리의 소문은 익히 들어 알고 있었고, 같은 반 친구인 승헌이의 동아리 포트폴리오를 보는 순간 진로 동아리가 마음에 들었던 것이다. 경수는 아버지를 따라 외국에서 생활하다가 한국에 다시 돌아왔다. 중학교 졸업 후 특목고에 진학하여, 명문대를 거친 뒤 다시 외교관이 되어 외국으로 나가는 꿈을 가지고 있다. 그런 경수가 진로 동아리에 들어오기로 결심한 것은 진로 포트폴리오가 탐이 났기 때문이다. 특목고를 진학하는 과정에서 매우 유용하게 쓰일 만하다고 여겨졌던 것이다.

"경수 말이 맞아. 일반적으로는 그렇지. 하지만 이번 경우는 좀 다르단다. 돈을 주고 참여하는 것은 일반 교육 콘텐츠를 만드는 기업들에 해당하는 것이고, 우리 학교는 그야말로 '초청' 을 받아서 참여한다. 그것도 '퀸 부스' 로 말이야."

"샘! 퀸 부스가 뭐예요?"

"하영이 네 생각에는 '퀸 부스' 가 어떤 의미인 것 같니?"

"글쎄요. 박람회에서 뭔가 중요한 위치가 아닐까요?"

"하영이 예상이 맞다. 작년까지는 없었는데 올해 새롭게 도입된 방식이란다. 박람회의 꽃인 중앙 위치에 가장 큰 부스를 사용하여 강연과 전시를 할 수 있는 거란다. 더욱 의미 있는 것은, 일반 공교육에서는 우리 학교가 유일하게 참여한다는 것이다."

"와우~ 대단해요! 민샘의 힘인가요?"

"교빈이가 나를 너무 과대평가하는구나. 선생님은 힘이 없다. 내 생각에는 '진로 페스티벌' 에 외부 손님으로 오신 장학사님이나 진로 교육 업체의 경영자분들이 추천한 것 같다. 그리고 진로 박람회를 개최하는 주관사 입장에서도 흥행을 위해 일부러 공교육의 모범사례로 초청한 것 같아."

"여하튼 기쁜 일이에요. 샘! 우리는 이미 경험이 있잖아요."

"그, 그렇지. 긍정적으로 생각해 주어 고맙구나. 하영아."

자신감을 내비친 학생들의 말에 민샘은 시원하게 답변을 하지 못했다.

민샘의 얼굴은 교실에 들어올 때보다 더 창백해졌다. 민샘은 솔직히 자신이 없었다. 진로 페스티벌을 전후로 민샘은 2개 학년 200명 정도의 진로 프로파일을 관리하게 되었다. 그리고 상시 진로 상담 시스템을 운영하게 되어 매일 3~5명 정도의 학생들을 개별 상담해 주고 있다. 그 중의 몇몇 친구들은, 이전 교빈이와 했던 것처럼 일대일로 수업도 진행하고 있다. 새로 전학 온 경수 역시 본인과 어머니의 요구로 평일에 일대일로 민샘과 만나면서 경수가 듣지 못한 앞 수업 전체를 진행하고 있었다.

'휴~ 이렇게 강행군을 하다가는 몸이 남아나질 않겠어. 얼마나 더 버틸 수 있을까?'

과거 몸이 아팠던 민샘은 진로 박람회를 마냥 기뻐할 수 없었다. 교장 선생님이 처음 박람회 소식을 전해 주었을 때, 민샘은 부정적인 반응을 보였다. 자신의 건강 상태를 알고 있었기 때문이다. 그렇게 큰 행사를 치르기에는 다소 무리가 있다고 판단이 들었다.

"이 선생, 우리가 명문 학교로 위상을 드높일 수 있는 정말 좋은 기회예요. 꼭 박람회에 나가야 합니다. 제 뜻은 이미 정해졌어요."

진로에서 비전으로 도약하다

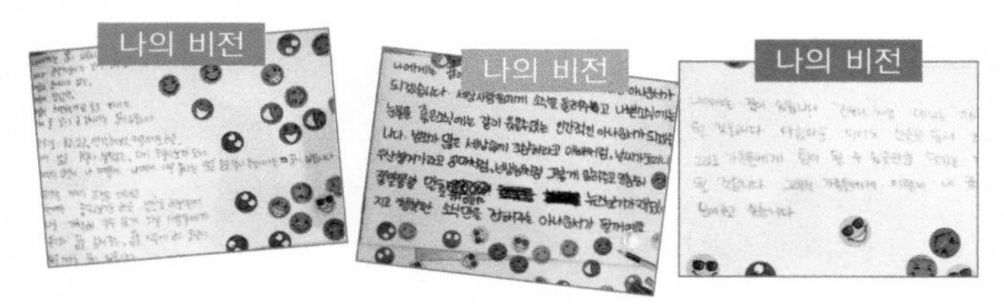

"3장의 카드 중에 세 번째 카드를 승헌이가 한번 크게 읽어 줄래?"

"나에게는 꿈이 있습니다. '진보라' 처럼 멋있는 피아노 연주자가 될 것입니다. 아름다운 피아노 선율을 통해 희망이 없는 사람들에게 그리고 가족들에게 힘이 될 수 있을 만큼 멋있는 피아노 연주자가 될 것입니다. 그래서 가족들에게 이렇게 내 꿈을 이루었다는 것을 보여 주고 싶습니다."

"샘, 저도 이런 글을 쓰고 싶어요."
"저도요."
"저도 꼭 쓰고 싶어요."
동아리 학생들의 마음에 같은 울림이 일어났다. 자신들도 이런 글을 쓰고 싶다는 말들이 이어졌다. 민샘이 이 카드를 꺼낸 것은 다른 이유가 있어서였다.
"우리는 오늘 새로운 출발선에 서 있다. 지금껏 진행해 온 '진로 탐색' 여정을 모두 모아서 '비전 선언' 으로 연결시킬 것이다.
"샘, '진로' 와 '비전' 이 뭐가 달라요? 아까 본 그 카드는 진로에 관한 거예요, 아니면 비전에 관한 거예요? 혼란이 생겨요."
"하영이가 꼭 필요한 질문을 했네. 오늘 수업이 바로 그러한 혼란을 없애고 질서를 잡는 시간이다. 사실 앞에 여러분이 감동한 글들은 모두 '비전 선언' 단계에서 적는 내용이다. 그런데 그런 내용을 적기 전에 우리는 먼저 정리해야 할 내용이 있다."
"그게 뭐죠?"
효 비전 선언문, 희망 누리 비전 선언문, 대학의 비전 선언문, 국가의 국정 비전 선언문, 학교의 비전 선언문, 기업의 비전 선언문 등 문장의 내용과 형식은 다소 차이가 있지만 저

마다 '비전'을 담고 있다. 민샘은 학생들에게 각각의 내용을 자세히 읽어볼 것을 주문했다.

"저의 비전은 박지성 선수 같은 축구 선수가 되는 거예요." [초등학교 4학년 찬민]
"이 아빠의 올해 비전은 아랫배의 살을 빼는 것이다." [배 나온 영철이 아빠]
"저는 세계 최고의 자동차 디자이너가 될 거예요." [고등학교 1학년 영채]
"우리 대학의 비전은 글로벌 창의적 인재를 양성하는 것입니다." [○○대학교의 비전 선언]
"우리 회사의 비전은 친환경 비즈니스의 선구자가 되는 것입니다." [○○회사의 기업 비전]
"대한민국의 국정 비전은 섬기는 정부, 활기찬 시장 경제, 능동적 복지, 인재 대국, 성숙한 세계 국가입니다." [2010 대한민국 국정 비전]
"이번 글로벌 컨퍼런스의 비전은 지구상의 탄소 배출에 대한 기준 마련입니다." [국제환경회의]

동아리 학생들은 내용을 읽으면서 여러 문장 속에 뭔가 같은 느낌이 들어 있다는 사실을 깨달았다. 그런데 그 내용이 무엇인지는 명확히 정리가 되지 않는다.
"공통적으로 어떤 단어가 들어 있는지 쉽게 알 수 있지?"
"비전이요."
"승헌이가 보기에는 '비전'이라는 단어가 모두 같은 의미로 사용된 것으로 보이니?"
"그게 헷갈려요. 모두 약간씩 다른 것 같기도 하고, 한편으로는 모두 '목표'를 이야기하는 것 같은 느낌이 들기도 해요. 학생들은 직업 목표, 아빠는 다이어트 목표 등이죠."
"승헌이의 말에 이미 정답이 나왔다."

"네? 정답이 나왔다고요. 모두 다르게 사용된 것 같아서 헷갈린다고 했는데요?"

"그게 정답이야. 모두 다른 의미로 사용하고 있는 거야."

"정말이에요, 샘? 그런데 이상해요. 왜 비전이라는 단어는 이렇게 다양하게, 그리고 많이 사용되죠?"

이에 대한 답변을 하기 위해 민샘은 조별로 미션을 내주었다. 인터넷의 지도 검색에서 '비전'을 입력하여 나오는 모든 지역 이름, 건물 이름, 상호를 찾아 발표하도록 했다.

"비전 빌라, 비전 베이커리, 비전 헤어, 비전 세탁소, 비전 김밥, 비전 목욕탕……."

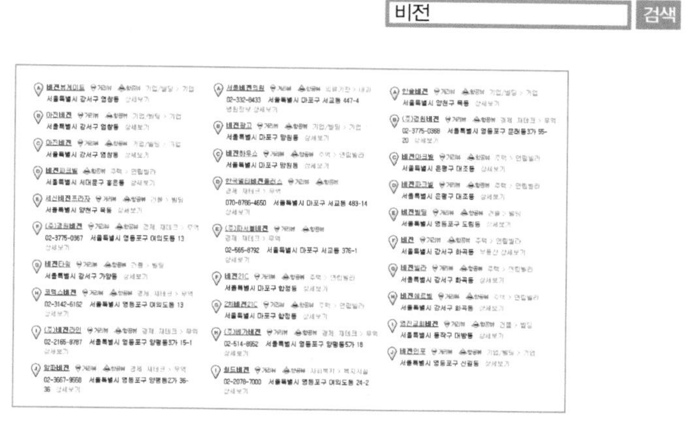

학생들은 막상 검색을 하면서 깜짝 놀랐다. 세상에는 '비전'이라는 간판이 즐비했기 때문이다. 사람들이 '비전'이라는 단어를 얼마나 좋아하는지 알 수 있을 것 같았다. 정확하게 똑같은 뜻으로 사용한 것 같지는 않지만, 왠지 같은 느낌으로 사용한 것 같았다.

"중요한 것은 사람들이 정말 '비전'이라는 단어를 좋아한다는 사실과, 뜻이 명확하게 일치되지는 않지만 뭔가 통하는 느낌이 있다는 것이다."

"정말 그런 것 같아요. 일치되지는 않지만 같은 느낌의 그 어떤 것!"

"좋아, 승헌아. 내친 김에 그럼 이번에는 '도서 본문' 검색을 통해 다양한 책 속에 표현된 ‘비전’을 알아볼까?

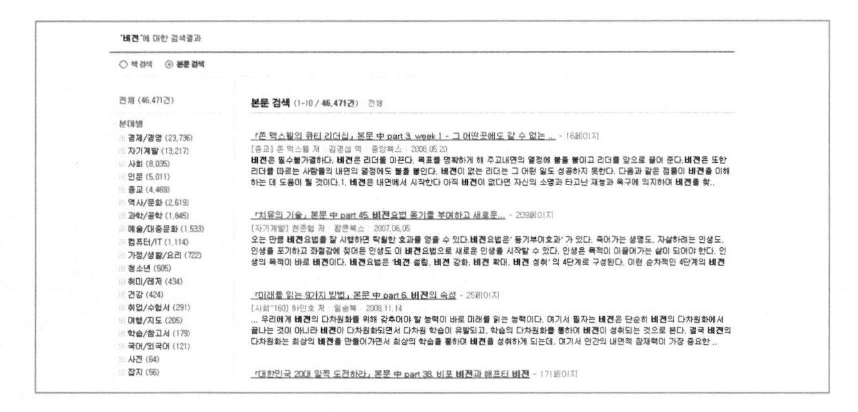

“와우! 4만 6,471건이나 돼요.”

“상당히 많지. 거리의 간판뿐 아니라 다양한 책에서도 ‘비전’이 많이 사용되고 있다. 그럼, 그런 비전이 책 속에서 어떤 의미로 표현되는지 자세히 살펴보자.

책 이름	비전에 대한 표현
『미래를 읽는 9가지 방법』	비전은 변화를 위한 에너지, 재능 그리고 감동을 만들어 내는 그 어떤 것이다.
『대한민국 20대 일찍 도전하라』	비전은 누군가가 자신이 간절히 바라고 원하는 것을 꼭 이루어 내겠다고 결단하는 의지의 표현이다.
『치유의 기술』	일평생 반드시 하고 싶은 일생일대의 비전(목표)을 기록하라.
『비전에 생명력을 불어넣어라』	생명력 있는 비전을 가지되, 자신뿐 아니라 세상을 위한 원대한 비전을 가져라.
『인사 전략, 이렇게 하면 된다』	비전 설정은 현재의 상태를 분석하여 미래의 모습을 그려가는 과정이다.
『팩토리얼 파워』	비전은 조직 구성원들의 역량과 가능성을 담은 것이어야 하며, 그 기업의 과거와 현재와 미래가 담긴 것이어야 한다.
『토사구팽 당하라』	비전은 우리 삶을 이끄는 푯대이며 나침반이다.
『리더십 역사와 전망』	비전이란 집단이 지향하는 가치이며 동시에 그들이 함께 행동하는 이유이다.
『한 장의 비즈니스 플랜』	비전은 나아가는 길을 설명하는 것이다. 따라서 포괄적이고 이상적이어야 한다.
『여자, 남자의 야망을 질투하라』	비전은 꿈을 이루기 위해 ‘실행하게 하는 힘’이다. 비전은 크게 인생 비전과 중기 비전, 단기 비전으로 구분할 수 있다.

책 이름	비전에 대한 표현
『예수처럼 섬겨라』	비전이란 현재의 모습과 너무 다르기 때문에 비현실적인 것으로 받아들일 수 있다.
『브랜드, 반란을 꿈꾸다』	비전은 기업 구성원 전체가 떠올릴 수 있는 하나의 그림이다.
『명품 인생을 창조하는 목표』	비전은 미래 지향적인 특별한 꿈이다.
『나를 컨설팅하다』	비전은 삶의 목표이며, 이것을 향해 나아가는 사람은 성공한다.
『균형 잡고 살아라』	비전은 에너지와 의욕을 북돋우고 이를 통해 우리의 몸과 마음을 움직이며 더 나아가 구체적인 생활에서 점진적인 변화를 일
『사람을 얻는 기술』	어떤 비전을 갖고 있든, 오직 비전을 가진 사람들만이 변화를 일으킨다.
『10대의 꿈을 실현해 주는 진로』	비전은 구체적이어야 한다. 10년 후 자신의 비전을 적어 보자.
『비전』	비전은 자신이 누구이고, 어디로 가고 있으며, 무엇이 비전을 이루게 하는지를 아는 것이다.
『간절함이 답이다』	비전이 이루어지려면 내가 그 비전에 중독될 정도로 지속적으로 비전을 생각하고 고민해야 한다.

비전에 대해 탐색할수록 학생들은 그 많은 쓰임에 놀라워했다. 이런 다양한 쓰임새에서 일정한 규칙을 찾는 것은 쉽지 않아 보였다.

“샘, 우리가 지금까지 탐색하고 검증해서 자신의 희망 직업을 찾았잖아요. 그렇다면 진로를 찾는 여행은 완성된 것 아닌가요? 여기서 굳이 ‘비전’이라는 너무나 큰 주제를 다시 다룰 필요가 있을까요?”

“독기는 빠졌지만 찬형이 특유의 냉정은 여전하군. 충분히 일리 있는 이야기야. 하지만 기억해야 한다. 우리가 찾아낸 진로를 자신의 비전으로 표현하는 단계와, 그리고 그 비전을 실제 이루기 위한 전략을 수립하는 단계까지는 가야 한다.”

“비전 표현과 비전 성취 전략 수립이요?”

“그래, 크게 그 두 가지를 더 진행해야 이 여행은 완성되는 것이란다.”

“샘, 그럼 우리가 진로 박람회에서 보여 주어야 할 내용에도 그 두 가지가 포함되나요?”

"당연하지. 따라서 지금부터는 진로 박람회를 준비한다는 생각으로 수업에 참여해야 한다."

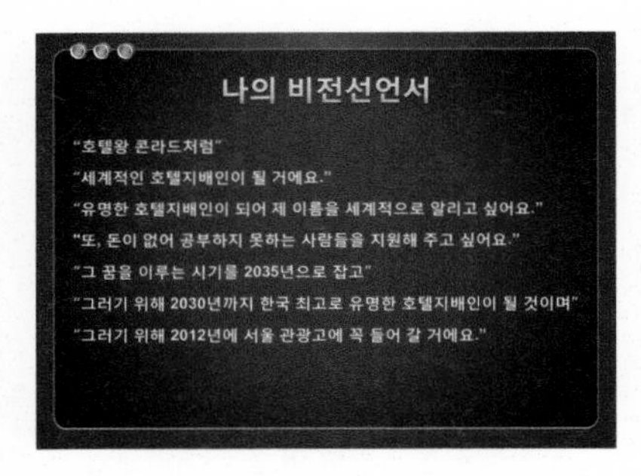

민샘은 한 학생의 비전 선언문을 소개해 주었다. 이는 학생들이 이후에 배울 비전 선언의 결과물 샘플이었다. 학생들은 또 한 번 술렁거렸다. 교빈이가 큰 소리로 친구들의 마음을 대변했다.

"샘, 자꾸 이렇게 멋진 글을 보여 주기만 하실 거예요. 저희도 쓸 수 있게 해 주세요."

"교빈아, 너무 급히 먹으려 들면 체하는 법이야. 일에는 다 순서가 있단다. 오늘은 '진로'에서 '비전'으로 넘어가는 과정을 다루는 게 수업의 목표란다. 자, 보이는 내용의 가장 첫 문장을 철만이가 한번 크게 읽어 볼까?"

"호텔왕 콘라드처럼."

"고맙다. 바로 그 부분이 '진로'와 '비전'의 경계선이다."

"경계선이라뇨?"

"그 한 문장이 바로 우리가 탐색해 온 진로 탐색의 결과라는 것이다."

"그럼 우리가 지금까지 오랜 시간 찾아왔던 진로 탐색 과정이 그 짧은 문장 한 줄에 들어 있다는 거예요?"

"길이는 짧지만 가장 위대한 한 줄을 만든 것이다."

"그렇다면 그 다음에 표현된 내용이 비전 부분이란 말이에요?"

"그런 셈이지. 여기서 한 가지 꼭 명심할 게 있다. 많은 청소년들이, '저는 ~가 될 거예요'라고 하며, 이 앞의 한 줄을 너무나 쉽게 말하는데, 대개는 우리가 6개월 동안 진행해 온 다양한 탐색 과정을 거치지 않고 말하는 거란다."

"그야말로 한 줄의 위대함이군요."
"샘, 그건 그렇고 그 뒤 내용, 즉 비전이 궁금해요. 저도 어서 그런 멋진 문장을 만들고 싶거든요."
"이런, 이젠 철만이도 약간 교빈이를 닮아가는 것 같군. 조급한 마음 내려놓고 차근차근 가보자."

비전이 있는 사람은 뭔가 다르다

앞부분이 진로를 찾아가는 여행이었다면, 지금부터의 수업은 진로의 목표를 구체적으로 정리하고 체계화하여 언어로 표현하는 과정이 될 것이다. 오늘은 그 첫 시간이기에 '진로'에서 '비전'으로 넘어가는 과정을 다루기로 했다.

'비전'의 사전적 정의

vision

1. 시력, 눈; 시야
2. 환상, 상상
3. (특히 종교적인) 환영
4. 내다보이는 장래의 상황

"샘, 비전을 사전에서 찾아보니 그 느낌을 알 수 있을 것 같아요."
"어떤 느낌이 드니, 승헌아?"
"뭔가를 보는 거죠. 그런데 현재가 아니라 미래의 것을 보는 거 같아요."
"현재는 없지만 미래에 있는 것을 본다? 그럴싸한데. 그럼 한번 우리가 '비전'의 정의를 내려 볼까. 다음 3장의 카드에 적힌 단어를 사용하여 우리만의 '비전'을 풀이해 보자. 승헌이가 대표로 말해 보렴."
"비전이란, 현재의 가능성을 가지고 미래를 상상하는 것이다."

"샘, 우리의 진로도 사실 현재에는 없는 거잖아요. 단지 가능성을 찾은

것뿐이죠."
"현재에 보이는 것만 믿고 산다면 얼마나 슬프겠니? 우리에게는 더 나은 미래를 꿈꿀 수 있는 자유가 있다."
"사전의 뜻을 알고 보니, 앞에서 보았던 다양한 비전 표현이 좀 더 이해가 되는 듯해요. 표현은 다양하지만 대부분 뭔가 미래의 일을 표현했다는 공통점이 있어요."
"그래, 맞아. 승헌이가 핵심을 잘 찾아냈다. 표현은 다양하지만 분명히 공통점이 있다."
자신의 미래에 대한 신념이 뚜렷한 사람은 우리 주위에 늘 존재한다. 바로 그러한 사람들을 통해 역사가 이루어져 왔다. 표현은 다양하지만 비전을 품은 사람들은 어떤 공통점을 가지고 있다. 그 공통점에 대해 민샘은 동아리 학생들과 함께 의견을 나누었다.
"승헌이는 혹시 주위에서 비전이 아주 선명한 사람을 본 적이 있니?"
"네, 물론 있지요."
"좋아. 그럼 그런 사람들은 공통적으로 어떤 태도를 가지고 있지? 떠오르는 단어를 이야기해 보렴."
"아주 긍정적이에요. 그리고 매우 열정적이에요."
"그럼 그런 사람들은 주로 어떤 느낌의 언어를 쓸까?"
"비전을 가진 사람들은 대부분 리더 역할을 하다 보니, 말하는 내용이나 분위기가 늘 선포하거나 이끌어 가는 느낌이 많아요. 그리고 늘 뭔가를 제시하여 이끌거나 성취하는 이야기를 많이 해요."
"좋다! 한편 비전을 가진 사람들은 공통적으로 품고 있는 원리가 있다. 멀리 내다보고, 비전을 공유하고 기록하고 표현하는 등의 원리가 있다는 거지."
함께 내용을 이야기하던 민샘은 '비전을 가진 사람의 행동' 에 들어갈 내용을 승헌이에게 부탁했다.

비전의 태도	비전의 언어	비전의 행동	비전의 원리
긍정적 열정적 진취적	선포하다 이끌다 제시하다 성취하다	포기하지 않는다 스스로 한다 함께 간다 열매를 맺는다	공유되어야 한다 멀리 보아야 한다 기록되어야 한다 표현되어야 한다

"여기 빈 칸은 승헌이가 한번 채워 보는 게 어떨까. 샘이 보기에 승헌이는 앞에서 우리가 이야기한 비전의 태도, 언어, 원리를 가지고 있는 리더에 가깝다. 그리고 승헌이의 꿈도 조직을 이끄는 리더이기에 비전을 더 잘 이해해야 할 것 같다."

승헌이는 성큼성큼 걸어 나와서 빈 칸에 '포기하지 않는다' 고 적었다. 그런데 다른 내용이 떠오르지 않았다. 승헌이가 들어가자 이번에는 찬형이가 손을 들어서 기회를 얻었다. 찬형이는 나와서 '스스로 한다' 고 적었다. 그 다음에는 하영이가 나와서 '함께 간다' 고 적었다. 이제 얼추 내용이 다 나온 것 같아 더 이상 손을 드는 사람도 없었다.

바로 그때 경수가 손을 들었다. 앞으로 나온 경수는 자신에게 쏟아지는 시선을 은근히 즐기는 듯 보였다. '열매를 맺는다' 고 적은 경수는 친구들을 쭉~ 둘러보고 들어갔다. 뭔가 독특하고 어색함을 유발하는 경수의 등장에 동아리 멤버들은 묘한 호기심이 일었다.

꼭! 작성해 보세요 | 포트폴리오 활동 1

진로에서 비전으로 점프하기

다음에 제시한 내용은 '진로'를 탐색하여 꿈꾸는 직업을 찾은 학생이, 그 내용을 포함하여 '비전 선언'으로 표현한 것입니다. 내용을 읽어 보고, 과연 지금까지 우리가 탐색했던 과정과 비전을 선언하는 과정은 어떻게 연결되는 것인지 자신의 생각을 기술해 보세요.

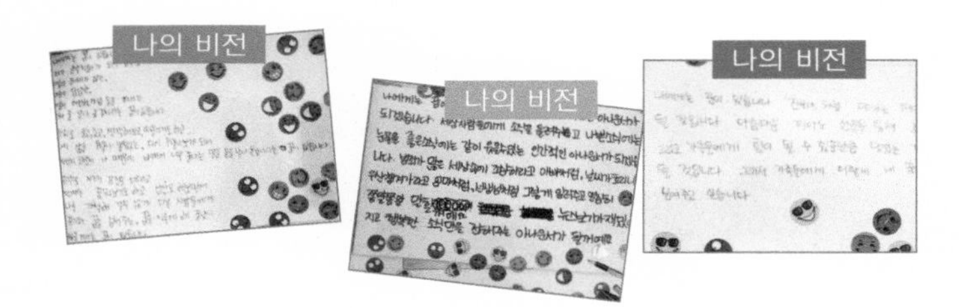

"나에게는 꿈이 있습니다. '진보라'처럼 멋있는 피아노 연주자가 될 것입니다. 아름다운 피아노 선율을 통해 희망이 없는 사람들에게 그리고 가족들에게 힘이 될 수 있을 만큼 멋있는 피아노 연주자가 될 것입니다. 그래서 가족들에게 이렇게 내 꿈을 이루었다는 것을 보여주고 싶습니다."

참고
서론: 사례의 공통점을 표현한다.
본론: 사례에서 '진로 탐색'이 들어간 부분을 표현한다.
결론: 진로와 비전의 관계를 정리하여 표현한다.

내친구 포트폴리오 살짝 엿보기

진로에서 비전으로 점프하기

다음에 제시한 내용은 '진로'를 탐색하여 꿈꾸는 직업을 찾은 학생이, 그 내용을 포함하여 '비전 선언'으로 표현한 것입니다. 내용을 읽어 보고, 과연 지금까지 우리가 탐색했던 과정과 비전을 선언하는 과정은 어떻게 연결되는 것인지 자신의 생각을 기술해 보세요.

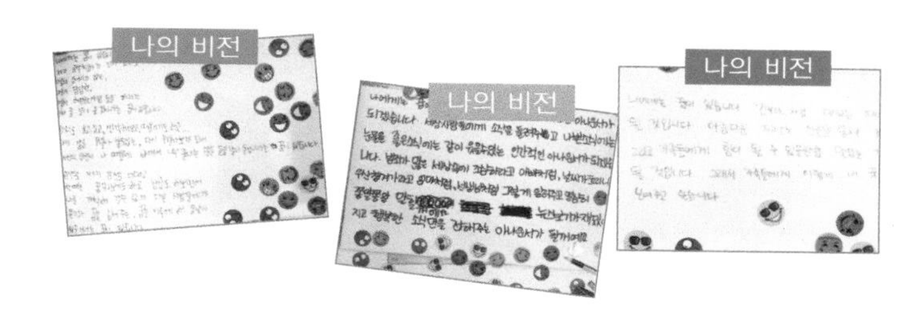

"나에게는 꿈이 있습니다. '진보라'처럼 멋있는 피아노 연주자가 될 것입니다. 아름다운 피아노 선율을 통해 희망이 없는 사람들에게 그리고 가족들에게 힘이 될 수 있을 만큼 멋있는 피아노 연주자가 될 것입니다. 그래서 가족들에게 이렇게 내 꿈을 이루었다는 것을 보여주고 싶습니다."

참고
서론: 사례의 공통점을 표현한다.
본론: 사례에서 '진로 탐색'이 들어간 부분을 표현한다.
결론: 진로와 비전의 관계를 정리하여 표현한다.

지금까지 진행한 진로 탐색의 내용은 자신이 누구인지 확인하고 그에 맞는 직업군을 찾는 활동이었다. 여기에 표현된 비전의 문장들은 진로 탐색 이후에 결정된 그 꿈을 잘 정리하여 문장으로 다듬어 표현한 것이다. 즉 진로 탐색에서 비전으로 자연스럽게 넘어가는 느낌이다.

꼭! 작성해 보세요 | 포트폴리오 활동 2

비전을 가진 사람들의 특징 찾기

사람들은 비전을 좋아합니다. 하지만 다양한 방식으로 비전을 표현합니다. 그럼에도 우리는 다양한 비전의 내용을 듣는 것을 싫어하지 않습니다. 비전이 주는 긍정적인 에너지 때문이죠. 아래에 제시한 다양한 비전의 표현들을 읽고, 비전이 있는 사람의 공통된 특징들을 정리한 표의 내용을 잘 연결하여 '비전이 있는 사람'이라는 주제로 간단한 에세이를 기술합니다.

"저의 비전은 박지성 선수 같은 축구 선수가 되는 거예요." [초등학교 4학년 찬민]
"이 아빠의 올해 비전은 아랫배의 살을 빼는 것이다." [배 나온 영철이 아빠]
"저는 세계 최고의 자동차 디자이너가 될 거예요." [고등학교 1학년 영채]
"우리 대학의 비전은 글로벌 창의적 인재를 양성하는 것입니다." [○○대학교의 비전 선언]
"우리 회사의 비전은 친환경 비즈니스의 선구자가 되는 것입니다." [○○회사의 기업 비전]
"대한민국의 국정 비전은 섬기는 정부, 활기찬 시장 경제, 능동적 복지, 인재 대국, 성숙한 세계 국가입니다." [2010 대한민국 국정 비전]
"이번 글로벌 컨퍼런스의 비전은 지구상의 탄소 배출에 대한 기준 마련입니다." [국제환경회의]

비전의 태도	비전의 언어	비전의 행동	비전의 원리
긍정적 열정적 진취적	선포하다 이끌다 제시하다 성취하다	포기하지 않는다 스스로 한다 함께 간다 열매를 맺는다	공유되어야 한다 멀리 보아야 한다 기록되어야 한다 표현되어야 한다

내친구 포트폴리오 살짝 엿보기

비전을 가진 사람들의 특징 찾기

사람들은 비전을 좋아합니다. 하지만 다양한 방식으로 비전을 표현합니다. 그럼에도 우리는 다양한 비전의 내용을 듣는 것을 싫어하지 않습니다. 비전이 주는 긍정적인 에너지 때문이죠. 아래에 제시한 다양한 비전의 표현들을 읽고, 비전이 있는 사람의 공통된 특징들을 정리한 표의 내용을 잘 연결하여 '비전이 있는 사람'이라는 주제로 간단한 에세이를 기술합니다.

"저의 비전은 박지성 선수 같은 축구 선수가 되는 거예요." [초등학교 4학년 찬민]
"이 아빠의 올해 비전은 아랫배의 살을 빼는 것이다." [배 나온 영철이 아빠]
"저는 세계 최고의 자동차 디자이너가 될 거예요." [고등학교 1학년 영채]
"우리 대학의 비전은 글로벌 창의적 인재를 양성하는 것입니다." [○○대학교의 비전 선언]
"우리 회사의 비전은 친환경 비즈니스의 선구자가 되는 것입니다." [○○회사의 기업 비전]
"대한민국의 국정 비전은 섬기는 정부, 활기찬 시장 경제, 능동적 복지, 인재 대국, 성숙한 세계 국가입니다." [2010 대한민국 국정 비전]
"이번 글로벌 컨퍼런스의 비전은 지구상의 탄소 배출에 대한 기준 마련입니다." [국제환경회의]

비전의 태도	비전의 언어	비전의 행동	비전의 원리
긍정적 열정적 진취적	선포하다 이끌다 제시하다 성취하다	포기하지 않는다 스스로 한다 함께 간다 열매를 맺는다	공유되어야 한다 멀리 보아야 한다 기록되어야 한다 표현되어야 한다

비전이 있는 사람들은 뭔가 통하는 공통점이 있다. 그것은 그들의 태도를 통해 드러난다.
구체적으로는 그들의 언어에서 풍기는 긍정적인 느낌을 통해 알 수 있다. 비전이 있는 사람과
대화를 하면 미래 이야기를 하고 자신의 삶을 주도적으로 이끌어가는 느낌을 받는다.
또 수동적으로 남의 말을 듣고 따라가는 것이 아니라 자신이 목표를 만들어 제시하고 그 목표를
성취하는 느낌을 자주 이야기한다. 이러한 태도와 언어가 실제의 삶과 실천에서 드러나기도 한
다. 그들은 어디를 가도 빛이 난다. 나도 그런 사람 되고 싶다.

생생! 직업인 이야기

말을 못해 듣기만 하던 꼬마의 변신

상담전문가

중학교 시절 저의 별명은 '꼬마'였습니다. 키가 좀 작았거든요. 저는 은근히 그 별명이 싫지 않았어요. 너무 커서 사람들 눈에 띄는 게 더 두려웠거든요. 수업 시간에도 앞 친구 등 뒤에 숨기가 쉬워서 좋았어요. 큰 친구들은 발표도 많이 시킨답니다. 그런 생각 이면에는 '말하기'에 대한 두려움이 깔려 있었습니다. 말하는 것이 제일 힘들었답니다. 그런데 이상하게도 제 주변에는 친구들이 많았어요. 알고 보니 제가 그 친구들의 이야기를 잘 들어주어서 그랬던 것 같아요. 말 한 마디 없이 이야기를 들어 주고 웃어 주며 박수를 쳐 주기도 했거든요. 저는 그게 편했어요. 어느 때부터인가는 친구들이 고민을 저에게 털어놓기 시작했어요. 제가 잘 들어 주니까요. 특별히 멋진 답변을 해 주지도 못했어요. 그저 끄덕여 주고, 공감해 주고, 때로는 같이 눈물을 흘렸을 뿐이에요. 그러던 제가 지금은 상담전문가의 삶을 살고 있답니다. 말을 못해서 그냥 들어 주는 삶을 살던 꼬마가 지금은 수많은 청소년들의 고민을 들어 주는 선생님이 되었어요. 잘 들어 주는 것, 경청의 힘은 사람의 마음을 여는 힘이 있답니다. 상담사를 꿈꾸는 친구가 있다면 먼저 듣는 것을 연습하세요. 말하는 것보다 듣는 것이 더 위대하답니다.

14 비전을 넘어 사명과 소명으로!

비전의 유형을 구분하는가

우리들의 고민 편지

서울 영등포의 N중학교에 다니는 B양은 똑 부러진 성격의 학생이다. 2학년 초부터 진행해 온 진로 활동 결과를 '포트폴리오'라는 작품집으로 만들고 있는데 한 가지 답답한 상황이 생겼다. 진로를 탐색할 때는 몰랐는데, 막상 결과물을 만들려고 하니 용어 정리가 안 되어 있는 것이다. 꿈, 비전, 사명, 목표 등이 섞여서 사용되는 것을 그냥 지나칠 수가 없었다. B양은 정확하게 의미에 맞게 단어를 쓰고 싶다. 그런데 도대체 어떻게 구분해야 할지 아직 잘 모르겠다.

– 온라인 캠프에 올라온 진로 고민 편지

"I have a dream that one day this nation will rise up and live out the true meaning of its creed: "We hold these truths to be self-evident: that all men are created equal. I have a dream that one day on the red hills of Georgia the sons of former slaves and the sons of former slaveowners will be able to sit down together at a table of brotherhood. I have a dream that one day even the state of Mississippi, a desert state, sweltering with the heat of injustice and oppression, will be transformed into an oasis of freedom and justice. I have a dream that my four children will one day live in a nation where they will not be judged by the color of their skin but by the content of their character……. I have a dream today……."

월요일 아침이었다. 강당에 모인 학생들은 느닷없는 영어 연설을 들었다. 교장 선생님이 엄숙한 훈시를 하기 전에, 전학 온 경수에게 마이크를 내 준 것이다. 바로 그 순간 다들 졸음이 싹 가셨다. 경수는 아무렇지도 않은 듯 마틴 루터 킹 목사의 그 유명한 'I have a dream'을 영어로 말하기 시작했다. 다행히도 전문을 다 하지는 않았다. 경수의 발표에 이어 교장 선생님은 '꿈'에 대해 일장 연설을 시작했다. 경수의 등장은 바로 그렇게 시작되었다.

"박경수 학생, 고마워! 여러분 잘 들었죠?"

"승헌아. 완전 손발 오그라들지 않냐. 무슨 조회 시간에 학생이 영어로 연설을 하냐. 그것도 전학 온 애한테 대표로 이런 걸 시키다니……. 시킨다고 하는 애는 또 뭐냐? 나~참 어이가 없네."

"잠깐 조용히 해봐. 교빈아, 교장 선생님 얘기 좀 들어보게."

"……."

민샘도 강당에서 경수의 영어 연설을 들었다. 이미 경수와 개별 상담을 하고 있는 터라 민샘은 경수가 발표하는 동안 그의 표정과 태도를 유심히 살피고 있었다.

'경수는 마틴 루터 킹의 연설 내용을 정말 충분히 이해하고 말하고 있는 걸까?'

민샘은 경수의 연설을 들으면서 이번 주 진로 동아리 활동에서 'I have a dream'을 인용해야겠다고 생각했다.

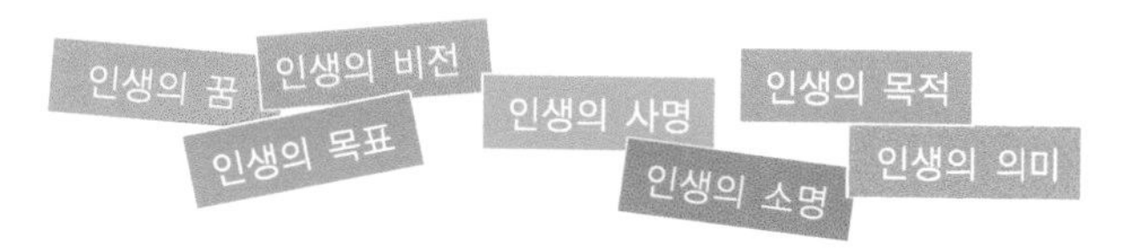

"조별로 카드를 받았을 거야. 잠깐 시간을 줄 테니 각각의 의미를 한번 구분해 봐. 시~작!"

"내가 먼저 할게. 인생의 꿈은 '자신이 살고 싶은 목표'를 이야기하는 거야."

"하영아, 그 다음은 내가 해 볼게. 인생의 비전은 '자신이 이루고 싶은 목표'를 말하는 거 같아."

"소민이 다음은 내가 해 볼게. 인생의 목표는 '자신이 꼭 이루고 싶은 인생의 목표'를 말하는 거 아닐까?"

"교빈아, 방금 네가 말한 거. 이거 왠지 계속 같은 말을 반복하고 있는 것 같아."

"어, 정말 그러네. 그러고 보니, 우리가 계속 같은 내용을 이야기하고 있어. 하영아, 어때?"

"그러고 보니 여기 있는 카드들 모두 같은 말 아닐까?"

민샘은 예상했다는 듯이 흥미롭게 조별 활동을 지켜보고 있었다. 처음에는 침을 튀기면서 설명을 하던 친구들도 이윽고 같은 이야기가 반복된다는 것을 느끼면서 말수가 줄어들었다. 정말 모두 같은 뜻의 카드를 준 것일까? 결국 한계에 부딪힌 학생들이 민샘을 바라보았다.

"쉬울 줄 알았는데 막상 설명을 해 보니 어렵지. 하영이는 어땠니?"

"네, 답답해서 미치겠어요. 모두 아는 말인 것 같은데, 비슷한 설명만 반복돼요. 샘, 혹시 이거 모두 같은 뜻 아니에요. 저희들에게 장난치신 거죠?"
"샘이 지금껏 한 번이라도 장난으로 수업한 적이 있었니? 좀 서운하다."
"샘, 쏘~ 쿨~ 농담한 거예요. 너무 헷갈려요."

일대일로 붙으면 이길 수 있다

"같은 조 안에서 2명씩 짝을 짓는다."
"그래서요?"
"자장면과 짬뽕, 김치와 깍두기, 비빔밥과 볶음밥, 피자와 부침개……."
"네! 무슨 뜻인가요? 오늘 저녁 식사 메뉴인가요?"
"교빈아, 그건 아냐. 한번 설명을 들어보렴. 둘씩 짝을 지어 각각 음식을 하나씩 정하는 거야. 한 사람이 '자장면' 하면, 다른 사람은 '짬뽕' 하는 거지. 싸우지 말고 양보하면서 선택하도록 해."
"승헌아, 나는 단무지 할게."
"수희 네가 단무지 했으니 그럼 나는 김치다."
"찬형아, 우리는 자장면과 짬뽕이다. 너 짬뽕 좋아하잖아. 내가 자장면 할게."
"샘, 이제 주문만 하면 음식 배달 오는 거죠?"
"그건 아니다. 교빈아, 자, 그럼 지금부터 '논리적인 말싸움'을 시작할 거야."
"논리적인 말싸움이요?"
"예를 들어, 자장면과 짬뽕 중에 어떤 것이 더 맛있는지 말싸움을 하는 거야. 서로 상대방의 주장을 듣고 반론을 주거니 받거니 하면서 자기 음식이 더 맛있다는 걸 토론으로 증명해 보이는 거다. 연습을 해 볼 테니 잘 보도록. 수희와 승헌이가 시범을 보여 줄래? '단무지'와 '김치' 중 라면에 곁들여 먹으면 어느 것이 더 맛있는지를 논쟁하는 거야."
수희와 승헌이가 마주보았다. 말싸움이라고 했지만, 두 사람의 얼굴은 서로 좋아하는 사람인 양 해맑기만 했다. 그 모습이 살짝 보기가 좋았다. 교빈이는 장난기가 발동해 장난말을 던지려고 했지만, 이를 눈치 챈 승헌이의 매서운 눈초리로 꼬리를 내렸다.
"진정한 라면 애호가는 단무지를 먹는 게 기본입니다. 김치를 라면과 함께 먹으면 김치의 맛과 향이 너무 강하여 라면의 맛이 죽습니다. 그러므로 라면은 단무지와 함께 먹어야 합니다."
수희가 먼저 공격했다. 여유 있게 듣고 있던 승헌이가 이에 반론을 펼쳤다.
"라면에 단무지라뇨? 단무지는 우동에나 어울립니다. 라면에는 김치의 향이 잘 어울립니다. 우리의 음식 중에는 그 자체의 맛이 좋은 것도 있지만, 대부분 다른 재료나 음식과 결합되었을 때 진정한 맛이 나는 경우가 많습니다. 그래서 그 향이 더 맛스러워지는 것이죠. 김 가루 향이 없는 떡국을 보셨나요? 고추장 없는 비빔밥이 상상이나 됩니까? 더해지는 향기가 강하지만 그것이 서로 보완을 해 주죠. 그런 면에서 라면과 김치의 조합은 최상입니다."
수희와 승헌이는 이렇게 몇 차례의 반론을 주고받았다. 반론은 날카로운데 두 사람의 표정은 여전히 미소를 머금고 있었다. 학생들도 이제 방법을 충분히 이해했다. 곧바로 두 사람씩 마주보고 말싸움에 들어갔다. 명색이 '말싸움' 인지라 다들 시작부터 목소리가 커졌다. 어느 조의 자장면과 짬뽕은 거의 자존심을 걸고 싸우는 것처럼 언성을 높였다. 어느 정도 열기가 달아오르자 민샘은 활동을 잠시 멈춰 세웠다.
"우리가 한 가지 주제를 더욱 명확하게 이해하는 데는 이와 같은 말싸움이 효과적이다."
"말싸움을 많이 하면 좋다고요? 이런 공부라면 열심히 할 수 있어요."
"말싸움을 배우라는 게 아니다. 찬형아, 하나의 주제를 선명하게 알기 위해 두 가지를 비교해 보는 방법 중에 말싸움이 효과적이라는 거지."

"마치 말싸움을 하듯이 특징을 비교하다 보면 각각을 더 잘 이해할 수 있다는 거군요."

민샘은 앞서 조별로 나눠 준 카드를 3개의 그룹으로 묶어서 보여 주었다. 꿈과 비전을 묶고, 목표와 목적 그리고 의미를 한데 묶었다. 마지막으로 소명과 사명을 묶었다.

"어, 이렇게 묶어 주니까 얼추 비슷한 친구들이 모인 것 같네요."

"승헌아, 각각의 뜻을 정확하게 알기 위해서 이렇게 그룹을 짓거나 구분하는 작업이 때로는 도움이 많이 된단다. 7개 단어를 한데 모아서 볼 때는 모두 같은 뜻으로 보이는데, 이렇게 그룹을 만들어 보면 조금씩 구분되기 시작한다. 승헌이는 바로 그런 가능성을 본 거야."

"먼저 '인생의 꿈'과 '인생의 비전'을 살펴보자. 화면에 보이는 내용을 읽어 보고, 마틴 루터 킹이 말한 '꿈'과 사전에 나온 '비전'의 내용을 비교해 보길 바란다.

서로 비교해 보면 공통점과 차이점이 보일 거야. 국어사전의 정의도 함께 비교하면 훨씬 쉬울 거야."

학생들은 '꿈'과 '비전'의 국어사전 풀이를 함께 적고 비교해 보았다. 먼저 '꿈'의 풀이 속에서 마틴 루터 킹 목사가 말한 '꿈'과 같은 의미를 찾아보았다. 그런 다음 '비전'의 국어사전 풀이를 비교해 보면서 같은 의미를 찾아보았다.

꿈	비전
1. 잠자는 동안에 깨어 있을 때와 마찬가지로 여러 가지 사물을 보고 듣는 정신 현상 2. 실현하고 싶은 희망이나 이상 3. 실현될 가능성이 아주 적거나 전혀 없는 헛된 기대	1. 시력, 눈; 시야 2. 환상, 상상 3. (특히 종교적인) 환영 4. 내다보이는 장래의 상황

"샘, 꿈과 비전의 비슷한 의미를 찾았어요. 연설문에서 사용된 '꿈'은 현재에 불가능한 것처럼 보이지만 미래에는 가능할 거라는 '간절한 상상'을 표현하고 있어요. '비전'의 사전적인 의미 중에 '내다보이는 장래의 상황'과 비슷해요."

"잘 찾아냈다. 하영아, 그렇다면 우리가 일반적으로 사용할 때, 꿈과 비전을 서로 편하게 섞어서 사용하는 경우는 바로 그런 뜻일 때 가능한 거겠지."

"그런 셈이죠. 하지만 우리가 토론해 본 결과 '꿈'과 '비전'이 사전 풀이에 나오지 않은 공통된 의미도 있는 것 같아요."

"그게 뭘까?"

"장래 희망 직업이요. 보통 어릴 적에 꿈이 뭐냐고 물어 보면 자신의 꿈은 무엇이 되는 거라고 이야기하잖아요. 그때의 꿈은 희망 직업을 말하는 것이었죠."

같은 부류에 속해 있는 두 가지의 주제가 있을 때, 하나의 특징을 명확히 함으로써 나머지의 개념까지 풀어 가는 방식을 경험하고 있다. 꿈과 비전을 비교할 때, 꿈의 특징을 알아보면서 비전의 개념까지 추론해 보는 것이다. 그 결과로 비슷한 내용이 나올 수도 있고, 서로 상반된 내용이 나올 수도 있다.

이번에는 '케네디의 목표 연설' 화면을 보고 '인생의 목표'와 '인생의 목적' 그리고 '인생의 의미'를 추론해 보기로 했다. 민샘과 수희가 의견을 주고받았다.

"케네디의 연설로만 보면, 목표는 '언제' 까지 만들어야 할 '결과' 를 말하는 것이다."

"샘, 숫자가 꼭 들어가야 되나요?"

"가급적 들어갈수록 좋지. 목표는 숫자를 넣을 때 더욱 선명해진단다."

"인생의 목표를 말할 때도 마찬가지인가요?"

"그럼 좋지. 예를 들어 '35세까지는 국제 구호 단체의 팀장이 될 거예요 정도만 표현해도 많은 사람이 고개를 끄덕일 것이다. 너무 선명하기 때문이지."

"그게 '목표' 라면 '목적' 은 어떤 의미일까요?"

"목적은 그 목표를 이루어야 하는 이유를 말하는 거야."

"국제 구호 단체의 팀장이 되어야 하는 이유를 말하면 되는 것인가요?"

"그렇지. 예를 들어, '세계의 오지를 다니며 위급한 사람들을 돕기 위해서' 라고 이야기할 수 있다면 '목적' 을 알고 있는 것이다."

"그럼, 인생의 의미는요?"

"야! 수희는 역시 학생 멘토답다. '인생의 의미' 는 자신이 이루어야 할 목표와 그 목표를 이루어야 하는 목적을 함께 이해하는 것에 가깝다. 한 번 예를 들어볼까?"

"세계의 오지를 다니며 위급한 사람들을 돕기 위해서 35세까지 국제 구호 단체의 팀장이 되기 위해 노력할 거예요."

인생의 목표	인생의 목적	인생의 의미
언제까지 만들거나 이룩해야 할 숫자가 들어간 결과	그러한 목표를 이루어야 하는 이유	목표와 목적을 결합하여 자신의 인생을 표현

세 번째 단어 그룹이 남아 있었다. 민샘은 화면을 보여 주기 전에 2장의 카드로 먼저 단어를 자세히 구분해 주었다. 학생들은 인터넷 한자 사전

과 영어 사전을 찾아가며 일단 단어부터 구분 해 보았다. 교빈이가 뭔가를 찾았다는 듯이 의견을 말했다.

사명(使命)
Mission

소명(召命)
Calling

"샘, 한 가지 공통점을 먼저 찾았어요. 사명과 소명은 둘 다 개인적인 느낌이 들지 않아요. 다른 사람이나 세상을 위해 뭘 한다는 느낌에 가까워요."

"중요한 것을 보았구나, 교빈아. 그러니까 적어도 사명과 소명은 '커서 뭐가 될 거예요.' 와 같은 자신의 희망 직업을 넘어선다는 거지."

"그리고 얼핏 반대의 느낌 같지만, 따지고 보면 아주 밀접한 관련이 있어요."

"어떤 관련이 있지?"

"소명은 어떤 명령을 위해 부르다, 사명은 어떤 명령을 시키다. 그러니까 뭔가를 시키려고 '부른' 다음에 실제로 '시킨' 것이죠."

구 분	소 명	사 명
차이점	어떤 명령(命)을 위해 부르다(召)	어떤 명령(命)을 시키다(使)
공통점	개인적인 느낌을 넘어선다. 타인이나 세상과 관련이 있는 것 같다. '커서 뭐가 되겠다' 는 자신의 희망 직업 수준 이상이다.	

"대단한 발견을 했구나. 교빈아, 자, 그럼 샘이 그 생각에 결정타를 날려주지. 화면을 보렴."

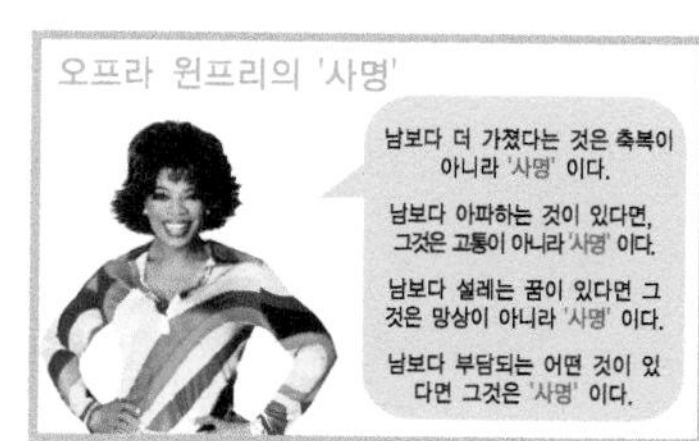

"어때, 사명을 이해하고 그 사명을 위해 사는 사람의 특징이 보이니? 떠오르는 대로 한번 자유롭게 이야기해 볼까?"

"네, 자신만을 위해 살지 않아요."

"자신의 성공을 다른 사람을 위해 사용해요."

"타인을 위한 부담감을 가지고 살아요."

"의견 고맙다. 그런데 말이야. 혹시, 그렇게 살면 힘들지 않을까, 누구나 다 이런 삶을 살 수 있을까?"

"그렇지는 않을 것 같아요. 이런 사명을 깨닫고 더구나 그 사명을 위해

사는 사람들은 드물기 때문에 존경받는 거 아닐까요?"

"철만이의 생각에 동의한다. 그렇다면 '목표'와 '목적'을 사용하여 '사명'을 설명해 볼 수 있겠니? 철만이가 한번 말해 보렴. 철만이는 짧으면서도 핵심을 짚어 내는 데 일가견이 있잖니."

"자신의 꿈을 이루겠다는 목표가 있는데, 그 성공의 목적은 바로 타인을 돕는다는 사명에서 비롯된 것입니다."

말도 더듬지 않고, 정리를 잘해 준 철만이를 향해 친구들이 박수를 보냈다. 그러는 사이, 민샘은 화면 하나를 또 보여 주었다.

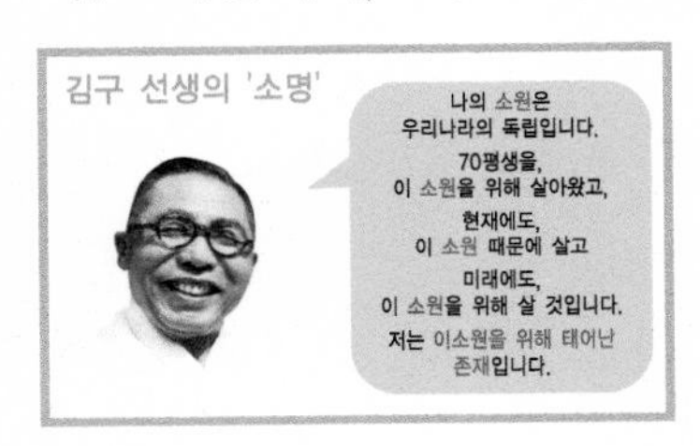

"이것은 무엇에 대한 사례일까, 교빈이가 답변해 보렴."

"소명이요."

"어떻게 알았지?"

"소명이 나올 차례잖아요, 흐름상. 헤헤!"

"예리하구나. 어때, 소명의 스케일이 느껴지지 않니?"

"샘. 비전과 사명, 소명의 스케일이 확 느껴져요."

비전이 있는 사람은 말 그대로 꿈이 있는 사람이다. 사명이 있는 사람은 그 비전의 성취를 가지고 타인과 세상을 돕는 사람이다. 그리고 소명의식이 있는 사람은 시대와 역사 속에서 자신의 존재 의미를 깨닫고 그것을 위한 인생을 추구하는 사람이다.

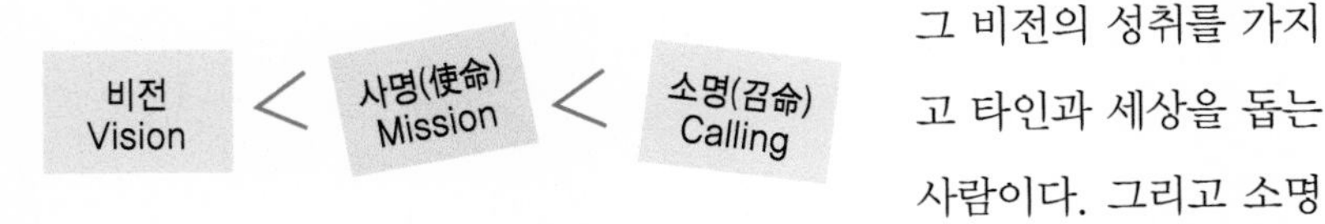

"하영아, 비전이 선명한 사람 옆에 가면 어떤 느낌이 들 것 같니?"

"에너지가 넘치는 느낌이요."

"그렇다면, 비전을 넘어 사명을 추구하는 사람 옆에 가면 어떤 느낌이 들까, 승헌이가 답변해 줄래?"

"존경심이 일어날 것 같아요."
"승헌이는 나중에 리더가 될 사람이니, 한 가지를 더 물어보고 싶구나. 비전과 사명을 넘어 소명 의식을 가진 사람 옆에 가면 어떤 느낌이 들까?"
"글쎄요. 모르겠어요. 그런 사람 옆에 한번 꼭 서 보고 싶어요. 역사 속 위인, 독립 운동가와 같은 분들이잖아요."
"꼭 그렇지는 않아. 승헌이 너도 충분히 큰 생각을 가질 수 있다. 기대하마."
"샘, 어떻게 하면 사명과 소명을 가진 사람이 될 수 있을까요?"
"사명을 위해서는 주변의 사람들을 관찰하거라. 아픈 사람, 약한 사람, 외로운 사람, 억울한 사람, 슬픈 사람 등을 관찰하면 사명에 민감해진단다."
"그럼 소명을 가진 사람이 되려면요?"
"시대와 역사를 관찰하거라. 가깝게는 자신의 가문과 가계의 역사, 자신이 속한 학교, 나라, 민족, 시대, 세상을 둘러보렴."
"어려울 것 같아요. 갑자기 그렇게 큰마음을 품는 게 가능할까요?"
"그렇다면 김구 선생처럼 소명 의식을 갖고 일생을 살았던 수많은 역사 속 위인, 글로벌 리더들을 다양하게 탐구하는 것도 좋은 방법이다."

승헌이의 머릿속에 비전과 사명, 소명이 조금씩 정리되고 있는 것 같았다. 한편, 민샘은 갑자기 7장의 카드를 뒤섞어서 새로운 그룹을 만들었다. 이번에는 '꿈'과 '목표'가 함께 묶였다. 또 '비전'과 '사명', '목적'과 '소명' 그리고 인생의 '의미'가 한데 묶였다. 갑자기 교빈이가 투덜거리며 말했다.
"샘, 너무해요. 겨우 다 구분하고 이해했는데, 다시 섞어 버리시면 어떻게 해요?"

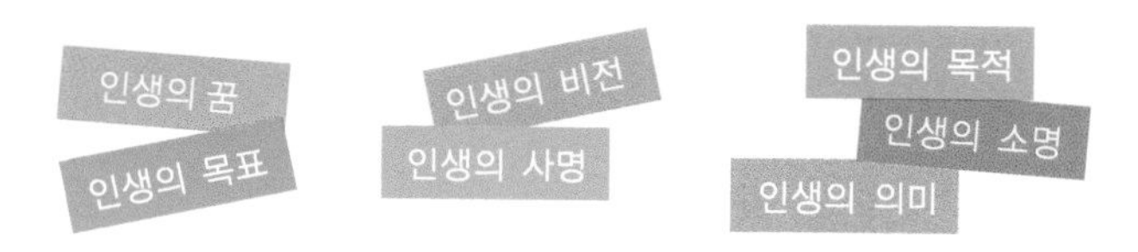

몽상가	실천가
– 늘 꿈만 꾸고 전혀 행동이 없는 사람 – 결과적으로 삶의 변화 없음	– 꿈을 목표로 바꿔 행동으로 옮기는 사람 – 지속적으로 삶의 변화 있음

"꿈을 목표와 연관 지으면 바로 '몽상가'와 '실천가'로 구분될 수 있다."

"샘, 이때의 꿈은 다소 부정적으로 사용되는 것 같아요. 같은 단어인데 이렇게 쓰이기도 하는군요."

"기억하니, 찬형아. 아까 국어사전에 소개된 '꿈'의 풀이 중에 세 번째 내용 말이야."

"네, '실현될 가능성이 아주 적거나 전혀 없는 헛된 기대'라고 있었어요. 그러고 보니까 여기서 사용되는 내용에 잘 맞네요."

"혹시 이런 느낌의 꿈 단어를 들어본 적이 있니?"

"꿈꾸고 있네. 이런 말 무지하게 들었죠."

"좋은 방법을 소개해 줄게. '꿈'에서 바로 '행동'이 일어나기는 쉽지 않다. 그래서 '목표'가 필요한 거야. 목표를 세우면 '꿈'이 '계획'으로 바뀐다. 계획이 세워질 때 비로소 행동이 일어날 수 있는 거야."

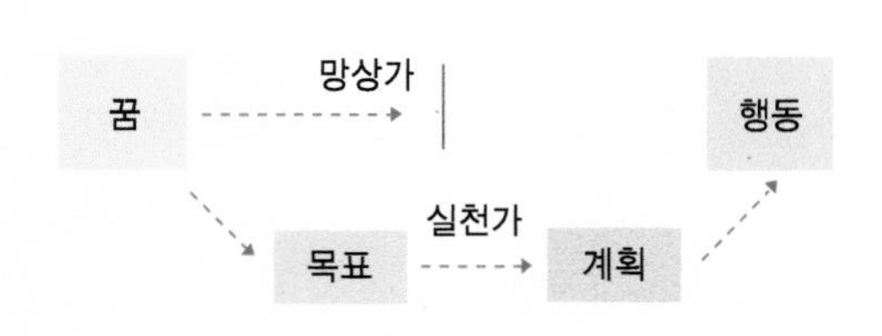

민샘은 계속 설명을 이어갔다.

"비전과 사명은 이전에 구분한 내용과 유사하니까 쉬울 거야."

"개인을 바라보는 비전, 타인을 바라보는 사명, 역사와 시대를 바라보는 소명에서 나온 내용과 비슷하다는 거죠?"

"그래, 찬형이의 정리실력이 이제는 수준급이네. 그런데 비전과 사명(미션)이 따로 짝을 이룰 때, 이를 그래프로 표현하면 더욱 쉽게 구분이 된다."

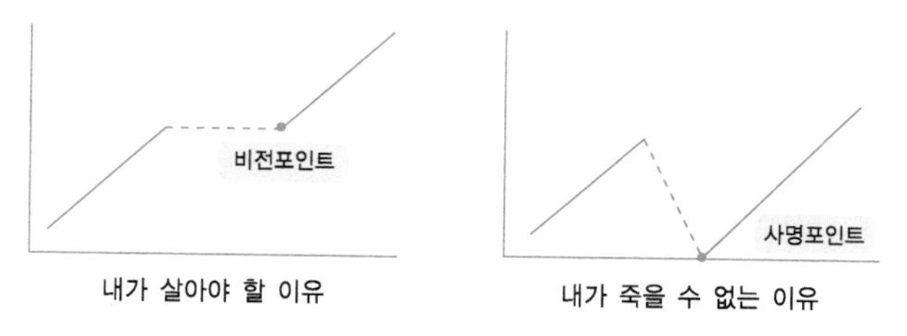

"민샘, 잘 이해가 안 돼요. 비전은 내가 살아야 할 이유이고, 사명은 내가 죽을 수 없는 이유라고요. 무슨 말장난하는 것 같아요."

"이것은 내면의 힘을 비교한 거란다. 비전이 있는 사람은 자신의 마음을 설레게 할 수 있는 힘이 있는 사람이지만, 만약 이 비전이 흔들릴 때는 큰 위기를 겪을 수도 있다. 포기할 수도 있다는 거지. 하지만 사명이 있는 사람은 자신의 삶이 타인과 세상과 연결되어 있기 때문에, 비전이 있는 사람보다는 실패나 절망의 상황에서 훨씬 큰 힘을 발휘하며 다시 일어설 수 있단다."

"와~샘, 대단해요. 민샘도 비전과 사명이 있다고 그러셨는데 궁금해요."

"미안하지만 그건 나중에 공개하마."

작은 씨앗을 발견하다

진로 동아리 수업 시간에 마틴 루터 킹 목사의 연설 'I have a dream'이 나오자 경수는 사뭇 불편했다. 썩 내키지는 않았지만 자신의 존재를 확실하게 각인시켜 친구들의 호감도 사고 학교생활에 빨리 적응하는 계기로 삼고자 영어 연설 제의에 응한 것이었다. 그런데 자신의 존재를 확실하게 각인시키는 데는 성공했지만, 호감은 사지 못하고 무슨 외계인 같은 존재가 되어 버린 것이다. 수업이 끝나고 민샘은 경수와 따로 만남을 가졌다.

"이번 주 수업 시간은 조금 불편했지?"

"조금요."

"영어연설은 매우 인상적이었어."

"그 말씀은 하지 마세요. 친구들이 저만 보면 그 이야기를 하며 수군대는 거 같아요."

"그렇지는 않아. 그런데 경수에게도 꿈이 있니?"

"어떤 꿈이요?"

"킹 목사가 말한 그런 꿈 말이다."

"글로벌 리더가 되는 거예요."

"글로벌 리더? 구체적인 직업이나 성격이 있는 거니?"

"글쎄요. 외국 생활하면서 엄마, 아빠가 저에게 계속 말씀하셨어요. 글로벌 리더가 되어야 한다고."

"직업은 아직 결정하지 못했지만 글로벌 리더가 되겠다는 꿈을 가지고 있구나. 그럼 지난 수업 시간에 배웠던 비전과 사명 그리고 소명은 이해가 되었니?"

"뭐랄까, 자세히는 모르겠지만 살짝 '느낌'이 들었어요. 글로벌 리더가 뭔지 잘 몰랐는데 비전, 사명, 소명을 모두 가지면 그렇게 되지 않을까 하는 느낌 말이에요."

민샘은 그 순간 한 가닥 새로운 희망의 씨앗을 보았다. 등장부터 심상치 않았던 경수라는 이방인이 만들어 갈 가능성을 본 것이다. 경수가 비전, 사명, 소명을 분별할 수 있게 되었으니 이제 자신의 것으로 받아들일 수만 있다면, 정말 글로벌 리더가 될 수 있겠다는 생각이 들었다.

꿈과 비전의 공통점 찾기

꿈과 비전에 대한 사전적인 의미를 비교한 것입니다. 풀이 내용 중에 공통된 부분을 표시했고, 그러한 의미를 담은 마틴 루터 킹의 연설을 보여 주고 있습니다. 내용을 읽어 본 후, 꿈과 비전이 과연 무엇인지, 그리고 주로 어떤 의미로 사용되는지를 기술해 보세요.

꿈	비전
1. 잠자는 동안에 깨어 있을 때와 마찬가지로 여러 가지 사물을 보고 듣는 정신 현상 2. 실현하고 싶은 희망이나 이상 3. 실현될 가능성이 아주 적거나 전혀 없는 헛된 기대	1. 시력, 눈; 시야 2. 환상, 상상 3. (특히 종교적인) 환영 4. 내다보이는 장래의 상황

내친구 포트폴리오 살짝 엿보기

꿈과 비전의 공통점 찾기

꿈과 비전에 대한 사전적인 의미를 비교한 것입니다. 풀이 내용 중에 공통된 부분을 표시했고, 그러한 의미를 담은 마틴 루터 킹의 연설을 보여 주고 있습니다. 내용을 읽어 본 후, 꿈과 비전이 과연 무엇인지, 그리고 주로 어떤 의미로 사용되는지를 기술해 보세요.

꿈	비전
1. 잠자는 동안에 깨어 있을 때와 마찬가지로 여러 가지 사물을 보고 듣는 정신 현상 2. 실현하고 싶은 희망이나 이상 3. 실현될 가능성이 아주 적거나 전혀 없는 헛된 기대	1. 시력, 눈; 시야 2. 환상, 상상 3. (특히 종교적인) 환영 4. 내다보이는 장래의 상황

마틴 루터 킹 목사의 연설은 많이 들어 보았다. 여기서의 비전은 우리가 흔히 말하는 '꿈'의 뜻으로 사용된 것으로 보인다. 사전의 의미로 보면 '실현하고 싶은 희망이나 이상'이다. 현재에는 아직 보이지 않지만, 분명 미래에는 그것이 보일 것이라고 상상하여 이야기하는 것이다. 나 역시 그런 비전이 있다.

나는 미래에 틀림없이 유니세프 같은 국제기구에서 일하고 있을 것이다.

비전을 넘어서는 사명과 소명 이해하기

다음에 제시한 표는 '사명'과 '소명'의 한자 풀이를 중심으로 그 의미를 구분해 놓은 것입니다. 또한 사명과 소명이 '비전'을 넘어설 수 있는 가능성도 표현되어 있습니다. 오프라 윈프리의 표현과 김구 선생의 표현을 꼼꼼하게 읽어보고, 그 아래 '비전' '사명' '소명'의 크기 비교를 참고한 뒤, 이 전체를 묶어 설명하는 글을 기술합니다.

구 분	소 명	사 명
차이점	어떤 명령(命)을 위해 부르다(召)	어떤 명령(命)을 시키다(使)
공통점	개인적인 느낌을 넘어선다. 타인이나 세상과 관련이 있는 것 같다. '커서 뭐가 되겠다'는 자신의 희망 직업 수준 이상이다.	

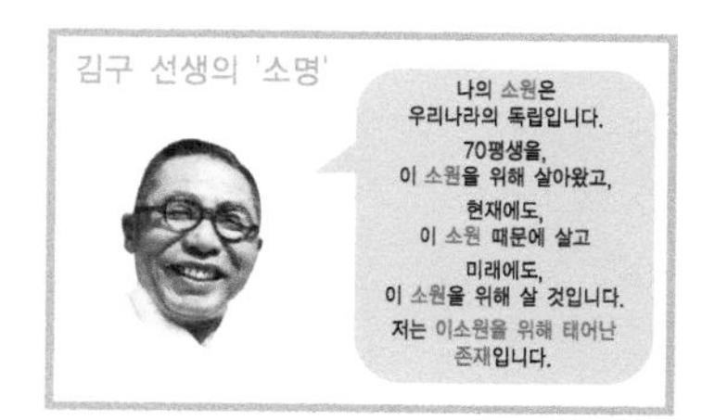

비전 Vision < 사명(使命) Mission < 소명(召命) Calling

비전을 넘어서는 사명과 소명 이해하기

다음에 제시한 표는 '사명'과 '소명'의 한자 풀이를 중심으로 그 의미를 구분해 놓은 것입니다. 또한 사명과 소명이 '비전'을 넘어설 수 있는 가능성도 표현되어 있습니다. 오프라 윈프리의 표현과 김구 선생의 표현을 꼼꼼하게 읽어보고, 그 아래 '비전' '사명' '소명'의 크기 비교를 참고한 뒤, 이 전체를 묶어 설명하는 글을 기술합니다.

구 분	소 명	사 명
차이점	어떤 명령(命)을 위해 부르다(召)	어떤 명령(命)을 시키다(使)
공통점	개인적인 느낌을 넘어선다. 타인이나 세상과 관련이 있는 것 같다. '커서 뭐가 되겠다'는 자신의 희망 직업 수준 이상이다.	

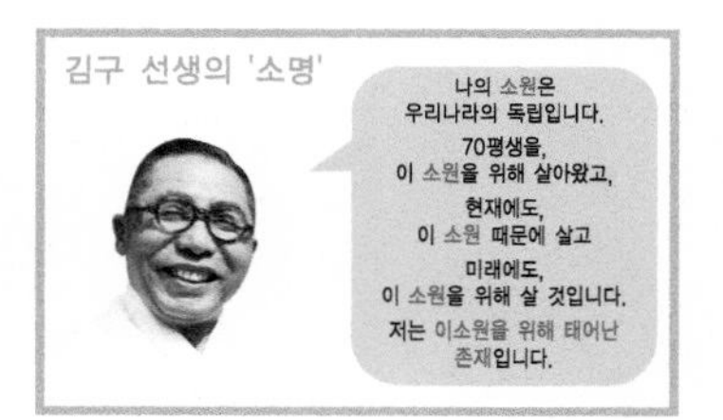

비전 Vision < 사명(使命) Mission < 소명(召命) Calling

비전이 있는 사람은 꿈이 있는 사람이다. 자신의 마음을 설레게 하는 목표가 있는 사람이다. 그런데 사명이 있는 사람은 비전이 있는 사람보다 훨씬 큰 존재이다. 자신의 비전을 타인을 위해 사용할 수 있는 사람이기 때문이다. 한편, 소명이 있는 사람은 비전이나 사명을 가진 사람을 넘어서는 거대한 존재이다. 이런 사람들은 독립운동가처럼 나라와 민족의 꿈을 위해 자신의 삶을 기꺼이 헌신하는 희생정신과 열정을 지닌 존재이기 때문이다.

생생! 직업인 이야기

마음을 보여 주는 거울을 가진 사람들

예술치료사

저는 예술치료사입니다. 일반적인 심리학 공부도 했어요. 하지만 사람들을 돕는 방법은 다릅니다. 특히 저는 일반적인 심리상담의 방법으로 돕기가 어려운 사람들을 주로 만난답니다. 그 중에는 어린이들도 있고, 잘못을 저지른 뒤 수감 시설이나 소년원에 있는 청소년들도 있습니다.
쉽게 마음을 열지 못하는 사람들에게 일반적인 심리상담은 접근이 어려울 때가 많습니다. 제가 사용하는 방법은 좀 다릅니다. 음악을 사용하기도 하고, 때로는 책읽기를 통해 대화합니다. 어린이들은 그림을 통해 그들의 마음을 읽기도 하죠. 어른들의 경우는 연극과 같은 드라마 기법을 통해 소통하고 마음을 치료해 주기도 합니다.
저와 같은 사람을 예술치료사라고 합니다. 이렇게 다양한 방법을 통합적으로 쓰는 사람을 말하죠. 한편 그림치료사, 음악치료사, 원예치료사, 독서치료사 등 각 분야의 전문성을 추구하는 직업인도 있습니다. 중요한 것은 사람들을 돕는 방법이 계속 변하기도 하고 다양해진다는 것입니다. 이러한 변화를 이해하고, 그에 따라 사람들의 마음을 읽고 보여주는 다양한 거울을 준비할 필요가 있습니다. 앞으로는 이런 분야의 전문가가 더욱 많이 필요할 것입니다.

15 부분을 보아야 전체가 보인다

비전을 빠짐없이 표현하는가

우리들의 고민 편지

중학교 3학년 G군은 알고 있는 지식에 비해 표현이 서툰 학생이다. 특히 최근 학교에서 개최한 비전 콘서트에서 후배 학생들이 발표한 비전 작품에 감동을 받았다. 자신도 진로 활동을 통해 자신만의 진로 비전을 가지고 있는데, 왜 자신은 감동적이고 울림이 있는 내용으로 표현하지 못하는지 한심하다는 생각이 들었다.

– 온라인 캠프에 올라온 진로 고민 편지

자동차가 달릴 수 있는 조건

수업 시작과 함께 민샘은 여러 장의 카드가 뒤섞여 있는 묶음을 전체 학생들에게 나눠 주었다. 작은 부품들이 그려진 카드였다.

"자기가 받은 카드의 이름이 무엇인지 말해 보렴."

"바퀴요."

"저는 체인이요."

"저는 얇고 큰 바퀴요."

"제가 받은 것은 무슨 자전거 안장 같은데요."

"저는 도무지 뭔지 모르겠어요. 무슨 엔진 같기도 하고, 고물상에 버려진 쇳덩어리 같기도 해요."

"저도 마찬가지예요. 그냥 버려진 쇠붙이 같아요."

"샘, 저는 자동차의 껍데기만 있는데요."

여러 친구들이 자유롭게 자신의 생각을 꺼냈다. 각각 자신이 가진 카드의 이름을 말하는데, 어떤 학생들은 처음 보는 물건이라 하고 또 어떤 학생은 아무 쓸모없는 물건이라 한다.

"자 그럼, 이제 전체가 일어나 서로의 카드를 비교해 보면서 관련이 있는 카드를 가진 친구들끼리 모여 볼까?"

학생들이 서로의 카드를 보면서 이리저리 돌아다닌다. 어떤 친구는 자신의 카드가 무엇인지 몰랐지만 다른 친구의 카드를 보면서 자신의 것을 알아차리기도 했다.

“하영이 네 것은 체인이네. 어, 그러고 보니 내 카드는 자전거 브레이크 장치 같은데? 그냥 쇳조각으로 알았는데 이제 보니, 자전거 부품이었구나.”

교빈이는 하영이와 카드를 비교하면서 그제서야 자신의 카드를 이해하였다. 찬형이가 있는 그룹은 자동차와 관련된 카드가 모였고, 교빈이와 하영이가 있는 집단은 자전거와 관련된 카드가 모였다. 찬형이가 먼저 활동결과를 말했고, 뒤이어 교빈이가 큰 소리로 외쳤다.

“샘, 저희들은 자동차 1대를 완성한 것 같아요. 다 모였어요. 쇳덩어리가 아니라 자동차 엔진이었어요.”

“샘, 저희도 자전거 1대가 완성된 것 같아요. 바퀴, 체인, 브레이크, 안장, 틀, 운전대 등이 다 모였어요.”

“승헌이가 이 활동의 의미를 한번 말해 주렴?”

“어렵지 않은데요. 부분적인 것으로는 불완전하다는 거죠. 전체가 모여야 큰 그림이 완성된다는 단순한 의미 같아요.”

“부분이 중요하다는 것일까, 전체가 중요하다는 것일까?”

“둘 다 중요해요. 부분이 모여 조화를 이루어야 전체의 쓰임새가 나타난다는 거고요. 한편으로는 단 하나의 부분이라도 빠지거나 그 부분들이 조화를 이루지 못하면 전체의 쓰임새가 나오지 않는다는 거죠. 자전거든 자동차든 핵심 부품이 하나만 빠져도 안전하게 굴러가기 어려운 것처럼 말예요.”

“아주 명쾌한 설명, 고맙다. 비전도 마찬가지다. 부분만으로는 진정한 성취가 어렵지.”

“샘, 비전에도 부품이 있어요?”

출처 : 2010 조선일보 '김승 입학사정관제 칼럼'

"자전거나 자동차와 마찬가지로 하나의 완전한 비전이 표현되기 위해서는 구성 요소가 필요하다. 조별로 나눠 준 4개의 카드에는 저마다의 비전 표현이 들어 있다. 그런데 비전 표현의 수준이 각각 다르다. 아주 낮은 단계에서부터 높은 단계까지 섞여 있다. 조별로 토론하여 그 단계를 구분해서 나열해 보도록. 특히 진행하는 과정에서 앞에서 배운 '비전'과 '사명'의 의미를 꼭 구분해서 넣어야 한다는 조건이 있다."

민샘은 이미지 카드와 4장의 단어 카드를 함께 나눠 주면서 각각의 그림에 연결되는 단어 카드를 붙여 보라고 했다.

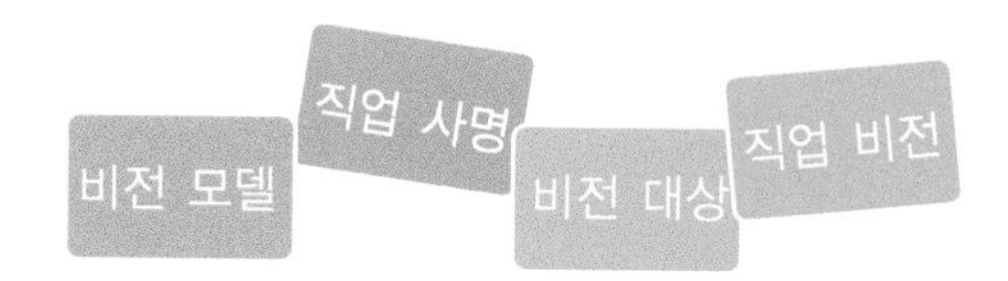

조별 토론이 끝나고 배열한 그림 카드를 서로 비교해 보았다. 그런데 모든 조의 토론 결과가 똑같이 나왔다.

"샘, 그림카드에 글자 수가 짧은 것부터 나열해도 거의 맞을 것 같은데요. 후훗! 그리고 정말 내용이 같은지는 발표를 들어봐야 알지 않을까요?"

"하영이가 아주 자신만만하구나. 좋아, 하영이네 조부터 발표해 보자."

"첫 번째 카드는 직업 비전이라는 단어와 연결이 됩니다. '저는 박지성처럼 될 거예요!'라고 적혀 있

죠. 이 시대의 수많은 학생들이 이러한 표현에 빠져 있습니다. 그나마 꿈이 없는 것보다는 낫겠죠. 그러나 초 · 중 · 고등학교를 지날 때까지 이 정도의 표현에서 발전되지 않는다면 없는 게 나을 수도 있을 거라고 생각합니다. 표현이 바뀌지 않는다는 것은 곧 삶의 변화도 없다는 겁니다. 희망 직업을 말하는 정도의 직업 비전으로는 불완전합니다."

"잘 표현했다. 앞에서 자전거와 자동차의 부품으로 활동한 것과 비슷하구나."

"맞아요. 직업 비전 한 줄 정도만으로 중학교, 고등학교를 지난다면 그것은 자전거의 바퀴 하나 들고서 자전거를 타겠다는 것과 같습니다."

하영이는 정말 명석하고 당찬 교사가 될 것 같다. 민샘과 친구들은 하영이를 볼 때마다 미래의 선생님을 떠올린다. 그 정도로 하영이의 답변은 에너지가 넘치고 명쾌했다.

"두 번째 순서는 다른 조가 해 볼까? 철만이가 해 보렴."

"제가 가진 카드에는 '저는 대한민국 최고의 만화가가 되어서, 자연과 인권의 소중함을 만화를 통해 알리고 싶어요!' 라는 비전이 적혀 있는데 아주 감동적입니다. 김민영 학생은 앞의 오철수 학생보다 한 단계 발전한 비전을 표현했어요."

"어떤 면에서 발전된 것인지 설명해 줄래?"

"대한민국 최고의 만화가가 되겠다는 표현은 철수 학생과 유사하지만, 민영 학생은 여기서 한 걸음 더 나아가 자신의 비전을 통해 세상에 어떤 도움을 주고 싶은지 밝히고 있어요. 우리는 이것을 '사명' 이라고 배웠죠. 앞의 문장은 '비전' 이고, 그 비전을 통해 사람과 세상을 위해 무엇을 하겠다는 목적은 '사명' 입니다. 그런 면에서 민영 학생의 비전 표현은 충분히 발전된 것임에 틀림이 없습니다."

비전과 사명의 개념을 이미 구분했기에 철만이의 설명이 더 쉽게 다가왔다. 그 다음 카드는 사회복지사를 꿈꾸는 한선영 학생의 비전 표현이다. 민샘이 이번 발표를 수희에게 부탁했다. 수희의 꿈도 사회복지사이기 때문이다.

"감사합니다. 같은 꿈을 꾸고 있는 수희입니다. 선영 학생은 앞의 민영 학생보다도 한 단계 더 발전된 비전 표현을 하고 있답니다. 사회복지사가 되겠다는 것은 '비전'을 말한 것이고, 사회복지사가 되어 '교육의 기회'를 나누고자 하는 것은 사회적인 '사명'을 생각한 것입니다. 그런데 특히 어떤 대상에게 더더욱 자신의 재능을 나눌 것인지 적어 놓은 것이 인상적입니다. 결손 가정의 아이들, 장애 아동들에게 더욱 자신의 비전을 쏟겠다는 것입니다. 사명이 선명한 사람들은 공통적으로 자신의 마음에 품은 '대상'이 있다는 사실을 기억해야 합니다."

수희의 발표가 끝나자, 교빈이가 수희에게 질문을 했다.

"비전 대상에 대해 또 다른 쉬운 예가 있을까? 대상을 바라보는 것이 좀 어려워."

"슈바이처 박사는 아프리카 원주민을 위해 평생을 바쳤어요. 테레사 수녀는 거리의 빈민을 위해 온 삶으로 사랑을 베풀었죠. 바로 이렇게 사람을 바라보고 품는 것이 비전 대상이라고 볼 수 있습니다. 결론적으로 선영 학생은 '비전', '사명', '대상'을 명확하게 구분하여 표현한 것입니다."

"그럼, 수희도 어떤 비전, 사명, 대상을 가지고 있니?"

"교빈아, 우리 자신의 비전 표현은 발표를 다 들은 다음 오늘의 마지막 활동이잖니. 너무 앞서가잖아."

"민샘, 수희는 수업 멘토잖아요. 시범을 보이기 위해 종종 먼저 만들어 오는 경우도 있는 것 같아서 물어본 거예요."
민샘은 수희가 비전 선언문을 이미 썼다는 것을 알고 있었다. 알면서도 그냥 넘어가려 했던 것이다. 수희가 쓴 내용을 이미 읽어 보았으며, 그 내용이 혹시 수희의 마음을 아프게 할까 염려되었던 것이다.
"샘, 발표할게요."
수희는 자신을 배려해 주는 민샘의 마음을 읽었다.
그리고 일부러 씩씩하게 웃어 보이며 괜찮다는 마음을 민샘에게 전해 주었다. 포트폴리오를 들고 나온 수희는 자신의 비전 선언문을 차분하게 읽었다.

"저는 세상을 품는 따뜻한 사회복지사가 될 거예요. 특히 이혼 가정, 미혼모 등의 다양한 이유로 한 부모 가정에서 자라는 청소년들과 엄마와 친구의 마음을 나누고 싶어요. 그래서 그런 아이들이 행복한 가정에서 자란 아이들처럼 건강한 마음과 꿈을 키울 수 있도록 도움을 주겠어요. 이를 위해 청소년 상담사 자격도 꼭 획득하고 싶습니다."

어쩌면 수희가 돕고 싶은 대상은 바로 수희 자신의 가정환경을 말하는 것이다. 엄마 없이 아빠와 함께 자라면서 자신이 느낀 어려움을 통해, 수희는 더 깊어지고 세상을 품는 마음을 갖게 되었다. 민샘은 수희에게 엄지손가락을 세워 보였다. 동아리 학생들도 수희에게 아낌없는 박수를 보냈다.
'수희야, 넌 정말 많은 청소년들에게 희망을 주는 사회복지사가 될 거야. 선생님은 널 믿는다.'
민샘의 마음은 수희에게 그대로 전해졌다.

네 번째 카드의 발표는 찬형이가 진행했다. 찬형이는 칠판에 장필연 학생의 비전을 각각의 문장으로 나눠서 기록하고 설명을 이어갔다. 그리고 장필연 학생이 새롭게 사용한 비전의 구성 요소를 빨강 펜으로 강조해 주었다.

장필연의 비전

"벤처 사업가가 될 거예요." [직업 비전]

"현장의 경험을 살려 강연을 하고 싶어요." [직업 사명]

"특히 실패한 기업인들에게 희망을 주고 싶어요." [비전 대상]

"저의 롤모델은 안철수 교수예요." [비전 모델]

장필연 학생은 자신과 같은 비전을 이루어 낸 선배를 이미 알고 있다. 롤모델을 이미 찾아낸 것이다. 롤모델의 발견은 비전 추구 과정에서 매우 큰 자산이다. 롤모델을 자세히 살피면 해당 직업에 이르는 '진로'가 한눈에 들어올 수 있다. 또한 진로의 출발 단계에서 '진학'의 과정을 미리 살필 수 있다. 대개 다양한 시행착오를 거친 끝에 최종 직업에 이르게 마련이지만 롤모델을 탐구하여 발견한 사람은 그런 시행착오를 일부분 줄일 수 있다. 적어도 롤모델의 실패한 방식을 따라가지 않고 성공한 과정을 따라 갈 수 있는 장점이 있기 때문이다.

한편, 롤모델을 품고 있는 사람은 지속적인 열정과 동기 부여가 일어난다. 그러기에 장필연 학생은 다른 친구들보다 더욱 열정적으로 노력하는 사례이다.

"여기서 끝난 게 아니다. 샘이 꼭꼭 숨겨 둔 수제자를 소개하마. 바로 전소영 학생이다. 소영 학생은 앞에 나온 다른 친구들과는 달리 구체적으로 수치화된 목표를 제시하고 있다. 즉, 자신의 꿈이 최종적으로 실현되는 시기를 정하고, 그 목표를 이루기 위해 꼭 달성해야 할 중기 목표를 설정했으며, 그러기 위해 당장 지금 노력해서 1년 안에 이루어야 할 단기 목표가 무엇인지 명확하게 표현하고 있지."

민샘은 소영 학생의 예를 화면으로 보여 주고, 그 세부 내용을 분석하기 전에 조별 미션을 진행했다.

전소영의 비전

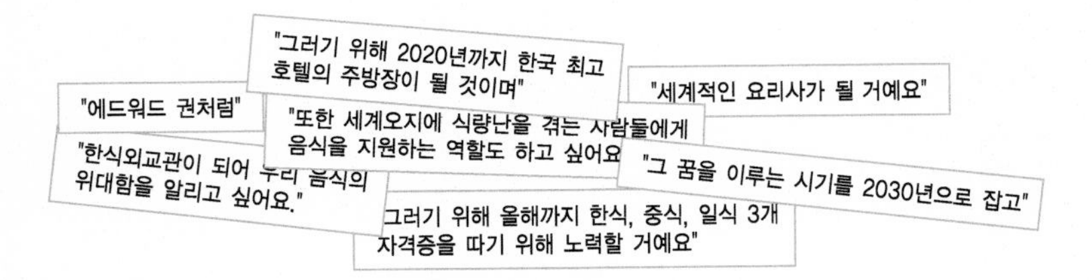

"7개의 문장이 있다. 소영 학생의 비전 표현을 7개의 문장으로 구분한 것이다. 여기서의 비전 표현은 앞에서 표현한 비전 표현의 수준을 뛰어 넘는다. 어쩌면 완성된 자전거나 자동차와 같은 비전 표현의 전체 그림일 수 있다. 다음 7개의 단어 카드를 사용하여 비전의 일곱 가지 구성 요소를 연결해 보렴."

장기 목표, 중기 목표, 단기 목표라는 새로운 3장의 카드가 있어서인지 학생들은 처음에는 다소 어려워했지만, 순서대로 문장과 단어 카드를 연결하면서 결국 전체 그림을 완성해 냈다.

"에드워드 권처럼" [비전 모델]

"세계적인 요리사가 될 거예요." [직업 비전]

"한식 외교관이 되어 우리 음식의 위대함을 알리고 싶어요." [직업 사명]

"또 세계 오지에 식량난을 겪는 사람들에게 음식을 지원하는 역할도 하고 싶어요." [비전 대상]

"그 꿈을 이루는 시기를 2030년으로 잡고" [장기 목표]

"그러기 위해 2020년까지 한국 최고 호텔의 주방장이 될 것이며" [중기 목표]

"그에 따라 올해까지 한식, 중식, 일식의 3개 자격증을 따기 위해 노력할 거예요." [단기 목표]

이전 수업에서 '목표'에 대해 배웠던 것이 이번 활동에서 큰 도움이 되었다. 목표를 숫자로 표현해야 한다는 수업 내용을 떠올리고 단어 카드를 보니 3장의 목표 카드에 적힌 숫자가 눈에 들어온다.

비전의 핵심 7요소란?

직업 비전: 자신이 장래에 되고 싶은 직업 목표
직업 사명: 그 직업을 이루어야 하는 이유, 그 직업을 이룬 이후의 삶의 방향
비전 대상: 자신의 직업을 통해 도움을 주고 싶은 특정 연령, 직업군, 계층 등
비전 모델: 자신이 꿈꾸는 직업의 비전을 이미 이루어서 따라가고 싶은 인물
장기 목표: 자신의 꿈을 최종적으로 이루는 연도나 나이의 시기
중기 목표: 최종 비전을 이루기 위해 가장 중요한 분기점이 되는 시기와 숫자 목표
단기 목표: 비전의 중기 목표를 이루기 위해 올해 내가 이루어야 할 영역의 숫자 목표

출처 : 2010 조선일보 '김승 입학사정관제 칼럼'

"자, 이제 비전의 완성된 버전을 정리해 보자. 비전의 표현에는 단계가 있으며, 가장 완성도가 높은 버전은 7개의 구성 요소를 모두 갖춘 표현이다. 이것은 단계의 구분으로 정리해 보면 다음과 같다."

	주체	비 전	세부 구분
1	오철수	"저는 박지성처럼 될 거예요."	직업 비전
2	김민영	"저는 대한민국 최고의 만화가가 되어서, 자연과 인권의 소중함을 만화를 통해 알리고 싶어요."	직접 비전+ 직업 사명

	주체	비 전	세부 구분
3	한선영	"사회복지사가 되어, 사랑받지 못하고 자라는 결손 가정의 아이들과 장애를 겪고 있는 소외 아동에게 교육의 기회를 주는 삶을 살고 싶어요."	직업 비전+ 직업 사명+ 비전 대상
4	장필연	"저는 대한민국 최고의 벤처 기업가가 되고 싶어요. 그래서 안철수 교수처럼 강의를 통해 기업인들에게 희망을 주고 싶어요. 특히 실패를 맛본 기업인들을 돕고 싶어요."	직업 비전+ 직업 미션+ 비전 대상+ 비전 모델
5	전소영	저는 세계적인 요리사가 될 거예요. 버즈두바이의 에드워드 권처럼 전 세계에 우리 음식의 위대함을 알리고 싶어요. 한식 외교관의 역할을 하면서, 세계 오지의 식량난을 겪는 사람들과 난민들에게 음식을 지원하는 역할도 하고 싶어요. 또 돈을 벌면, 요리사를 꿈꾸는 가난한 학생에게 장학금을 주어 꿈의 실현을 돕고 싶어요. 그 꿈을 이루는 시기를 2030년으로 정하고, 그러기 위해 2020년까지 호텔 주방장이 될 것이며, 그에 따라 올해까지 한식, 중식, 일식의 3개 자격증을 따기 위해 노력할 거예요."	직업 비전+ 직업 미션+ 비전 대상+ 비전 모델+ 장기 목표+ 중기 목표+ 단기 목표

비전의 구성 요소를 모두 학습한 뒤에 이제 본격적으로 자신의 비전 선언문을 작성해 보았다. 학생들은 앞에서 보았던 여러 가지 감동적인 사례를 떠올리며 자신만의 표현을 만들기 위해 고민하기 시작했다. 민샘은 아름다운 배경 음악으로 분위기를 잡아 주었다.

"7개의 구성 요소로 표현하는 과정에서 너무 형식에 신경을 쓰지는 말자. 물론 7개의 구성 요소를 모두 갖추면 가장 아름답겠지만, 아직 미래의 나이별 · 연도별 숫자 목표가 정해지지 않은 사람은 비전, 미션, 대상 이 세 가지만 넣어도 된다. 중요한 것은 자신의 마음속에 울림을 줄 수 있는 문장이어야 한다는 것이다."

사명을 가로막는 벽

교빈

교빈이의 비전 선언문은 특히 큰 감동을 주었다. 교빈이는 자신이 쓰고도 얼마나 감동이 되었는지 발표하면서 말을 더 듣기도 했다. 교빈이답지 않게 긴장한 모습에 친구들은 감동과 더불어 재미도 느꼈다. 모든 학생이 이번 활동에서 비전 선언문을 완성한 것은 아니었다. 좀 더 시간이 필요한 사람이 분명 있다는 것을 민샘도 인정했다. 학생들이 모두 돌아가고 경수가 자리에 남아 있다. 뭔가 할 말이 있는 듯하다.

"선생님, 수업 시간에는 차마 질문하지 못했는데요. 한 가지 알고 싶은 게 있어요. 아니, 알고 싶은 게 아니라 이해가 안 되는 거예요."

"말해 보렴."

"자신의 비전을 꿈꾸는 것은 좋아요. 그런데 왜 꼭 자신의 꿈을 이루어서 다른 사람을 도와주어야 하는 거죠? 도저히 이해가 되지 않아요. 슈바이처나 테레사 수녀 같은 사람은 특별한 경우라고 생각해요. 그런 삶을 우리에게까지 강요하는 것은 옳지 않아요."

"진심이니?"

"네. 제 주변에서 그런 사명의 삶을 사는 사람을 본 적이 없어요. 간혹 다른 사람을 위해 사는 사람을 멀리서 본 적이 있는데, 행복해 보이지가 않았어요. 이런 문장을 쓰는 것은 자기를 속이는 것일 수 있어요."

"경수는 다른 사람을 도와주면서 행복을 느낀 경험이 전혀 없니?"

"없어요. 저는 오히려 반대의 경험이 많아요. 어릴 적 아빠가 사업에 실패했을 때 아빠는 친척들과 주변 사람들에게 도움을 구하러 다녔어요. 그런데 아무도 우리를 도와주지 않았어요. 그때를 생각하면 지금도 아빠의 얼굴이 굳어져요. 우리 가족은 그 이후 한국을 떠났어요."

"그렇구나. 어쩌면 그래서 경수 아빠가 그때의 어려움을 생각하면서 지금의 성공을 이루었을 수도 있겠구나."

"선생님, 저에게는 사명을 강요하지 않으셨으면 좋겠어요. 저는 저의 비전과 저의 목표만 고민할게요."

민샘은 경수가 왜 이런 냉담한 태도를 갖게 되었는지 이해가 되었다. 그런 과거의 나쁜 기억이 경수의 마음에 벽을 만들어 놓아서 사명이 비집고 들어갈 틈이 없는 것이다.

민샘은 진로 동아리의 수업 과정이 끝나기 전에 경수의 마음이 열리고 세상을 따뜻하게 바라보게 하리라고 다짐했다.

꼭! 작성해 보세요 | 포트폴리오 활동 1

나의 비전 표현 진단하기

아래는 비전의 일곱 가지 구성 요소를 단계별로 정리한 것입니다. 단계의 구분을 읽어보고 자신이 이전에 비전을 표현하던 단계는 어느 수준인지 간단하게 기술하며, 부족한 부분을 찾고 개선점을 기록해 봅니다.

	주체	비　　전	세부 구분
1	오철수	"저는 박지성처럼 될 거예요."	직업 비전
2	김민영	"저는 대한민국 최고의 만화가가 되어서, 자연과 인권의 소중함을 만화를 통해 알리고 싶어요."	직접 비전+ 직업 사명
3	한선영	"사회복지사가 되어, 사랑받지 못하고 자라는 결손 가정의 아이들과 장애를 겪고 있는 소외 아동에게 교육의 기회를 주는 삶을 살고 싶어요."	직업 비전+ 직업 사명+ 비전 대상
4	장필연	"저는 대한민국 최고의 벤처 기업가가 되고 싶어요. 그래서 안철수 교수처럼 강의를 통해 기업인들에게 희망을 주고 싶어요. 특히 실패를 맛본 기업인들을 돕고 싶어요."	직업 비전+ 직업 미션+ 비전 대상+ 비전 모델
5	전소영	저는 세계적인 요리사가 될 거예요. 버즈두바이의 에드워드 권처럼 전 세계에 우리 음식의 위대함을 알리고 싶어요. 한식 외교관의 역할을 하면서, 세계 오지의 식량난을 겪는 사람들과 난민들에게 음식을 지원하는 역할도 하고 싶어요. 또 돈을 벌면, 요리사를 꿈꾸는 가난한 학생에게 장학금을 주어 꿈의 실현을 돕고 싶어요. 그 꿈을 이루는 시기를 2030년으로 정하고, 그러기 위해 2020년까지 호텔 주방장이 될 것이며, 그에 따라 올해까지 한식, 중식, 일식의 3개 자격증을 따기 위해 노력할 거예요."	직업 비전+ 직업 미션+ 비전 대상+ 비전 모델+ 장기 목표+ 중기 목표+ 단기 목표

내친구 포트폴리오 살짝 엿보기

나의 비전 표현 진단하기

아래는 비전의 일곱 가지 구성 요소를 단계별로 정리한 것입니다. 단계의 구분을 읽어보고 자신이 이전에 비전을 표현하던 단계는 어느 수준인지 간단하게 기술하며, 부족한 부분을 찾고 개선점을 기록해 봅니다.

	주체	비 전	세부 구분
1	오철수	"저는 박지성처럼 될 거예요."	직업 비전
2	김민영	"저는 대한민국 최고의 만화가가 되어서, 자연과 인권의 소중함을 만화를 통해 알리고 싶어요."	직접 비전+ 직업 사명
3	한선영	"사회복지사가 되어, 사랑받지 못하고 자라는 결손 가정의 아이들과 장애를 겪고 있는 소외 아동에게 교육의 기회를 주는 삶을 살고 싶어요."	직업 비전+ 직업 사명+ 비전 대상
4	장필연	"저는 대한민국 최고의 벤처 기업가가 되고 싶어요. 그래서 안철수 교수처럼 강의를 통해 기업인들에게 희망을 주고 싶어요. 특히 실패를 맛본 기업인들을 돕고 싶어요."	직업 비전+ 직업 미션+ 비전 대상+ 비전 모델
5	전소영	저는 세계적인 요리사가 될 거예요. 버즈두바이의 에드워드 권처럼 전 세계에 우리 음식의 위대함을 알리고 싶어요. 한식 외교관의 역할을 하면서, 세계 오지의 식량난을 겪는 사람들과 난민들에게 음식을 지원하는 역할도 하고 싶어요. 또 돈을 벌면, 요리사를 꿈꾸는 가난한 학생에게 장학금을 주어 꿈의 실현을 돕고 싶어요. 그 꿈을 이루는 시기를 2030년으로 정하고, 그러기 위해 2020년까지 호텔 주방장이 될 것이며, 그에 따라 올해까지 한식, 중식, 일식의 3개 자격증을 따기 위해 노력할 거예요."	직업 비전+ 직업 미션+ 비전 대상+ 비전 모델+ 장기 목표+ 중기 목표+ 단기 목표

내가 이전에 꿈을 표현한 단계는 직업 비전과 직업 사명 단계였다. 그것도 처음에는 비전만 간신히 표현할 수 있었다. 그런데 오프라 윈프리의 책을 읽은 이후에 생각이 바뀌었다. 나는 펀드매니저를 꿈꾸었는데, 그 이유를 시원하게 설명할 수 없었다. 그런데 사명을 이해한 후에는, 빈부격차가 줄어드는 세상을 만들겠다는 사명이 생겼다. 앞으로 대상이나 목표도 구체화할 생각이다.

꼭! 작성해 보세요 | 포트폴리오 활동 2

나의 비전 중 · 장기 목표 세우기

다음은 비전의 일곱 가지 구성 요소를 각각 설명한 내용입니다. 그리고 그러한 구성 요소에 따라 자신의 비전을 표현한 사례가 있습니다. 두 가지 내용을 자세히 읽고, 네 가지 구성 요소에 더하여 '목표' 단계가 필요한 이유를 쓰고, 자신의 비전에 대한 세 가지 목표를 기술해 보세요.

비전의 핵심 7요소란?

직업 비전: 자신이 장래에 되고 싶은 직업 목표
직업 사명: 그 직업을 이루어야 하는 이유, 그 직업을 이룬 이후의 삶의 방향
비전 대상: 자신의 직업을 통해 도움을 주고 싶은 특정 연령, 직업군, 계층 등
비전 모델: 자신이 꿈꾸는 직업의 비전을 이미 이루어서 따라가고 싶은 인물
장기 목표: 자신의 꿈을 최종적으로 이루는 연도나 나이의 시기
중기 목표: 최종 비전을 이루기 위해 가장 중요한 분기점이 되는 시기와 숫자 목표
단기 목표: 비전의 중기 목표를 이루기 위해 올해 내가 이루어야 할 영역의 숫자 목표

"에드워드 권처럼" [비전 모델]
"세계적인 요리사가 될 거예요."[직업 비전]
"한식 외교관이 되어 우리 음식의 위대함을 알리고 싶어요."[직업 사명]
"또 세계 오지의 식량난을 겪는 사람들에게 음식을 지원하는 역할도 하고 싶어요."[비전 대상]
"그 꿈을 이루는 시기를 2030년으로 잡고"[장기 목표]
"그러기 위해 2020년까지 한국 최고 호텔의 주방장이 될 것이며" [중기 목표]
"그러기 위해 올해까지 한식, 중식, 일식 3개 자격증을 따기 위해 노력할 거예요."[단기 목표]

내친구 포트폴리오 살짝 엿보기

나의 비전 중 · 장기 목표 세우기

다음은 비전의 일곱 가지 구성 요소를 각각 설명한 내용입니다. 그리고 그러한 구성 요소에 따라 자신의 비전을 표현한 사례가 있습니다. 두 가지 내용을 자세히 읽고, 네 가지 구성 요소에 더하여 '목표' 단계가 필요한 이유를 쓰고, 자신의 비전에 대한 세 가지 목표를 기술해 보세요.

비전의 핵심 7요소란?

직업 비전: 자신이 장래에 되고 싶은 직업 목표
직업 사명: 그 직업을 이루어야 하는 이유, 그 직업을 이룬 이후의 삶의 방향
비전 대상: 자신의 직업을 통해 도움을 주고 싶은 특정 연령, 직업군, 계층 등
비전 모델: 자신이 꿈꾸는 직업의 비전을 이미 이루어서 따라가고 싶은 인물
장기 목표: 자신의 꿈을 최종적으로 이루는 연도나 나이의 시기
중기 목표: 최종 비전을 이루기 위해 가장 중요한 분기점이 되는 시기와 숫자 목표
단기 목표: 비전의 중기 목표를 이루기 위해 올해 내가 이루어야 할 영역의 숫자 목표

"에드워드 권처럼" [비전 모델]
"세계적인 요리사가 될 거예요."[직업 비전]
"한식 외교관이 되어 우리 음식의 위대함을 알리고 싶어요."[직업 사명]
"또 세계 오지의 식량난을 겪는 사람들에게 음식을 지원하는 역할도 하고 싶어요."[비전 대상]
"그 꿈을 이루는 시기를 2030년으로 잡고"[장기 목표]
"그러기 위해 2020년까지 한국 최고 호텔의 주방장이 될 것이며" [중기 목표]
"그러기 위해 올해까지 한식, 중식, 일식 3개 자격증을 따기 위해 노력할 거예요."[단기 목표]

나는 항공기 승무원이 되려는 오래된 꿈을 가지고 있다. 승무원인 사촌 언니가 일하는 곳에 갔다가 그 모습에 반했었다. 중학생이 된 지금도 여전히 그 꿈을 꾸고 있지만 구체적인 노력은 전혀 하지 않고 있다. 그저 학교 공부만 열심히 하면 된다고 생각했기 때문이다. 그런데 숫자로 표현된 목표 설정이 필요하다는 말에 나도 구체적인 목표를 세워보았다. 장기 목표로는, 10년 뒤에 항공기 승무원이 될 것이며, 그러기 위해 4년 뒤에 영문학을 전공할 것이다. 단기적으로는, 올해까지 내가 원하는 대학의 영문학과 입학사정관 정보를 모두 정리한 나만의 꿈 파일을 완성할 것이다.

나의 비전 선언문 표현하기

다음은 방송연출가나 방송작가를 꿈꾸고 있는 교빈이의 비전 선언문입니다. 물론 비전 모델과 장기 목표, 중기 목표, 단기 목표가 빠져 있지만 자신의 마음에 울림이 될 만한 문장을 기술한 것입니다. 아래의 사례와 같은 형식으로 직업 비전, 비전 사명, 비전 대상을 담아 자신만의 비전 선언문을 작성해 봅니다.

나에게는 꿈이 있습니다. 대한민국 최고의 방송작가가 되어서 많은 사람들에게 희망을 주는 예능프로그램을 만들고 싶은 꿈이 있습니다. 예능프로그램이 오로지 웃기 위한, 시간을 떼우기 위한 것 등 나쁜 고정 관념을 가진 사람들에게 예능프로그램은 사회의 여러 문제를 간접적으로 비판하고 어려워하는 사람이나 힘들고 지친 사람들에게 희망을 주는 것이라고 방송PD와 함께 아름다운 예능의 진정을 보여주고 싶은 꿈이 있습니다.

교빈

내친구 포트폴리오 살짝 엿보기

나의 비전 선언문 표현하기

다음은 방송연출가나 방송작가를 꿈꾸고 있는 교빈이의 비전 선언문입니다. 물론 비전 모델과 장기 목표, 중기 목표, 단기 목표가 빠져 있지만 자신의 마음에 울림이 될 만한 문장을 기술한 것입니다. 아래의 사례와 같은 형식으로 직업 비전, 비전 사명, 비전 대상을 담아 자신만의 비전 선언문을 작성해 봅니다.

나에게는 꿈이 있습니다. 대한민국 최고의 방송작가가 되어서 많은 사람들에게 희망을 주는 예능프로그램을 만들고 싶은 꿈이 있습니다. 예능프로그램이 오로지 웃기 위한, 시간을 때우기 위한 것 등 나쁜 고정 관념을 가진 사람들에게 예능프로그램은 사회의 여러 문제를 간접적으로 비판하고 어려워하는 사람이나 힘들고 지친 사람들에게 희망을 주는 것이라고 방송PD와 함께 아름다운 예능의 진정을 보여주고 싶은 꿈이 있습니다.

교빈

나는 꾸밈없고 소탈한 이미지를 가진 정치인이 되고 싶다. 우리나라 청소년들을 위해 꼭 필요한 교육정책과 법을 만드는 일을 하고 싶다. 그래서 가능하면 교육부 장관까지 하면서 우리 사회에 만연한 뿌리 깊은 교육 불평등을 꼭 해소하고 싶다.
적어도 돈이 없어서 교육 기회를 갖지 못하는 아이들이 없도록 도와주고 싶다.
부모의 경제력 때문에 기회의 불평등을 겪는 일이 없도록 해 주고 싶다.
아이들이 행복하게 배울 수 있는 나라를 만들려는 꿈이 있다.

생생! 직업인 이야기

너무 좁다고요? 알고 보면 넓어요

애니메이터

'뽀느님' 이라고 들어본 적 있나요? 뽀로로를 하느님처럼 받들어 모시는 어린아이들을 보면서 나온 유행어랍니다. 뽀로로라는 애니메이션의 인기가 어느 정도인지 실감할 수 있죠. 애니메이터는 이처럼 대표 캐릭터가 성공하면 더없이 바빠집니다. 그러나 대부분의 애니메이터가 다 이렇게 성공하는 것은 아니랍니다. 아직은 대부분 어렵다고도 합니다.

그렇다고 그 길을 꿈꾸는 친구에게 이 길은 너무 좁고 어려우니 꿈을 바꾸라고 말하는 것은 반대합니다. 왜냐하면 기회가 얼마든지 있기 때문이죠. 미키마우스 같은 평면 셀 애니메이션 시대에 컴퓨터를 이용한 2D 애니메이터의 등장은 놀라운 바람을 일으켰답니다. 기회를 만들어 낸 거죠. 그러다가 3D 애니메이터가 등장한 것도 대단한 시도였죠. 바로 이렇게 기회를 볼 수 있는 눈과 용기 있게 변화를 받아들이는 태도가 있다면 얼마든지 문이 열릴 겁니다. 3D가 식상해질 무렵 2D와 3D를 결합한 모델이 나왔고, 색감에 익숙해질 무렵 등장한 클레이 애니메이션의 찰흙인형은 또 다른 즐거움을 안겨주었답니다.

이처럼 관심을 가지고 변화를 이해하고, 그 속에서 기회를 찾는 노력을 할 수 있다면 애니메이터로서 충분히 가능성이 있습니다. 저요? 저는 지금 종이와 모래 그리고 그림자를 이용한 애니메이션을 만들고 있어요. 재미있겠죠?

16 기록으로 만들어 가는 미래

나는 비전을 기록하는가

우리들의 고민 편지

성격 유형 검사를 할 때마다 추상적인 개념보다는 사실적인 정보를 좋아하는 유형으로 나오는 중학생 D군. 진로 활동을 통해 자신의 직업 가능성을 찾아내는 것까지는 좋았지만, 그 내용을 바탕으로 미래를 상상하는 작업은 불편하다. 물론 미래의 꿈을 기록하여 그 꿈을 이루어 낸 사람들이 있는 것을 알고 있다. 하지만 그런 내용은 특별한 사람들의 경우가 아닌가. D군은 도저히 받아들일 수가 없다. 그런 수업 자체가 괴롭다.

– 온라인 캠프에 올라온 진로 고민 편지

"샘, 솔직히 마음이 내키지 않아요. 앞부분의 진로 탐색 작업은 아주 객관적이고 좋았지만 최근의 수업들은 왠지 불편해요."

시작부터 뭔가 조짐이 이상하다. 그렇지 않아도 경수 때문에 매우 민감해진 민샘은 찬형이의 결정적인 한 마디에 그만 힘이 쭉 빠져 버렸다. 찬형이는 진로 페스티벌까지 극적인 드라마의 주인공이었고, 하영이와의 갈등도 풀리면서 요즘 태도가 크게 좋아졌었다. 그런데 최근의 진로 수업은 찬형이의 성향으로 조금 받아들이기 어려운 부분이 있는 모양이었다.

사실적인 정보를 선호하는 찬형이는 불투명한 미래의 꿈을 파고드는 것이 마뜩잖았던 참에 결국 오늘 불만으로 튀어나오고 만 것이다. 오늘의 수업 역시 그런 흐름일 거라는 생각이 들자 숨이 콱 막히는 느낌이 들었다. 민샘은 찬형이의 그런 성향을 충분히 이해하지만 그렇다고 찬형이 때문에 수업 방향과 내용을 바꿀 수는 없었다. 피로가 쌓여 신경이 날카로워진 민샘은 평소와 달리 찬형이의 말에 예민하게 반응했다. 학생들의 눈에도 낯빛이 변하는 것이 보일 정도였다. 간의 회복력이 크게 떨어진 상태라는 의사의 소견까지 들었던 터다.

"샘, 기억하세요? 지난번에 샘의 비전과 사명을 보여 달라고 했을 때, 나중에 말할 때가 있을 거라고 하셨잖아요. 오늘 보여 주시면 안 될까요?"

눈치 빠른 교빈이가 분위기를 바꾸려 애썼다. 그러자 승헌이와 하영이, 철만이도 거들었다.

"맞아요. 우리는 이제 막 비전을 정리하고 표현하는 단계이니, 샘의 것을 보면 더욱 힘이 날 것 같아요."

"보여 줘! 보여 줘! 보여 줘!"

"알았다, 알았어."

민샘은 애써 표정을 고치고, 자신의 바인더에 들어 있는 종이 한 장을 꺼

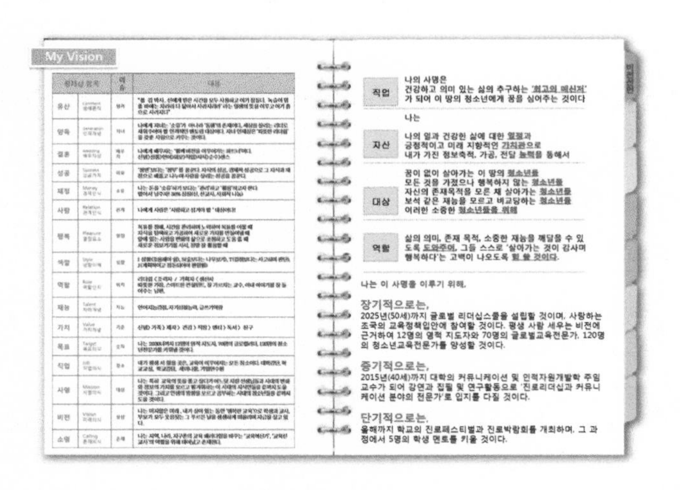

냈다. 그리고 그 종이를 '실물 영사기' 에 바로 올려서 큰 화면으로 보여주었다. 화면을 보는 순간 아이들의 입이 '떡' 하고 벌어졌다.

"허걱! 샘 이게 뭐예요, 정말 이게 샘의 바인더에 들어 있는 내용 맞아요?"

"그래, 맞다. 교빈아, 지금 우리가 동아리 활동에서 쓰고 있는 포트폴리오 버전보다 좀 더 다양하고 복잡한 버전이라 쉽게 소개하지 못했던 거란다."

"우리가 활동에서 했던 내용들도 눈에 보이는데요. 소명, 비전, 사명, 직업, 목표, 가치, 재능……."

"맞다. 거의 일치한다. 샘의 바인더 왼쪽에는 내 인생을 종합 분석한 내용이 들어 있고, 오른쪽에는 너희들이 지난 시간에 함께 적었던 '비전 선언' 이 들어 있다. 그리고 왼쪽 부분은 위쪽과 아래쪽으로 나뉘는데, 아래쪽에는 너희들과 진행했던 '강점 발견, 자기 발견, 적성 발견' 의 내용이 들어 있다.

그리고 위쪽에는 너희들과 활동하지 않았던 다양한 가치관의 내용이 담겨 있다."

"직업의 관점에 대해 수업할 때 가치관에 대한 내용을 간단하게 보기는 했어요."

정체성 항목		이슈	내 용
성향	Style 성향 이해	성향	I(조용해야 쉼), S(숲보다는 나무 보기), T(감정보다는 사고하며 판단), J(계획적이고 정돈되어야 편안함)
역할	Role 역할 인지	위치	리더십 〈 조력자 / 기획자 〈 생산자 따뜻한 가장, 명쾌한 컨설턴트, 잘 가르치는 교수, 아내 이야기를 잘 들어 주는 남편
재능	Talent 자아 개념	지능	언어 지능 강점, 자아 성찰 능력, 글쓰기 역량
가치	Value 가치 개념	기준	신념 〉 가족 〉 제자 〉 건강 〉 직장 〉 멘티 〉 독서 〉 친구
목표	Target 목표 의식	숫자	나는 2030년까지 12명의 영적 지도자, 70명의 글로벌 리더, 120명의 청소년 전문가를 키워 낼 것이다. 그러기 위해 매 해 5명의 학생 멘토를 키울 것이다.
직업	Job 직업 의식	장소	내가 평생 서 있을 곳은, 교육이 이루어지는 모든 장소이다. 대학 강단, 학교 교실, 학교 강당, 세미나 룸, 기업 연수원
사명	Mission 사명 의식	대상	나는 특히 교육의 뜻을 품고 살다가 어느덧 지친 선생님들, 시대의 변화와 정보의 가치를 모르고 힘겨워 하는 이 시대의 지식인들을 끝까지 도울 것이다. 그리고 인생의 방향을 모르고 공부하는 시대의 청소년들을 끝까지 도울 것이다.
비전	Vision 미래 의식	상상	나는 머지않은 미래, 내가 살아 있는 동안 '행복한 교육'으로 학생과 교사, 부모가 모두 웃음 짓는 그 푸르른 날을 생생하게 떠올리며 지금을 살고 있다.
소명	Calling 존재 의식	존재	나는 지역, 나라, 지구촌의 교육 패러다임을 바꾸는 '교육 혁신가', '교육 선교사'의 역할을 위해 태어났고 존재한다.

인생 정체성 테이블

"행복관, 인간관, 물질관, 성공관, 결혼관, 양육관, 그리고 죽을 때의 묘비명까지 적어 놓았단다."

"와! 샘, 무슨 유전자 게놈 지도 같아요."

"발음 확실하게 해야겠다. 약간 불안한데? 하하하!"

"알았어요. 게~놈 지도요!"

정체성 항목		이슈	내 용
유산	Comment 생애 흔적	평가	"폴 김 박사, 신에게 받은 시간을 모두 사용하고 여기 잠들다. '녹슬어 멈출 바에는 차라리 다 닳아서 사라지리라' 라는 일생의 뜻을 이루고 여기 흙으로 사라지다."
양육	Generation 인재 개념	자녀	나에게 자녀는 '소유' 가 아니라 '동행' 의 존재이다. 세상을 살리는 리더로 세워 주어야 할 인격적인 멘토링 대상이다. 자녀 인재상은 '따뜻한 리더십' 을 갖춘 사람으로 키우는 것이다.
결혼	Wedding 배우자상	배우자	나에게 배우자는 '함께 비전을 이루어 가는 파트너' 이다. 신념 〉 성품 〉 언어 〉 외모 〉 직업 〉 지식 〉 순수 〉 센스
성공	Success 성공 가치	이유	'청빈' 보다는 '청부' 를 꿈꾼다. 지식의 성공, 경제적 성공으로 그 지식과 재정을 베풀고 나누며 사람을 살리는 성공을 꿈꾼다.
재정	Money 경제 인식	소유	나는 돈을 '소유' 하기보다는 '관리' 하고 '활용' 하고자 한다. 벌어서 남 주자! 매월 30퍼센트 사회적 나눔.
사람	Relation 관계 인식	관계	나에게 사람은 '사랑하고 섬겨야 할' 대상이다.
행복	Pleasure 열정 요소	열정	목표를 정해 시간을 관리하고 노력하여 목표를 이룰 때 지식을 탐색하고 가공하여 새로운 가치를 만들어 낼 때 앞에 있는 사람을 변화의 삶으로 초청하고 도움 줄 때 새로운 정보 기기를 사서 정말 잘 활용할 때

"샘, 궁금한 게 있어요. 이 내용은 어떤 흐름이 있나요? 아니면 그냥 나열된 건가요?"

"좋은 질문이다, 수희야. 맨 아래의 '소명' 이 출발점이고, 맨 위의 '유산' 이 종착점이다. 그러니까 '생애의 흐름' 이라고 할 수 있지. 생애의 흐름과 동시에 '의식의 흐름' 으로 이어지는 것이다."

"생애의 흐름, 의식의 흐름, 어려워요."

수희가 어렵다고 하는 것은 사실, 친구들을 위한 배려였다. 수희는 충분히 이해하고 있었다. 하지만 다른 친구들이 더 쉽게 이해할 수 있도록 일부러 설명 요청을 한 것이다. 학생들에게 다소 어려울 수 있는 내용이지만, 민샘은 의도적으로 자기 자신의 포트폴리오를 학생들에게 소개해 주었다. 교사의 진심을 학생들이 이해하였을 때, 진정한 소통이 이루어진다고 믿기 때문이었다.

"생애의 흐름은 쉽지. 존재로 태어나 직업을 찾고, 결혼하고, 성공하고, 아이를 낳고, 죽을 때까지의 순서이니 말이야. 소명으로부터 출발하여 자기 발견, 직업 역할, 인간관관계 등을 다루는데, 재정관(물질관) 성공관, 양육관의 순서로 올라간다. 그리고 마지막에는 죽음을 앞두고 가장 남기고 싶은 존재 유산으로 마무리한다. 한편, 이러한 생애의 흐름은 곧 의식의 흐름이다. 왜냐하면 소명관이 있어야 그 바탕 위에 비전, 사명 등이 생기기 때문이지. 결혼관이 있어야 양육관이 있는 것이고. 이렇게 모든 것이 순서로 연결되기에 의식의 흐름이라고 표현한 것이다.

"샘, 또 궁금한 게 하나 있어요. 바인더 오른쪽의 맨 아래 단기 목표 5명의 학생 멘토를 키우겠다고 하셨잖아요. 그 목표 현재 진행하고 있는 거예요?"

"교빈이가 정말 자세히 보았구나. 물론, 진행하고 있지."

수희는 얼굴이 빨개졌다. 민샘의 '비전 선언'에 자신과 관련된 내용이 들어 있기 때문이었다. 이미 자신은 진로 동아리의 학생 멘토로 민샘을 돕고 있었다. 자신이 누군가의 인생 비전에 들어 있다는 것이 너무나 새롭고 행복했다.

"샘, 수희는 당연히 들어가겠네요."

"그래. 수희는 진로 동아리 학생 멘토로서의 경험과 경력이 앞으로 큰 도움이 될 거야."

"그럼 나머지 4명도 결정되었나요?"

"왜? 교빈이 너 그 4명에 들고 싶어서 그러니?"

"아, 아니 뭐, 그렇다기보다는 궁금해서요."

민샘은 사실 초반부터 동아리의 주요 멤버들을 유심히 관찰하며 사람을 키우고 있었다. 승헌이, 하영이, 찬형이, 철만이, 교빈이, 수희 등 주로 수업을 주도하는 조장들이 멘토의 후보군들이었다. 민샘의 바인더는 동아리 학생들의 마음에 불을 질렀다. 그리고 주도적으로 참여하는 6명의 학생들은 5명의 학생 멘토에 들고 싶은 새로운 목표가 생겼다. 하지만 그 누구도 그런 마음을 들키지 않으려고 표정을 관리하려 애썼다.

미래를 기록한다는 것

민샘은 찬형이의 말이 계속 마음에 걸렸다. 자신의 미래에 대한 기록이 물론 현재의 사실에 바탕을 둔 것은 아니므로 그런 찬형이의 반응에도 충분히 일리가 있었다. 하지만 민샘은 미래에 대한 기록에는 인생을 바꾸는 힘이 있다고 확신하고 있다. 민샘은 새로운 카드 묶음을 책상 위에 올려 놓았다.

조별로 받은 12장의 카드 안에는 12명에 대한 스토리가 적혀 있었다. 민샘은 조별로 창의적인 미션을 주었다. 미션이 끝난 뒤에는 두 가지 활동을 진행할 계획이다. 하나는 '퀴즈 쇼' 이고, 또 하나는 '작은 전시회' 이다.

"일단 조별로 최대한 짧은 시간 안에 12개의 카드 내용을 충분히 익혀야 한다. 내용을 좀 더 알고 싶다면 인터넷 검색을 해도 좋다. 인물 스토리의 핵심 내용을 찾아 어울리는 단어 카드와 연결시켜야 한다. 그 다음에는 조별로 서로 번갈아 가며 단어 카드를 지목하면 지목된 조에서 한 명씩 일어나 스토리를 설명해야 한다. 누구를 지목할지 모르므로 모든 조원이 내용을 충분히 이해해야 할 거야. 첫 번째 발표자는 선생님이 지목할게. 1조의 수희, 김규환 카드를 설명해 줄래?"

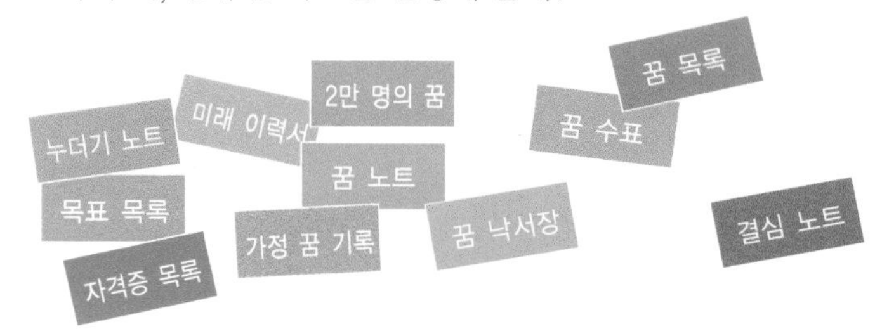

"김규환 씨는 가난한 청소년기에 꿈을 작성했습니다. 그리고 20세부터 50세까지의 시간을 모두 계산하여 자신이 따고 싶은 자격증을 모두 기록했어요. 심지어는 아파트 구입 및 저축 계획까지 기록했습니다. 이후 그는 청소부로 출발해서 대한민국 1급 명장(최고의 기술인에게 주는 호칭)에 이르게 됩니다. 그는 대한민국 최다 자격증 보유자이며, 꿈에 기록한 대로 1983년에는 전국저축왕까지 수상했습니다."

"다음 발표자는 제가 지목하는 거죠? 다음은 2조 교빈이. 카드는 꿈 낙서장."

"올레! 내가 준비한 게 딱 나왔네. 스콧 애덤스는 공장의 말단 직원이었습니다. 그는 틈만 나면 노트에 낙서를 했어요. 낙서의 내용은 '나는 유명한 만화 작가가 될 거야.' 라는 간단한 문장이었습니다. 그는 하루에 열다섯 번씩 같은 내용을 적었습니다. 그리고 만화를 그려서 신문사에 들고 다녔지만 가는 곳마다 거절을 당합니다. 그러나 애덤스는 피나는 노력 끝에 결국 만화 『딜버트』의 작가로 세상에 알려집니다. 전 세계 65개국의 25개 언어로 2,000여 개 신문에 『딜버트』가 실리게 되지요. 그의 홈페이지 하루 방문자 수는 10만 명에 이릅니다. 『딜버트』를 보기 위해서죠. 대단하지 않나요? 다음은 3조 승헌이. 카드는 루홀츠."

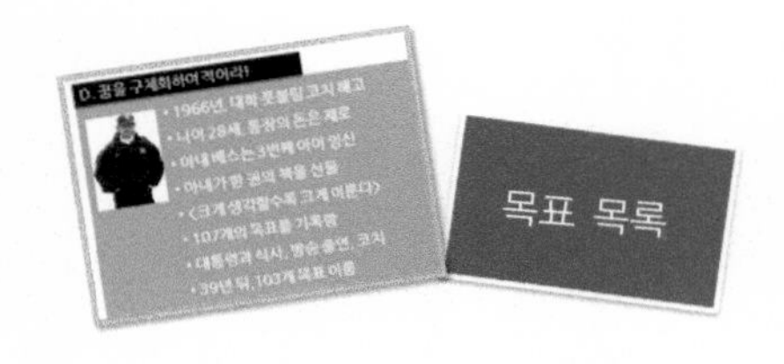

"루홀츠를 소개하기에 앞서, 교빈이가 소개한 스콧 애덤스의 뒷이야기를 살짝 더 하겠습니다. 애덤스는 그 이후에도 낙서장 같은 노트에 꿈을 15번씩 적는 습관을 계속 이어갔다고 합니다. 그리고 최근에는 퓰리처상을 받을 것이라는 꿈을 적고 있다고 해요. 나중에 한번 꼭 확인해 보면 좋겠어요.

그럼 지금부터 루홀츠를 소개할게요. 1966년 루홀츠는 대학 풋볼 팀 코치에서 해고됩니다. 28세 때였어요. 그의 통장 잔고는 제로 상태였고, 그런 어려운 시기에 하필 아내 베스가 세 번째 아이를 임신합니다. 절망의 나날을 보내던 어느 날, 아내는 남편에게 책을 선물합니다. 『크게 생각할수록 크게 이룬다』는 책이었어요. 책에 나온 대로 루홀츠는 107개의 목표를 기록합니다.

이후 그는 자신의 목표에 기록한 대로 대통령과 식사를 하게 되고, 방송에 출연하게 되며, 결국 풋볼 코치로 다시 복귀하게 됩니다. 다음은 4조. 하영이. 카드는 폴 매카트니."

"저도 보충할 내용이 있어요. 승헌이가 발표한 루홀츠를 검색해 보니, 현재는 동기 부여 강사로 활동하고 있더라고요. 목표를 적었을 때 그 목표가 이루어진다는 내용을 자신의 경험과 함께 소개하는 삶을 살고 있다고 해요. 그럼, 이제 승헌이가 지목한 매카트니를 소개할게요. 아시죠? 폴 매카트니는 역사상 가장 인기가 높았던 밴드 '비틀즈'의 멤버입니다.

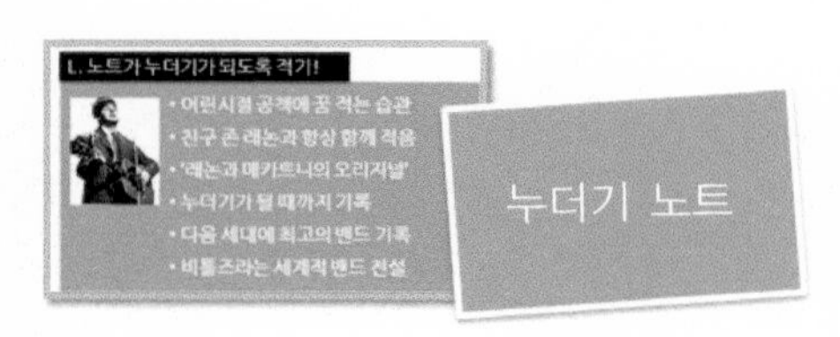

폴 매카트니는 어린 시절 공책에 꿈을 적는 습관이 있었습니다. 그는 친구 존 레논과 항상 함께 꿈을 적었어요. 그리고 그들은 그 꿈의 노트가 누더기가 될 때까지 반복해서 기록하고 들고 다니며 다시 보았어요. 누더기 노트에는 자신들이 커서 다음 세대에 최고의 밴드가 될 것이라는 꿈을 기록했습니다. 그리고 실제로 그들은 커서 비틀즈라는 세계적 밴드의 전설로 역사에 남게 됩니다. 누더기 노트의 기록이 현실로 나타난 것이죠. 다음은 5조 찬형이. 카드는 나폴레온 힐."

민샘과 하영이는 동시에 찬형의 얼굴을 보았다. 실수했다. 찬형이는 아직도 표정이 굳어 있었다. 찬형이는 그래도 하영이가 민망해하는 것을 원치 않았다. 그래서 애써 누그러뜨린 목소리로 양해를 구했다.

"죄송해요. 준비한 내용이 아니어서 발표를 못 하겠어요. 하영아 미안해, 다른 사람을 한 번 더 지목해 줄래?"

"제가 할게요."

분위기 메이커 교빈이가 구원 투수를 자처했다. 민샘은 교빈이가 얼마나 소중한 존재인지를 다시 한 번 마음에 새겼다. 위기는 넘겼지만 경수와 더불어 찬형이의 태도가 민샘의 마음을 무겁게 짓누르고 있었다.

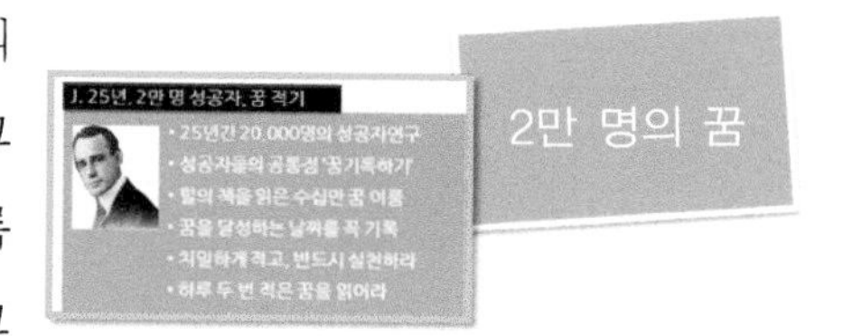

"나폴레온 힐은 25년간 2만 명의 성공한 사람들을 연구했어요. 그리고 그들의 공통점이 꿈을 기록하는 습관임을 발견했습니다. 그리고 그러한 내용을 책으로 써서 출판했어요. 힐의 책을 읽은 수십만 명도 꿈을 이루었답니다. 그는 꿈을 기록할 때 몇 가지를 꼭 지키라고 말했어요. 꿈을 달성하는 날짜를 꼭 기록할 것, 그리고 치밀하게 적고, 반드시 실천할 것, 또 하루 두 번 적어 놓은 꿈을 읽으라는 것이었죠."

민샘은 퀴즈 쇼 이후에 인물 카드와 단어 카드를 연결하여 벽에 붙이고 함께 둘러보는 시간을 가졌다. 12명의 인물과 단어가 예쁜 액자로 만들어졌다.

나만의 발자국 찍기

"선생님, 평범한 사람들의 결과는 없나요. 저기에 나온 사람들은 모두 특별하잖아요. 우리가 모두 그렇게 되라는 법은 없는 거 아닌가요?"

동아리에서 유일하게 민샘을 '선생님'이라고 부르는 사람은 경수이다. 새로 전학을 온 터라서 말을 아끼던 경수가 수업 후반에 결정적인 문제 제기를 했다.

"경수 말이 맞아요. 우리가 할 수 있는 것은 과거와 현재를 통해 자신의 모습을 발견하고 진로의 목표를 세우는 것까지가 적당한 것 같아요. 이런 활동은 무슨 마법이나 마술을 믿고 주문을 외우는 느낌이 들어요. 과학적이라는 느낌이 들지도 않고요."

찬형이가 경수의 말에 힘을 얻어, 더 날카로운 목소리로 문제를 제기하였다. 일순간 수업은 살얼음판으로 변하고 말았다. 그렇지 않아도 무리한 업무로 몸에 무리를 전부터 느끼고 있던 민샘은 오늘 수업이 다른 날보다 몇 배는 힘이 들었다. 어떻게 설명을 해야 할지, 이 순간 만큼은 민샘도 그저 듣고만 있었다. 바로 그 때 승헌이가 일어났다.

"그건 너희 두 사람 생각이야. 적어도 이 교실에 있는 다른 친구들은 그렇게 생각하지 않을 거야. 조금이라도 수업 전체와 동아리 전체를 생각할 줄 아는 기본적인 배려가 있다면 그렇게 말할 수는 없지. 그리고 찬형이는 오늘 수업 시작부터 분위기를 가라앉게 만들었고, 결국 우리 모두가 최선을 다한 진로 수업의 마무리를 어둡게 만들었어. 내 생각에, 찬형이 너는 진로 공부 이전에 기본적인 배려를 먼저 배우는 게 나을 것 같다."

"승헌아! 그만해."

"아니야, 꼭 얘기하고 싶었어. 더 이상은 참을 수가 없어. 이 수업은 우리 모두에게 소중해. 이런 식으로 한두 사람의 편견으로 망가지게 놔둘 수는 없다고!"

수희가 승헌이의 말을 막으려 했지만 소용이 없었다. 바로 그 순간 '털썩' 하는 소리와 함께 민샘이 교탁 뒤 의자에 그대로 쓰러지듯 주저앉았다.

"샘! 괜찮으세요?"

하영이가 교실 앞으로 뛰어 나갔다. 민샘은 얼굴이 창백해지고 식은땀이 흐르고 있었다. 여러 친구들이 앞으로 나와 함께 민샘을 살폈다. 잠시 동안, 교실은 매우 낯선 곳으로 변했다. 지금까지 함께 머물던 그 친밀한 곳이 아니었다. 민샘에게도, 학생들에게도 이 순간만큼은 너무 낯설었다. 잠시 후 민샘이 몸을 일으켰다. 민샘의 모습을 보며 승헌이는 더욱 화가 치밀었다. 한편 찬형이의 머릿속에는 한 문장이 계속 떠오르며 참을 수 없는 부끄러움과 분노가 교차했다.

'찬형이 너는, 진로 공부 이전에 기본적인 배려를 먼저 배우는 게 나을 것 같다.'

한순간 찬형이는 진로 공부를 할 자격도 없는 사람으로 낙인찍힌 꼴이 되었다고 생각했다. 먼저 인간이 되라는 말도 윙윙거리며 머릿속을 떠나지 않았다.

경수 역시 최악의 상황이었다. 자신이 불난 곳에 기름을 부은 꼴이 되었다는 생각이 들었다. 그러나 경수나 찬형이는 해야 할 말, 필요한 말을 했다는 생각에는 변함이 없었다. 정적을 깨고 민샘이 입을 열었다. 화면에 발자국 이미지가 보인다.

"꿈을 기록하여 그 꿈을 이룬 사람들은 처음부터 특별한 사람들이 아니었다. 꿈을 이룬 뒤에야 특별해진 사람들이지."

민샘은 다소 힘겨운지 잠시 말을 멈췄다가 다시 이어갔다.

"이 사람들이 만들어 놓은 발자국을 따라가는 것은 우리의 선택이다. 그런데 따라갈 경우에도, 마지막 발자국 이후부터는 흔적이 없을 거야. 바로 그때부터는 우리 스스로의 발자국을 내며 자신의 길을 가야 한다. 샘은 그 특별한 삶으로 너희들을 초대한 거야."

이렇게 수업은 끝났다. 모두가 상처 입은 수업이었다. 찬형이는 수업이 끝나고 구겨진 자존심에 치를 떨었다. 민샘은 그런 찬형이가 걱정되어 미니 전시회 때 걸었던 액자를 찬형에게 건네 주었다. 하지만 찬형은 손을 내밀지 않았다.

"찬형아, 받아. 어서!"

교실 뒷문에서 찬형이를 지켜 보던 하영이가 어서 받으라고 말했지만 찬형이는 끝내 손을 내밀지 않았다. 어쩌면 찬형이는 자신이 지금 갈릴레이의 입장이 되었다고 생각할 수도 있다. 도저히 받아들일 수 없는 내용, 깊은 자존심의 상처를 받은 느낌이 범벅이 되어…….

갑자기 민샘의 손이 미세하게 떨리기 시작했다. 그러자 찬형이는 마지못해 액자를 받았다. 그런데 액자를 받으면서 하는 찬형이의 말에 민샘은 그만 현기증을 일으키는 것 같았다.

"작별 인사 드릴게요. 액자는 잘 간직하겠습니다. 이 선물과 함께, 저를 잘 대해 주신 선생님에 대한 고마움은 절대 잊지 않겠습니다."

"찬형아……."

민샘은 더 이상 아무 말도 할 수 없었다. 그렇게 찬형이는 동아리를 떠났다. 학기별로 한 번씩 동아리 이동의 기회가 있었지만, 찬형이는 동아리방에 나타나지 않았다. 찬형이는 그렇게 동아리를 떠났다.

미래를 기록하는 삶의 결과

다음 12명의 인물은 자신의 미래에 대한 꿈을 기록하여 그 꿈을 이루어 낸 사람들입니다. 이 중 자신의 마음에 가장 와 닿는 3명의 인물 스토리를 사용하여 기록의 힘에 대한 간단한 에세이를 기록합니다.

내친구 포트폴리오 살짝 엿보기

미래를 기록하는 삶의 결과

다음 12명의 인물은 자신의 미래에 대한 꿈을 기록하여 그 꿈을 이루어 낸 사람들입니다. 이 중 자신의 마음에 가장 와 닿는 3명의 인물 스토리를 사용하여 기록의 힘에 대한 간단한 에세이를 기록합니다.

미래의 꿈을 품고, 그 꿈을 구체적으로 기록하는 것은 놀라운 결과를 만들어 낸다. 짐 캐리나 스콧 애덤스도 그런 방법으로 자신의 꿈을 기록하여 실현했다. 루홀츠 역시 절망의 상황에서 자신의 꿈을 기록하여 인생 역전 드라마를 만들었다. 옛날에는 이러한 꿈 기록을 무시하면서 한 번도 나의 꿈을 기록하지 않았었다. 이제부터는 나 스스로 한번 확인해 보고 싶다. 나의 꿈을 적어서 실제로 얼마나 이루어지는지 실험해 볼 것이다.

꼭! 작성해 보세요 | 포트폴리오 활동 2

어른들의 진로 비전 맛보기

다음은 민샘의 바인더에 들어 있는 비전 선언의 일부분입니다. 학생들의 진로 활동에서는 다루지 않은 행복관, 인간관, 재정관(물질관), 성공관, 결혼관, 양육관, 묘비명 등에 대한 내용을 읽어 보고 이 중에 두 가지를 골라 자신의 '가치관'을 표현해 봅니다.

정체성 항목		이슈	내 용
유산	Comment 생애 흔적	평가	"폴 김 박사, 신에게 받은 시간을 모두 사용하고 여기 잠들다. '녹슬어 멈출 바에는 차라리 다 닳아서 사라지리라' 라는 일생의 뜻을 이루고 여기 흙으로 사라지다."
양육	Generation 인재 개념	자녀	나에게 자녀는 '소유'가 아니라 '동행'의 존재이다. 세상을 살리는 리더로 세워 주어야 할 인격적인 멘토링 대상이다. 자녀 인재상은 '따뜻한 리더십'을 갖춘 사람으로 키우는 것이다.
결혼	Wedding 배우자상	배우자	나에게 배우자는 '함께 비전을 이루어 가는 파트너'이다. 신념 〉 성품 〉 언어 〉 외모 〉 직업 〉 지식 〉 순수 〉 센스
성공	Success 성공 가치	이유	'청빈'보다는 '청부'를 꿈꾼다. 지식의 성공, 경제적 성공으로 그 지식과 재정을 베풀고 나누며 사람을 살리는 성공을 꿈꾼다.
재정	Money 경제 인식	소유	나는 돈을 '소유'하기보다는 '관리'하고 '활용'하고자 한다. 벌어서 남 주자! 매월 30퍼센트 사회적 나눔.
사람	Relation 관계 인식	관계	나에게 사람은 '사랑하고 섬겨야 할' 대상이다!
행복	Pleasure 열정 요소	열정	목표를 정해 시간을 관리하고 노력하여 목표를 이룰 때 지식을 탐색하고 가공하여 새로운 가치를 만들어 낼 때 앞에 있는 사람을 변화의 삶으로 초청하고 도움 줄 때 새로운 정보 기기를 사서 정말 잘 활용할 때

내친구 포트폴리오 살짝 엿보기

어른들의 진로 비전 맛보기

다음은 민샘의 바인더에 들어 있는 비전 선언의 일부분입니다. 학생들의 진로 활동에서는 다루지 않은 행복관, 인간관, 재정관(물질관), 성공관, 결혼관, 양육관, 묘비명 등에 대한 내용을 읽어 보고 이 중에 두 가지를 골라 자신의 '가치관'을 표현해 봅니다.

정체성 항목		이슈	내 용
유산	Comment 생애 흔적	평가	"폴 김 박사, 신에게 받은 시간을 모두 사용하고 여기 잠들다. '녹슬어 멈출 바에는 차라리 다 닳아서 사라지리라'라는 일생의 뜻을 이루고 여기 흙으로 사라지다."
양육	Generation 인재 개념	자녀	나에게 자녀는 '소유'가 아니라 '동행'의 존재이다. 세상을 살리는 리더로 세워 주어야 할 인격적인 멘토링 대상이다. 자녀 인재상은 '따뜻한 리더십'을 갖춘 사람으로 키우는 것이다.
결혼	Wedding 배우자상	배우자	나에게 배우자는 '함께 비전을 이루어 가는 파트너'이다. 신념 〉 성품 〉 언어 〉 외모 〉 직업 〉 지식 〉 순수 〉 센스
성공	Success 성공 가치	이유	'청빈'보다는 '청부'를 꿈꾼다. 지식의 성공, 경제적 성공으로 그 지식과 재정을 베풀고 나누며 사람을 살리는 성공을 꿈꾼다.
재정	Money 경제 인식	소유	나는 돈을 '소유'하기보다는 '관리'하고 '활용'하고자 한다. 벌어서 남 주자! 매월 30퍼센트 사회적 나눔.
사람	Relation 관계 인식	관계	나에게 사람은 '사랑하고 섬겨야 할' 대상이다!
행복	Pleasure 열정 요소	열정	목표를 정해 시간을 관리하고 노력하여 목표를 이룰 때 지식을 탐색하고 가공하여 새로운 가치를 만들어 낼 때 앞에 있는 사람을 변화의 삶으로 초청하고 도움 줄 때 새로운 정보 기기를 사서 정말 잘 활용할 때

내가 가장 행복한 순간, 나에게 가장 열정적인 순간은 영화를 볼 때이다. 영화 속 세상과 인물을 접할 때 나는 말로 표현할 수 없는 행복을 느낀다. 주변의 반대가 많지만 나는 영화 감독의 꿈을 반드시 이룰 것이다. 내 인생의 마지막 묘비명에는 이런 말을 남기도 싶다. "평생 영화를 사랑하고, 영화만 생각하고, 영화를 위해 살았던 그가 여기에 영화처럼 잠들다."

생생! 직업인 이야기

모든 사람이 세 개의 주소를 가지는 세상

웹마스터

저는 웹마스터입니다. 인터넷 시대가 이미 지나가고 모바일 시대가 왔다고 말하는 사람이 있지요. 너무 앞서가는 생각입니다. 대한민국에서나 가능한 발상이에요. 우리나라는 세계 최고의 인터넷 서비스망을 가지고 있어요. 속도도 세계 최고입니다. 인터넷 보급률도 세계 최고랍니다. 한편으로는 모바일 스마트폰 사용률도 최고 수준입니다. 끊임없이 세계 기록을 갱신하고 있는 유일한 나라죠.
그러나 아직은 정보의 격차가 충분히 존재합니다. 스마트폰이 아무리 날개를 달아도 그것은 '소비'를 위한 도구입니다. '생산'은 여전히 모니터 앞에서 이뤄지고 있지요. 쉽게 말하면 문서를 만드는 것은 노트북이나 데스크톱에서 이뤄지고, 그것을 보내고 확인하는 작업만 스마트폰으로 가능한 것입니다. 이러한 상황에서 사람들은 자신만의 홈페이지, 블로그, 미니홈피라는 가상공간의 집을 하나씩 가지고 있습니다. 아파트 편지함 안에 손으로 쓴 편지가 사라진 지금, 매일 실시간으로 이메일이 도착하고 있지요. 저는 이런 가상의 집을 만들고 관리하는 작업을 하고 있습니다. 그리고 지금은 그런 가상의 집과 손안의 집인 스마트폰을 연결시키는 작업을 하고 있어요.
모든 사람이 두 개의 주소를 가지고 있는 세상에서 웹마스터는 여전히 살아있습니다. 실제 집, 가상공간의 집, 그리고 손 안의 집. 이 세 개의 주소를 관리할 수 있는 능력으로 끊임없이 자기 진화를 거듭하면서 발전할 것입니다. 관심 있는 청소년들을 환영합니다.

진로 활동 포트폴리오 전체 구성 체계

Title		Chapter NO.	Chapter Title	Note
❶ 진로 탐색편	진로 인식	1	내 인생의 항해를 시작하다	자신의 목표유형을 구분하고, 그 속에서 문제를 인식한다.
		2	1%가능성, 보물찾기	장기적인 진로와 단기적인 공부와의 관계를 찾는다.
		3	아름다운 이정표	진로의 전체적인 과정과 커리큘럼을 큰그림으로 본다.
		4	너의 꿈을 믿니?	현재의 진로상태를 확인할 수 있는 다섯 가지 기준을 세운다.
	존재 발견	5	인생의 심장 박동소리	진로의 주체인 자신의 삶과 모습을 건강한 정체감으로 바라본다.
		6	너는 아주 특별하다	비교의식을 넘어 자신의 차이를 인정하고 자존감을 높인다.
		7	실패 속에 감춰진 교훈	성취와 실패의 곡선에서 다시 시작할 수 있는 효능감을 익힌다.
		8	우리는 페이스메이커	타인과의 관계를 통해서, 자신의 가능성을 객관적으로 이해한다.
	강점 발견	9	강점에서 찾아낸 행복	다중 지능을 이해하고, 자신의 강점 지능을 파악한다.
		10	나를 끌어당기는 힘	자신이 좋아하는 것이 무엇인지 스스로 발견하는 방법을 배운다.
		11	내면의 소리에 귀기울기	자신의 눈과 타인의 눈으로 스스로의 재능을 합리적으로 분별한다.
		12	나를 찾는 교집합	지능, 흥미, 재능, 능력의 개별 요소에서 공통의 직업가능성을 본다.
	적성 발견	13	나만의 스타일	사람과의 관계 속에서 자신의 성향에 맞는 직업가능성을 발견한다.
		14	절대로 포기 못 해!	자신이 소중히 여기는 일반가치와 직업가치를 확인한다.
		15	나에게 꼭 맞아!	자신에게 맞는 직업적성과 직업흥미를 통해 직업유형을 만난다.
		16	진로 네비게이션	강점 발견과 적성 발견의 총체적인 이슈를 통해 희망직업을 결정한다.
❷ 진로설계편	직업 발견	1	바라보는 힘, 직업의 관점	직업을 찾는 근본적인 이유에서 출발하여 자신이 직업관을 정립한다.
		2	더 깊이 들여다보기	직업에 대한 정보탐색의 방법론과 도구를 통해 시야를 확장한다.
		3	더 넓은 세상으로 나가는 길	글로벌 시대에 자신의 가능성을 세계로 펼칠 수 있는 가능성을 접한다.
		4	정보와 동행하기	진로 탐색의 과정에서 타인에게 의존하지 않고 스스로 정보를 관리한다.
	세계 발견	5	기준을 알아야 과정이 보이지	직업을 찾는 입장에서 패러다임을 바꿔 인재를 선발하는 입장이 되어본다.
		6	직업은 움직인다	과거의 직업유형이 현재로 오면서 어떻게 변모하는지 변화를 읽는다.
		7	내 마음속 직업상	사람들의 희망직업, 선호도, 만족도 등의 인식통계를 읽고 해석한다.
		8	직업의 미래상	현재의 이슈를 분석하여 미래의 변화요소와 직업변화를 예측한다.
	진로 검증	9	나의 판단에 저울 달기	자신의 의사결정 유형을 이해하고 진로 의사결정의 객관성과 합리성을 높인다.
		10	직업 옆에 직업	현재의 희망직업을 변별하고 검증할 수 있는 4가지 방법을 적용한다.
		11	생생한 현장의 소리	현장의 직업인을 만나는 사전조치, 진행과정, 사후결과 정리를 단계를 경험한다.

		12	예리한 질문 앞에 서 보기	다양한 직업영상을 시청하고, 자신의 직업 적합도를 냉정하게 기록한다.
	비전 선언	13	비전의 다른 옷 입기	진로 탐색의 과정을 통해 나온 희망직업을 기초로 비전의 단계로 점프한다.
		14	비전을 넘어 사명과 소명으로!	비전과 혼동되며 사용되는 꿈, 목표, 목적, 사명, 소명 등의 의미를 구별한다.
		15	부분을 모아야 전체가 보인다	완성된 비전선언의 7가지 핵심 구성요소를 구분하고 단계별로 표현한다.
		16	기록으로 만들어 가는 미래	미래의 꿈이 이루어지는 것을 생생하게 상상하여 다양한 형태로 구성한다.
❸ 진로실천편	결과 상상	1	생생하고 싱싱한 상상	미래의 꿈을 상상하며 표현하는 것의 과학적 원리를 이해하고 확신한다.
		2	논리적인 상상은 가능하다	사실에 기반한 합리적 상상의 방법을 통해 미래의 시나리오를 제작한다.
		3	내 인생의 체계적인 로드맵	장기적인 목표를 시기별 목표로 세분화하여 영역별로 체계화한다.
		4	비전을 지탱하는 열정의 에너지	진로의 비전을 이루는 과정에서 열정을 만드는 꿈의 목록을 작성한다.
	전략 수립	5	5개의 돌과 5명의 거인	진로라는 목표를 구체적으로 실천으로 연결하는 전략유형을 진단한다.
		6	진로로 넘어가는 진학의 다리	진로의 장기적인 목표의 출발점이 되는 진학의 세부전략을 수립한다.
		7	꿈이 있다면 공부를 포기할 수 없다!	진학의 중기적인 목표를 이루기 위한 현재의 학습전략을 꺼낸다.
		8	꿈은 원대하게! 하루는 치밀하게!	진로와 진학, 학습의 목표를 하루하루의 실천을 연결하는 습관을 형성한다.
	진로 관리	9	진로 블로그, 로그인	자신의 진로 비전을 이루는 과정에서 온라인 도구를 통해 과정을 관리한다.
		10	체크! 체크! 긴장감을 지속하라	중장기의 진로 비전을 지속하기 위한 세부적인 체크리스트를 시각화한다.
		11	평생 함께 갈 나의 멘토들	멘토링 네트워킹으로 진로과정의 위기를 스스로 넘길 수 있는 힘을 키운다.
		12	깨닫는 순간, 터닝포인트!	진로와 비전의 전체 과정을 생애적 설계차원의 포트폴리오로 전시한다.
	진로 표현	13	내 생애 첫 모니터링	진로 비전을 표현하는 과정에서 관찰자의 시각으로 자신을 모니터링한다.
		14	내 질문에 내가 답한다!	진로 비전을 표현하는 과정에서 적극적인 표현을 위해 예상 질문을 준비한다.
		15	스토리가 만들어 내는 울림	커뮤니케이션의 관문에서 감동을 만들어 내는 스토리 전략을 연출한다.
		16	눈물겹도록 아름다운 날	진로 여정의 전체를 리뷰하고, 캐릭터의 생애에 자신의 모습을 투사한다